# 国宝迷踪

NATIONAL TREASURE
MYSTERIES

傅小凡 著

文物出版社

**图书在版编目（ＣＩＰ）数据**

国宝迷踪 ／ 傅小凡著. －－ 北京 ：文物出版社，
2017.8

（百家讲坛）

ISBN 978-7-5010-5116-8

Ⅰ．①国… Ⅱ．①傅… Ⅲ．①文物－考古－中国－通
俗读物 Ⅳ．①K87-49

中国版本图书馆CIP数据核字(2017)第133583号

## 国宝迷踪

著　　者：傅小凡

选题策划：刘铁巍
责任编辑：王　伟　　周燕林
责任印制：张　丽
封面设计：林大可

出版发行：文物出版社
社　　址：北京市东直门内北小街2号楼
网　　址：http://www.wenwu.com
邮　　箱：web@wenwu.com
经　　销：新华书店
制版印刷：北京图文天地制版印刷有限公司
开　　本：710×1000　1/16
字　　数：264千字　　图幅数：89幅
印　　张：19.75
版　　次：2017年8月第1版
印　　次：2017年8月第1次印刷
印　　数：1-10000册
书　　号：ISBN 978-7-5010-5116-8
定　　价：59.00元

# 前　言

　　一位学生看完我主讲的《大明悲歌——崇祯那些年》《大明疑案》之后问我：您是哲学家，为什么讲历史？

　　我回答：中华传统，文、史、哲不分家。文学是语言表达技巧，史学是基本知识架构，哲学是逻辑分析能力，要治学且有成就，三者缺一不可。

　　学生：那么，您讲历史与历史学家讲历史有什么区别呢？

　　我：史学注重史料考据，哲学注重逻辑分析；史学用详实的史料告诉后人，在什么时间、什么地点发生了什么事件；哲学以严密的逻辑分析，告诉后人，为什么会发生这样的事件，以及这事件对现代的影响和意义。史学注重知识，哲学注重观点，但二者不可偏废。因为，有知识无观点，是资料汇编；有观点无知识，是"心灵鸡汤"。因此，史学与哲学紧密结合，通过讲述历史故事，分析历史事件发生的原因，引发人们的深入思考，结合现实，触类旁通。

　　学生：可是，您这次讲《国宝迷踪》，从历史学转向了考古学，为什么有如此大幅度地跨行呢？

　　我：历史与考古从来就是关系非常密切的两个专业。考古学为历史学提供实证材料，历史学为考古学提供理论基础。《国宝迷踪》这个系列，目的就是寻找一个引人入胜的实物载体。不过，我讲国宝，不讲鉴定，更不估价，而是讲与国宝相关的历史故事，以及国宝身上的文化内涵。在讲述故事的同时，将自己的分析告诉大家。依然是哲学与史学的结合，依然在我的专业范围之内。因为，这样的设计，已经不是纯粹的历史，更不是考古，而属于文化学范畴，它是哲学、历史、艺术和美学的有机结合。

学生：那您在讲述国宝的故事的时候，遇到最大的困难是什么？

我：如何把握讲述的重点。

学生：什么意思？

我：过多地讲述国宝背后的历史故事，会使国宝本身缺少存在感且专业性不够；过多地讲述国宝本身的意义和价值，又会因为太学术化而失去生动性。

学生：既然有这么大的困难，那么您选择讲述这个主题，究竟为什么呢？

我：我也曾经有过编写五千年中华史的"野心"，但是，如果没有任何新意的话，无非多一件书架上无人问津的摆设而已，出版社也未必愿意将其付梓。怎么才能将中华民族的文化历史讲得和别人不一样呢？我一直没有找到好的办法，并为此而苦恼。后来，接受中央电视台百家讲坛栏目的编导李峰先生的建议，设计了目前这个系列。当然，我们之间存在着争议，他从电视节目的角度考虑，更喜欢解谜。我则坚持自己的追求，以国宝为载体，讲述这些国宝离奇的身世的同时，讲述我们民族的历史。当然，我必须按照编导的要求，捕捉谜点，设计悬念，逐步解谜，以提高作品的可读性。最终就成了现在这个样子。

学生：您创作这个系列的最大收获是什么？

我：在撰写脚本的过程中，面对精彩纷呈的国宝和我们祖先的伟大创造，民族的自信心与自豪感油然而生。的确，教育者先受教育，这话千真万确！

学生：中华文化博大精深，您为什么只讲 21 个国宝呢？

我：这本《国宝迷踪》只是第一部，之于中华国宝不过是冰山一角。我将继续讲述更多国宝的故事，《国宝迷踪》还会有第二部、第三部，敬请关注。

# 目　录

第 **1** 讲

## "北京人"头盖骨化石之谜

1929 年，北京周口店遗址出土了第一块完整的"北京人"头盖骨化石，它刚刚出土，就立即引起了世人的震惊。为了得到它，一场场明争暗斗旋即展开，而最终这件国宝却神秘地从人间蒸发，给后世留下了一个个难以化解的历史谜团。那么，这块化石究竟有什么特殊之处？它又为什么会神秘地消失？这块珍贵的化石最终去向何方呢？

　　1941 年 12 月的一天，侵华日军在报纸上用大号字登载了这样一则消息："北京人"头盖骨化石标本，原本存放在北平协和医学院解剖系的保险柜中，但是当日军接收的时候，保险柜内全换成了石膏做的模型，这些标本是中国的财产，不允许运往国外，但是美国人不顾信义，将这些标本偷偷地运往了美国！这则消息引起全世界的震惊！同时，人们又感到很奇怪：日本侵略者居然公开承认他们想要窃取"北京人"头盖骨化石，在不讳言化石标本是中国财产的同时，又指责美国人背信弃义，将化石标本偷运回了美国。这究竟是怎么回事呢？"北京人"头盖骨化石究竟是什么样的宝贝，居然能够让日本人如此厚颜无耻地表演这种贼喊捉贼的丑剧呢？这就得说说"北京人"头盖骨化石的意义和价值了。

　　毫不夸张地说，"北京人"头盖骨化石不仅仅是国宝，而且是全人类共同的财富，是极其珍贵的世界文化遗产。为什么这么说呢？因为，"北京人"头盖骨化石至少具有以下三方面的价值与意义：

　　第一，为进化论提供实证材料。

　　大家都知道达尔文写了一本书名叫《物种起源》，明确提出人是由猿进化而来的。这个观点一经问世，立刻遭到恶毒的咒骂和拼命的反对。然而，"北京人"头盖骨化石的发现，为进化论提供了非常有力的证据。

　　第二，证明劳动创造人的观点是正确的。

　　马克思和恩格斯在达尔文进化论的基础上，提出了"劳动创造人"的观点。在"北京人"头盖骨化石的发现地，北京房山周口店遗址中，发现了大量石英石的碎片和经过加工打造的兽骨，这说明"北京人"已经能够制造工具了。使用制造的工具，这是从猿到人的关键一步。更重要的是，在周口店的堆积层中，还发现了用火的痕迹，由此可以得出结论："北京人"已经能够使用和控制火种。由于制造劳动工具和使用火，表明"北京人"不是类人猿而是早期人类。

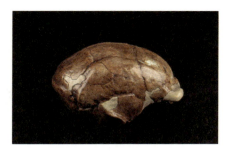

北京人头盖骨复原图

第三，证明中国是人类的发源地之一。

有关现代人特别是现代中国人起源于何处的问题，存在很大的争议。有一派观点认为，现代人类起源于二十万年前的非洲，这些原始人类大致在十万年前，开始从非洲向外扩散，最终遍布全世界。也就是说，从非洲走出来的原始人类，是世界各地现代人的直系祖先。然而，"北京人"头盖骨化石已经有至少五十万年的历史，这就否定了中国现代人起源于非洲的观点。可以说，中华大地是人类的发源地之一。

既然"北京人"头盖骨化石如此重要，为什么会保存在美国教会办的北平协和医学院的保险柜里呢？这就得从"北京人"头盖骨化石的发现说起了。

1929年，中国的考古工作者裴文中，在周口店发现了第一块早期人类的头盖骨化石，这一发现惊动了全世界的考古学界，欧洲科学家将这块人类化石命名为"北京人"。1936年，另一位中国的考古工作者贾兰坡在周口店遗址一天之内发现了两个完整的"北京人"头盖骨化石。中国科学家的考古成就，进一步证明了这一观点：中国是人类的起源地之一。

可是，就在中国的科学家要将早期人类的研究继续深入开展下去的时候，"七七"事变爆发了。科研人员只好停下在周口店的发掘和研究工作，携带化石标本分期分批撤回北平。

一个月之后，中日之间在周口店一带爆发了一场异常惨烈的血战。

周口店附近的龙骨山硝烟弥漫，炮声隆隆，人类祖先曾经居住和生活过的山洞在战火中崩裂。战争给这方人类起源的圣地，带来了空前的劫难。

1937年11月7日，周口店一带的硝烟刚刚散去，三辆卡车满载着荷枪实弹的日本兵，来到了周口店的龙骨山。数十名日军士兵护卫着两个学者模样的日本人，来到发现"北京人"头盖骨化石的山洞前。这两个日本人，一个是日本东京帝国大学人类学教授长谷部言人，一个是东京帝国大学地质系助教高井冬二。他们先在四周打量山洞，接着掏出皮尺测量，然后用相机拍照。显然，日本人已经盯上了"北京人"头盖骨化石。

随着国民党军队的不断溃败，北平沦陷了。负责发掘"北京人"遗迹的中国地质调查所，撤出北平后辗转迁到重庆的北碚。可是，设立在协和医学院，专门研究"北京人"化石的新生代研究室及其科研人员，却没有随地质调查所一同搬迁。这是为什么呢？因为，北平协和医学院当时属于美国人的势力范围，日本人一时还不敢招惹。因此，"北京人"头盖骨化石放在协和医学院的保险柜里，暂时还是安全的。

人们一定会感到不解："北京人"头盖骨化石既然这么重要，为什么要放在美国人办的协和医学院的保险柜里呢？这其中有两个原因：其一，北平协和医学院是由美国洛克菲勒基金会捐资建立的，是世界一流的医学院，不但设施先进，而且一直在从事中国人的体质特征的研究；其二，对周口店遗址的发掘工作，也是美国洛克菲勒基金会提供的资金；可以说，对"北京人"头盖骨化石的发掘和研究是中美两国合作的成果。所以，将化石标本放在协和医学院是顺理成章的事。

可是，这样的安全日子实在是太短暂了，日本的全面侵华战争，直接威胁到了美国的在华利益，美国与日本之间的矛盾越来越尖锐了。

1940年5月，罗斯福总统下令，美国太平洋舰队进驻夏威夷珍珠港；7月，宣布冻结日本在美国的一切资产，8月，宣布对日本实行石油禁运。面对美国的禁运，日本海军军令部总长永野修身公开发表讲话说："与其坐待石油日渐枯竭，倒不如先发制人。"

正当日美之间围绕经济制裁问题进行谈判而且争论不休、日本军队内部围绕北上还是南下的战略方针举棋不定的时候，法西斯德国于 1941 年 6 月 22 日对苏联发动了突然袭击，短短十几天，德军突破苏联边界六百多公里，并且长驱直入。消息传到日本，日本军阀蠢蠢欲动，觉得有德国盟友牵制苏联，日本军队完全可以放心南下，南下派终于占据上风，并且决心与英美开战了。

1941 年 12 月 8 日，日本偷袭珍珠港，太平洋战争爆发了！与此同时，日本驻华陆海军司令部接到命令，扫除英美驻华一切敌对武力，封锁敌国所有驻华人员并且没收其财产。

日本驻华陆海军司令部立刻通知所属部队，迅速采取行动，包围美国驻华海军陆战队营地，对美国驻华公使馆以及美国教会在中国创办的各大中小学校，全部实施封锁。北平协和医学院，自然在劫难逃。日本人接管协和医学院之后，立刻将学院的美国人全部抓起来，并且宣布，凡是医学院的教职员工，一律坚守岗位，不得擅离职守；医学院和附属医院的所有资料与标本全部封存。

曾经在周口店"北京人"头盖骨化石发现地出现过的那两个日本人，长谷部言人和高井冬二，这个时候又出现了。他们带领日本宪兵来到协和医学院，直奔收藏化石标本的地下室而来。显然，日本人的情报工作做得很到位。掌握保险柜密码的女秘书在日本宪兵的威胁下，打开了保险柜。让长谷部言人万万没有料到的是，保险柜是空的，"北京人"头盖骨化石不见了！日本人感到很纳闷，据情报显示，几天前化石标本还在医学院的保险柜里，怎么会突然不见了呢？这种让日本人想不通的事，还得从美军开始从中国撤退说起。

1941 年 7 月 24 日，日军在印度支那南部登陆。11 月 2 日，美国亚洲舰队司令赫德上将，接到美国海军总部的命令，驻屯北平、天津、上海等地的美国海军陆战队，驻华长江舰队作好撤离准备。11 月 21 日，美驻华使馆发出公告，督促美国侨民做好撤返准备。

美国总统轮船公司，按照政府的指令，派出"哈立逊总统"号等三艘远洋巨轮，从旧金山起程，分别开往中国的秦皇岛和上海，担负美军撤离的任务。

11 月 27 日，美驻沪海军开始撤退。北平、天津、上海等城市的美国侨民，陆续开始撤离。美军的撤退意味着，美日之间的战争已经不可避免了。

美国人撤离北平之后，一旦日美战争爆发，协和医学院必定被日本人接管，存放在这里的化石标本必然会落在日本侵略者手里，"北京人"头盖骨化石的处境岌岌可危！必须采取措施，不能让"北京人"头盖骨化石落在日本人手里。

其实，早在 1941 年 1 月，就有人开始考虑这个问题了。1940 年冬，日本军舰开赴金兰湾向英美示威，英国立即宣布马来西亚、新加坡进入紧急状态。美国急忙发出了远东撤侨的劝告书，督促侨居远东的美国公民迅速返回美国。

面对这样的国际局势，当时的国民党中央行政秘书长翁文灏就致信北平协和医学院院长胡顿，提出了解决"北京人"头盖骨化石标本安全问题的 3 个方案：

第一，在北平地区找个秘密场所把化石标本藏起来。

第二，把化石标本转移到重庆。

第三，把化石标本运往美国自然历史博物馆保存。

可是，这位胡顿院长接到翁文灏的信之后，并没有采取任何行动。胡顿认为这 3 个方案，都存在问题：

如果，按第一方案把化石标本秘密藏起来，一旦日美战争爆发，美国在华的人、财、物将全部落入日本人之手，化石标本的藏匿地点怎么可能瞒得过狡诈的日本人呢。

如果，按照第二种方案把化石标本运往重庆，那可要经过大片沦陷区，即使在国统区，路途遥远，沿途的安全根本无法保证。

相比之下，第三种方案比较可行，只要将化石标本运到离北平只有几百公里的秦皇岛码头，在那儿装上美国的轮船，就能平安抵达美国。但是，这个方案也有明显的问题，什么问题呢？当初，周口店人类遗址发掘虽然得到了美国洛克菲勒基金会的资助，但是中美双方有协议，周口店发现的一切化石标本均不得运出中国。

由于这三个方案都有难以解决的问题，因此，化石标本的转移工作就一天天地拖延下来。

就在人们非常担心"北京人"头盖骨化石安全问题的时候，有一天，两个陌生人突然来到北平协和医学院新生代研究室。他们正是带着宪兵搜查协和医学院地下室的日本人：长谷部言人和高井冬二。两人对研究室主任裴文中提出参与研究"北京人"头盖骨化石的要求，被裴文中一口回绝了。裴文中心里很清楚，日本人绝不是为了科学研究而来，其目的无非是想了解化石标本的安保措施，刺探中国方面将如何转移或隐藏这批珍贵的化石标本。面对裴文中的断然拒绝，两个日本人悻悻而去。

裴文中立刻将日本人的意图向医学院院长胡顿报告，同时给重庆有关方面发电，建议尽快按照第三方案转移化石标本。翁文灏收到电报之后，便与国民政府驻美大使联系，就"北京人"头盖骨化石标本存放在美国的可行性进行了具体商谈。接着，又与美国洛克菲勒基金会总部多次电函联系，商讨对策。数月之后，得到了美国洛克菲勒基金会的同意。中国驻美大使也表示竭诚相助，力保"北京人"头盖骨化石赴美之后的安全以及主权不发生变故。由于"北京人"头盖骨化石具有世界性声誉，其去留关乎国家荣誉，所以翁文灏本人无权做主它的出境问题，必须得到最高当局的批准。最终，经过国民政府几次慎重讨论之后做出决定：允许将"北京人"头盖骨化石运往美国纽约自然历史博物馆暂避风险，待战争结束后再归还中国。

裴文中得到国家最高当局的同意之后，便匆匆赶往美国驻北平公使馆，就化石标本转移事宜进行交涉。可是，美国公使馆负责人却说没有得到驻重庆的美国大使詹森的指示。裴文中只好等他们请示美国大使詹森。等得到美国大使的确认之后，时间已经到了 1941 年 11 月底了。

日美之间的战争一触即发，中美双方总算达成了化石标本转移的协议，医学院高层不敢怠慢，立即着手将化石标本装箱。装箱工作由新生代研究室的标本制作工胡承志独立完成。胡承志是一个非常细心的人，他先将化石标本用擦显微镜的细绵纸包好，再包一层软纸，再裹上医用吸水棉，再包一层粉莲纸，也就是窗户纸，再用多层医用细纱布包在外面，然后装入小箱，小箱内是弹性很好的瓦楞纸，箱中空隙用吸水棉填满。然后再将小箱一一装入大箱，大箱内的空隙再用木丝填满。

化石标本分别装在一大一小两个白木箱子里，大箱长 130 厘米，高 30 厘米，宽 70 厘米；小箱仅比大箱短 10 厘米，所以两个箱子大小相差不大。两个木箱装好之后，胡承志分别用英文写上号码，大箱为一号，小箱为二号。"北京人"头盖骨化石装在大木箱里，小木箱内装的是"山顶洞人"的化石标本。装箱完成之后，胡承志和一位工友一起用小平车将两只箱子送到协和医学院总务长博文先生的办公室，当面交给了博文。博文立刻将两只箱子送到 F 楼下四号保险室。"北京人"头盖骨化石从此离开了中国人的视线，胡承志是最后一位见到"北京人"头盖骨化石的中国人。

三天之后，也就是 1941 年 12 月 8 日，日本偷袭珍珠港，太平洋战争爆发了！与此同时，日本驻华陆海军司令部接到命令：必须在 8 日的 12 点之前，扫除英美驻华一切敌对武力。封锁敌国所有驻华人员并没收其财产。日本驻华陆海军司令部立刻通知所属部队，迅速采取行动。

当天凌晨 5 时 20 分，日本海军分别给停泊在上海黄浦江码头的美国和英国的两艘炮舰递交了劝降书。当即遭到英美海军官兵的拒绝。日军见劝降不成，于 6 时 10 分，调集炮舰 6 艘，飞机 12 架，对两艘英美炮舰突然发起攻击。双方交战仅二十多分钟，英国炮舰中弹起火，不到 3 分钟便沉入江底。美国人见状不妙，挂起白旗投降了。

就在日、英、美三方在黄浦江面上激烈交火的时候，驻华北的日本陆军也杀气腾腾地扑向北平、天津和秦皇岛的美军兵营和英美租界，并且将他们团团包围。双方经过反复交涉之后，于 1941 年 12 月 8 日中午 12 点，驻华美国海军陆战队全体官兵没做任何抵抗，就向日军缴械投降了！

与此同时，从旧金山出发去秦皇岛港，专程运载驻华美军撤离的"哈里逊总统"号，在距离秦皇岛二百海里的地方，被日本海军截获。这样一来，将"北京人"头盖骨化石送往美国的方案就彻底落空了！"北京人"头盖骨化石从此下落不明。

就在太平洋战争爆发的当天，驻北平的日本宪兵，奉天皇的诏令，直奔北平协和医学院，夺取"北京人"头盖骨化石。

可是，当日本人打开保险柜的时候发现，里面是空的，"北京人"头盖骨化石不翼而飞了！日本人立刻对相关人员进行审讯。

经过一番审讯之后，掌管保险柜密码的女秘书交代说："北京人"头盖骨化石已经根据协和医学院总务长博文的指示，于12月5日装箱，当天上午，由美国海军陆战队派车拉走了。拉到什么地方就不知道了。

日本宪兵立刻对总务长博文进行了严刑拷打。博文交代说：化石标本由胡承志装完箱后，送到了我的办公室，然后我将它送到地下室的保险库里。第二天就押送到了美国驻北平公使馆。12月5日，美海军陆战队又派人从美国公使馆拉走了，据说送到了秦皇岛港。要在那里等待12月8日抵达秦皇岛港的"哈里逊总统"号运往美国。至于"北京人"头盖骨化石现在在什么地方，就不知道了。

日本人对协和医学院所有可能藏匿化石标本的地方进行了反复严密的搜查，但是毫无结果。于是，日本人在报纸上用大号字登载了这样一则消息："北京人"头盖骨化石，原本存放在北平协和医学院解剖系的保险柜中，但是当日军接收的时候，保险柜里全换成了石膏做的模型；这些标本是中国的财产，不允许运往国外，但是美国人不顾信义，将这些标本偷偷运往了美国！

这种贼喊捉贼的伎俩，连日本人自己都根本不相信。日本人当时并没有停止对"北京人"头盖骨化石的追查。但是，两年过去了，始终没有查出任何结果。长谷部言人只好返回东京，上书日本文部省，建议派得力的情报人员继续调查。

日本文部省觉得事关重大，立即找到日本陆军司令部，经过协商，陆军司令部很快发出命令：令华北派遣军总司令部负责追查"北京人"

头盖骨化石的下落。待查实之后，从速运往日本帝国。于是，一个绰号"野山之狐"的日本特工悄然出现在北平的街头。

"野山之狐"的确是个精干、狡诈的老手，仅用了3天时间，就把协和医学院内所有与化石标本有关的人员，审讯了一遍，就连那位用小平车把装化石标本的箱子送进保险库的勤杂人员也没漏掉。只是负责装箱的胡承志当时已经逃离北平，因此没有被"野山之狐"找到。

"野山之狐"在综合、分析了所有调查情况之后，将追查的重点锁定在美国驻华海军陆战队身上。他首先找到了陆战队司令官哈斯特上校。哈斯特承认：曾经接到过美国公使馆的指示，让他负责转移"北京人"头盖骨化石，但他并没有具体承办这项任务，化石标本到底是什么模样，他从来没有见过，因而一概不知。

"野山之狐"又找到了曾经去北平协和医学院运送化石标本的两位美军士兵，二人承认去医学院运过一批货物，但并不知道里面装的是什么。他们将这批货物送到了美国公使馆，之后又奉命押往秦皇岛港，放入了瑞士仓库。

"野山之狐"立刻赶到秦皇岛，将"北京人"头盖骨化石的调查情况向当地日军司令官做了汇报，并要求派兵协助搜寻。然而，"野山之狐"和日军士兵经过三天三夜的搜查，什么也没有找到。这个时候，一位日军中尉对"野山之狐"说："前几天有一批美军的行李从这里运到了天津，要找的东西会不会一起运走了？"听到这个线索，"野山之狐"立刻决定去天津。

到了天津，"野山之狐"带着日本士兵，对天津的瑞士装卸公司仓库的所有行李箱、集装箱进行仔细搜查，还是没有发现"北京人"头盖骨化石的踪影。"野山之狐"终于绝望了，他回到北平的住处之后，竟然剖腹自杀了。可是，却被仆人发现送到医院，因抢救及时保住了一条命，不过，他从此结束了特工的生涯回了日本。日本人也不再追查"北京人"头盖骨化石的下落。

1945年8月15日，日本宣布无条件投降。至此，第二次世界大战宣告结束。

1945年11月19日，美联社自东京发布了一则消息："北京人"头盖骨化石在日本发现了。日本当局通知了盟军总部，化石标本在东京帝国大学内找到了。盟军总部的科学顾问、美国地质调查所的职员怀特莫尔博士，现在保管着这些化石，并准备送回到中国中央地理调查所。消息传到国内，人们欢呼雀跃！

为了参加在东京举行的对日本战犯的审判以及接收被日军掠夺的物资，中国政府派出代表团，团长是朱世明将军，顾问是著名的中国"考古学之父"李济博士。李济博士此行的一项重要使命就是迎接"北京人"头盖骨化石回国！

当李济博士到达东京见到美国海军司令斯脱特将军之后，立刻询问"北京人"头盖骨化石的情况。可是，斯脱特将军却对李济博士说："盟军总部已查询东京帝国大学的教授，据他们答复，'北京人'头盖骨化石不在东京，也不在日本。"李济博士感到难以置信，但斯脱特将军的话说得十分肯定。

李济博士与斯脱特将军道别之后，随即开始寻找"北京人"头盖骨化石的下落。按他所掌握的线索与判断，要想在日本找到"北京人"头盖骨化石，首先必须找到与这批化石标本密切相关的日本东京帝国大学人类学教授长谷部言人或者高井冬二。然而，李济博士费尽周折，始终找不着这两个人。盟军总部有关人士回答说：二人离开东京之后，隐居乡间，下落不明。

李济博士把这些情况向中国代表团团长朱世明将军做了汇报，朱世明将军当即给盟军总部发去一份《备忘录》，请求盟军总部继续协助查找"北京人"头盖骨化石的下落。尽管李济博士在日本进行了一个多月的艰苦努力，前后进行了五次寻找，最终还是没有见到"北京人"头盖骨化石的踪影。

李济博士只好遗憾地离开日本回国。朱世明将军请求中国政府组织专门调查小组，继续对"北京人"头盖骨化石进行调查。但这个时候国

裴文中

共内战爆发，寻找"北京人"头盖骨化石的愿望在内战的硝烟中化为泡影。

新中国成立之后不久，朝鲜战争爆发，中美之间从此进入敌对状态。寻找"北京人"头盖骨化石的事情根本失去了可能。

直到1978年中美邦交正常化，寻找"北京人"头盖骨化石的工作似乎有了转机。有人提供线索："北京人"头盖骨化石在被击沉的日本军舰阿波丸号上；也有人回忆说，"北京人"头盖骨化石埋在美国海军陆战队驻天津的兵营里。可是，这些线索经过调查，纯属子虚乌有，"北京人"头盖骨化石始终下落不明。

1982年8月26日，第一个发现"北京人"头盖骨的考古学家裴文中，突然发起了高烧，住进了医院。躺在病床上的裴文中不断喃喃自语道："王师北定中原日，家祭勿忘告乃翁。"这是南宋著名爱国诗人陆游临终时的诗句。前往探视的亲朋好友一时弄不明白，裴老临终前总念叨这两句诗的意思。几天之后，裴老的病情突然恶化，在弥留之际，他握住儿子的手，浑身颤抖，用极其微弱的声音说出他一生最后一句话："死不瞑目啊！"

是啊！"北京人"头盖骨化石丢失已经整整75年了！中国人从来没有放弃过寻找，可是，始终没有踪影。人们不禁要问："北京人"头盖骨化石啊，你到底在哪里？子孙不孝啊！让祖先的骨殖下落不明！

有人说，"北京人"头盖骨化石已经在战火中被毁，可是我却坚信，"北京人"头盖骨化石仍然静静地藏匿在世界的某一个角落里，等待着中国人去发现它！我为什么这么坚信呢？我有如下3个理由：

理由一，化石标本不可能自毁。"北京人"头盖骨化石已经在地球上保存了五十万年，而且包装过程非常精细严密，所以它不可能自毁。

理由二，化石标本不可能被丢弃。"北京人"头盖骨化石运往美国的计划，虽然有些仓促，而且在计划执行过程中，突然遭遇珍珠港事件的爆发，美国人自己遇到了麻烦，但是，美国人深知"北京人"头盖骨化石的珍贵，所以绝不可能随便丢弃。

理由三，化石标本也不可能被毁。化石标本的包装相当精细、严密，即使它落在外行人手上，也会觉得此物的重要，因此不会随便将其毁坏。

那么，"北京人"头盖骨化石究竟去哪儿了呢？据我分析，它肯定不在中国的土地上。当胡承志将包装好的两个箱子交给美国人之后，就再也没有见过它。据美国士兵对日本人交代，他们将这两个箱子运到了秦皇岛港的瑞士仓库，而不是美国海军陆战队驻天津的兵营。即使运到了某个兵营，也不可能埋于地下，为什么呢？因为，时间根本来不及。当日本人包围美军兵营的当天 12 点，美国人就宣布投降了。从日本人包围，到美国人投降，时间不超过 6 个小时，在这段时间里，美国人一直在是战是降之间纠结，同时忙于请求上级，商量对策，联系各地兵营情况，与日本人进行交涉，他们怎么可能在自己性命攸关的时刻，还会关心"北京人"头盖骨化石呢？

因此，最大的可能还是日本人找到了"北京人"头盖骨化石，然后运回了日本。为什么这样说？因为，"野山之狐"从天津回到北京之后突然自杀，根本没有道理。一个职业特工破不了案子是正常的，这又不是他的过错，有什么理由剖腹自杀呢？而且，"野山之狐"自杀之后，日本人随即停止了对"北京人"头盖骨化石的追查。这就说明，"野山之狐"的自杀完全是演给中国人看的。这种欲盖弥彰的做法，恰恰证明化石标本落到了日本人手里。否则，日本被美军占领之后，就不会有美联社的报道，在日本发现"北京人"头盖骨化石的消息了。

那么，"北京人"头盖骨化石在日本失踪之后，又到哪儿去了呢？我认为，最大可能是去了美国。为什么这样说呢？我有以下两个理由：

理由一，媒体没有必要撒谎。日本被美军占领之后，先后有美国和英国两家媒体报道在日本发现了"北京人"头盖骨化石的消息，这样的消息不可能是空穴来风，因为这两家报纸实在没有撒谎的动机。

理由二，两位知情的日本专家失踪。当中国"考古学之父"李济博士与盟军有关方面交涉，让他们帮助查找日本东京帝国大学的教授，长谷部言人和高井冬二的时候，美国人回答：失踪了。两个著名的日本学者，与日本文部省和日本军方有密切联系的人，怎么可能随随便便地失踪呢？显然美国人在撒谎。撒谎是为了掩盖真相，那么美国人想掩盖什么真相呢？二战刚刚结束的时候，美国人不太可能为日本人打掩护，只能说明化石标本很可能落到了美国人手里。

不过，在我看来，关于"北京人"头盖骨化石究竟藏匿在什么地方的猜测，已经毫无意义。如今再提"北京人"头盖骨化石，我只想表达两个意思：

其一，"北京人"头盖骨化石的意义永存。化石标本的意义，我前面已经讲述过。这些意义，绝不会因化石标本丢失而消失。再说，新中国建立之后，中国的考古工作者在周口店继续发掘出"北京人"的各部位的化石，包括不止一块头盖骨，而且周口店的龙骨山，这一人类起源的圣地，根本无法被毁灭。

其二，渴望祖国更加强大。周口店开始发掘的时候，中原大地军阀混战。我们自己的考古事业，却需要美国人提供资金；当发现"北京人"头盖骨化石并要继续进行研究的时候，日本侵华战争全面爆发，我们自己的国宝却需要美国人的保护。"覆巢之下，安有完卵"。国将不国之时，亡国灭种之际，"北京人"头盖骨化石又如何能保得住！所以，只有国家强大了，国宝才会安全。我渴望祖国更加强大，期盼中华民族的伟大复兴，到那个时候，中华民族祖先的遗骸，一定会回到家乡，回到祖国怀抱！

第 **2** 讲

大禹九鼎之谜

大禹一直是华夏儿女的骄傲，他的事迹在世间流传了数千年，其中最著名的就是他治理水患的故事。在诸多史料中，还记载着大禹铸造九鼎的传说，几千年来，为了得到"大禹九鼎"，多少帝王将相绞尽脑汁、费尽心力，但是令人遗憾的是，与"大禹九鼎"有关的很多关键信息都无法得到证实。那么，关于大禹的故事究竟哪些是真？哪些是传说？历史上真的存在"大禹九鼎"吗？

中华大地上一直流传着一个古老而又神奇的故事：早在五千多年前的远古时期，有一位被尊称为"大禹"的人，带领民众战胜洪水，重建家园，三过家门而不入，成为人民公仆与敬业精神的象征和楷模，深受广大人民的爱戴。大禹治水成功之后，舜帝将天下禅让给大禹，可谓实至名归。

大禹即位当天子之后，将天下划分为九州，然后命令各州的最高长官，将他们州的铜贡献出一些来，大禹令人用这些铜铸造了九个大鼎。

大禹在九个大鼎上，分别铸造了九州的山川地貌、奇草异木、珍禽怪兽。这些图案制作精美，形象栩栩如生。九个大鼎铸成之后，大禹将它们陈列于宫门之外，供广大民众观看。人们通过九只大鼎，认识各类事物，了解九州的山川地貌。从此，大禹九鼎就成了整个天下的代表，即象征天下一统，又代表全国最高权力。历代君主都希望拥有大禹九鼎，以使自己的权力具有合法性和权威性。

比如，成汤推翻夏桀之后，将大禹九鼎迁到商朝初期的首都亳城；后来商王武丁迁都蒙城（今河南安阳），又将大禹九鼎搬到了蒙城。周武王起兵灭商之后，即刻向天下展示大禹九鼎，表明他拥有了天下最高的权力；周成王即位之后，周公旦修建洛邑（今河南洛阳），作为周朝的陪都，陪都建好之后，周公旦将大禹九鼎搬到了洛邑，表明江山已经稳稳地掌握在周天子的手中。

春秋时期，周天子地位下降，许多诸侯觊觎天子的地位和权力，同时也打起了大禹九鼎的主意。如公元前606年，楚国大军开至洛阳南郊，楚庄王在此阅兵，向天子示威，炫耀武力。即位不久的周定王忐忑不安，立刻派一个名叫王孙满的官员去慰劳楚军。楚庄王见了王孙满，劈头就问道："周天子的鼎有多大？有多重啊？"

面对野心勃勃又虎视眈眈的楚庄王，王孙满委婉地说："一个国家的兴亡在于是否讲道德和主张正义，不在于鼎的大小轻重。"楚庄王狂傲地说："你不要以为拥有九鼎就有权威，我们楚国能制造如此多的兵器，铸九个大鼎那还不是轻而易举的事。"王孙满针锋相对地回答道："担当国家最高领导的关键在于品德而不在于大鼎。当年大禹因为品德美好，才建立了九州，才会有九州献金，从而铸成大鼎。夏朝末年，夏桀暴虐，失去民心，大鼎归成汤，商王朝延续600年。商朝末年，纣王暴虐，失去民心，大鼎归了周朝。王权的归属，不在于大鼎在谁手里，而在于君主是否有德性，是否得民心。如今，周王室虽然衰微，但是天命并未改变。天子大鼎的轻重，岂能是你随便问的吗？"面对王孙满义正词严的回答，楚庄王无言以对，只好带着人马离开了东周边境。这就是"问鼎中原"的典故。

公元前256年，秦军攻入洛阳，延续了近800年的周王朝灭亡了。象征最高王权的大禹九鼎自然落在了秦王的手中。第二年，秦昭王下令将大禹九鼎运回秦国。可是，在运输途中其中一只大鼎却落入了彭城（今江苏徐州）附近的泗水中，面对滔滔河水，秦军士兵毫无办法，只好将其他八只大鼎运回了咸阳。

秦始皇一统天下之后，觉得大禹九鼎少一个有些遗憾，于是在他第一次登泰山，完成祭天大典之后，专程来到彭城的泗水之滨，组织几千人打捞那只落水的大鼎，可是无论如何也找不到大鼎的踪影。

公元前206年，刘邦率军攻入咸阳，秦朝灭亡，渴望当皇帝的刘邦在咸阳四处寻找传说中的那八只大鼎，始终没有找到。从此，大禹九鼎从人们的视野中消失了。

虽然，历朝历代的皇帝都希望能够得到大禹九鼎，以使自己的统治具有合法性和权威性。但大禹九鼎却一直不见踪影。那么，大禹九鼎究竟到哪儿去了呢？这成了中华大地上一个千古之谜。为了解开这个谜，我们先从大禹的故事说起。

大禹的故事在中华大地上可以说是家喻户晓，妇孺皆知。人们都知道他为治理水患，三过家门而不入。可是，自20世纪30年代以降，越来越多的人开始怀疑大禹的存在。说大禹治水是神话，大禹是虚构的神，甚至有人还根据"禹"字的结构，推论出大禹不过是一条虫。那么，大禹究竟是人、是神还是虫呢？我们还是先从历史文献记载说起。

据《史记·夏本纪》记载，"大禹"其实与"尧"和"舜"一样，不是人名而是国号。被称作"大禹"的这位君王，姓姒，名文命，全称"姒文命"。这位姒文命的高祖就是大名鼎鼎的黄帝，姒文命的父亲是鲧，由于出生于夏侯氏，所以被称作"夏鲧"。夏鲧因治水失败被舜帝处死在羽山之郊，大致在今天江苏和山东两省的交界处。显然，这个名叫姒文命的黄帝的玄孙是人不是神，更不是一条虫。

之所以说大禹不是神也不是虫，还有一个证据，什么证据呢？就是这位大禹，不但有生身父母还有出生地。只是，关于大禹的出生地，历史上却有不同的说法。比如，司马迁说，大禹出生在中原，是华夏族的先祖。同为西汉时期的扬雄却说，大禹出生在四川汶山的羌族地区。这或许因为扬雄是四川人的缘故吧。

春秋时代有一个名叫勾践的越国君主，被吴国打败之后，投降当了吴王夫差的奴隶，妻子做了吴王的婢女。夫妻二人受了三年的屈辱之后，终于骗取吴王的信任回到越国。从此勾践卧薪尝胆，励精图治，最终恢复越国，灭了吴国。这位勾践就曾经宣称自己是大禹的后代。因此，很多学者据此认为，大禹的出生地在浙江。

更令人感到惊奇的是，生活在北部草原上的匈奴，也称自己是大禹的后代，广袤的草原也成了大禹的故乡。一个大禹居然有这么多家乡，这不能不让人怀疑，大禹这个人物很有可能是虚构的。

还有更令人感到蹊跷的事，什么事呢？就是古代文献中记载了这样一句话:"鲧娶于有莘氏之子,谓之女志氏,产文命。"(《大戴礼记·帝系》)意思是,鲧与有莘氏的一位名叫"女志"的女子结婚,生了文命,也就是大禹。这有什么蹊跷的呢?

因为,鲧的氏族一直生活在长江下游的东方;而大禹母亲所属的有莘氏,一直生活在西北黄土高原上。从长江下游到西北黄土高原,山高水长,千里迢迢,在五千多年前的物质条件下,这两个人是如何走到一起的呢?这就更让人怀疑大禹其人是否真实存在了。

当我们仔细阅读有关文献之后发现,这一对男女千里迢迢地走到一起是完全有可能的。所谓"鲧娶于有莘氏之子"是夏侯氏与有莘氏之间的联姻,而不仅仅是大禹的父亲与母亲两个人的结合。那么,这两个族群之间相隔甚远,又怎么会走到一起的呢?因为,夏侯氏居住的长江下游地区曾经遭遇了特大的自然灾害,被迫向北或向南迁徙,寻找新的生存空间。其中向北迁徙的一支在现在的河南、山东、安徽与江苏四省交界的地方,与当地原住民陶唐氏、有虞氏、少昊氏等氏族集团发生冲突。势单力孤的夏侯氏只好与有莘氏联姻,从而建立起夏侯氏与有莘氏的同盟,共同对抗中原各大氏族集团。

可是,人们还是有疑问,既然鲧娶有莘氏之子,为什么大禹出生在有莘氏居住的西北高原,而不是出生在夏侯氏活动的四省交界处呢?这的确是我们现代人无法理解的,当时社会处在母系氏族阶段,婚姻形式是从女居,也就是男人必须到女方家来,就是现在所谓的"倒插门"。因此,文献记载"鲧娶于有莘氏之子",实际上是夏鲧出嫁到有莘氏族集团,夏侯氏为了与有莘氏联姻,就必须北上来到西北高原上生活了。

由于,大禹的父亲夏鲧是嫁到有莘氏集团中来的,因此,大禹就出生在母亲有莘氏居住的地方。

那么,大禹母亲的家族有莘氏具体活动在什么区域,也就是大禹究竟出生在什么地方呢?综合各种古代文献的不同记载,根据地下文物的确证,大禹母亲所属的有莘氏,主要活动于今天的山西、陕西两省之间的黄河流域。

近年来，在这一带出土了许多玉琮、玉璧、玉斧等玉器。这批玉器，从形制上看与夏鲧家乡的良渚文化的玉器在风格上非常接近。显然，这些西北高原上出土的玉器，与夏侯氏故乡的良渚玉器有着深厚的渊源。既然大禹出生在西北黄土高原上，那么，他被西南的羌族和北方的匈奴认作祖先，这又是怎么回事呢？其实，这个问题说来也简单。大禹母亲的氏族有莘氏属于羌族，后来羌族的一支向我国的西南地区迁徙，最终落脚到四川一带生活，这一带的羌族百姓依然传颂着自己是大禹后代的故事，人们就以为大禹的家乡在四川了。羌族中还有一支北上渐渐与匈奴融合，因此，北方草原上的匈奴也称自己是大禹的后代，就可以理解了。

通过以上描述，我们完全可以得出这样的结论：在中国古代历史中，大禹确有其人，他不是神，更不是虫，而是一位氏族领袖。

虽然，大禹其人不可否认，可是，有人继续质疑大禹治水的事迹。历史文献记载的大禹所疏浚的江河太多，工作量太大，是一件根本无法完成的任务。比如，《尚书·禹贡》和司马迁的《史记·夏本纪》都说大禹疏浚了九道河。可是根据这两部文献记载的九道河的名称和位置，按照这九道河的实际水域估算，大禹所治的河流，几乎包括了整个黄河流域和长江流域。以当时古代先民们所掌握的科学知识、治理河道的技术和工具，以及交通运输能力等条件，像黄河、长江这样大的河流，根本不可能整治。即使不是黄河、长江这样的大河，13 年时间将九道江河都进行疏浚，这将是多么大的工作量，所以《禹贡》与《史记》所说的大禹治水的功绩很难让人相信是真实的。因此，有人认为，大禹治水是虚构的神话。

难道，传颂了几千年的大禹治水的事迹完全是虚构的？显然，还不能轻易下这样的结论。在我国古代文献中，有许多远古时代发生洪水的传说，到了大禹时代，更是洪水为患，形势非常严重。比如，《庄子》说："禹之时十年九潦"；《管子》说："禹五年水"；《荀子》说："禹十年水"。这些说法不会是空穴来风，一定是大禹时代的确洪水为患，并且深深地留在民族的记忆里，口耳相传，直到今天。

当然，中国远古传说中，治水的人物也不止一个大禹，大禹之前，至少还有女娲氏、共工氏以及大禹的父亲夏鲧等。可见，我国远古时代，先民们与洪水搏斗有着悠久的历史。大禹正是继承了前人的经验与失败的教训，最终才获得了治水的成功。因此，大禹治水的事迹，绝非完全虚构。

传说中的大禹治水的工作量和规模几乎是不可能完成的，这又如何解释呢？我们仔细分析一下有关文献记载的大禹自己的说法，答案就完全不同了。大禹说："予决九川，距四海，浚畎浍，距川。"（《尚书·益稷》）意思是，我决开了九道河的堤岸，将洪水导入四面的大海；我疏浚田间的沟渠，将洪水引入江河。显然，这里的"九川"是表示多的意思，未必真的有九道河。就好比此处的"四海"不可能真的有四个大海一样。说疏通沟渠比较准确，疏浚的只是沟渠而已，并非真的对九条大河都进行了疏浚。

可是，传说中大禹治水的方法，与大禹自己的说法却并不一致。几千年来盛传这样的故事：尧时洪水为患，四方的部落首领推荐鲧治水，鲧一味用堵也就是筑堤、修城的方法治理水患，结果整整花了9年时间，也没有把水患治好。而大禹一改父亲的方法，对江河进行疏浚，经13年终获成功。这种说法虽然深入人心，但事实却并非完全如此。为什么这样说呢？刚才引用大禹的话就是证据。大禹说："予决九川，距四海，浚畎浍，距川。"这其中就有3种治水的方法，分别是决、距、浚。决是扒开原有河岸，距是筑堤导引洪水流向，浚就是疏浚沟渠以增加排水量。以上这3种方法既令人觉得切实可行，也让人相信大禹治水确有其事。

由此可以得出这样的结论：大禹成功治水是历史事实，只是没有传说的那么大规模。据有关专家考证，大禹所治理的水域，主要指黄河下游部分流域和淮水流域的一部分。总之，大禹治水有功，是战胜洪水的英雄。他治水的功业，在一代一代的传颂过程中，逐渐被夸大，最终使大禹治水的故事成了神话，但这并不能掩盖历史的真相。

由于大禹治水成功，舜把天子之位禅让给了大禹。大禹君临天下之后，为了有效地管理天下，将自己管辖的区域划分了九个部分，号称"九州"。那些曾经怀疑大禹其人的真实存在，认为大禹治水是神话的人，对大禹设置"九州"同样表示怀疑。

怀疑者的理由的确非常充足，他们根据现代历史地理学的研究成果，对大禹九州涵盖的地域做具体的描述，它们分别是：冀州、兖州、青州、徐州、扬州、雍州、荆州、豫州和梁州。几乎涵盖了黄河和长江两大流域的中下游地区，面积实在太大了，因此令人难以置信，即使到了商朝，实际控制的区域也没有这么大。怀疑者因此得出结论，大禹不可能设置九州，《禹贡》是战国时期的作品，九州是战国时期"大一统"思想的假设。

据《尚书·禹贡》记载，大禹曾经"开九州，通九道，陂九泽，度九山"，意思是，大禹开辟了九个州，修筑了九条路，围堰了九个湖，丈量了九座山。一连用了四个"九"，九是最大的数，显然这是形容很多的意思，不一定是实指。

既然"九"未必是实指，那么，九州的概念真的是《禹贡》的作者根据战国时期的地理知识虚构出来的吗？似乎也不能得出这样的结论。不过，大禹实际控制的版图是黄河下游的济河到陕西东部的华山一带；《禹贡》所载疆域也确实不是大禹直接统治的区域。对大禹九州提出怀疑的关键是，人们将夏朝的疆域等同于大禹实际控制的区域。其实，这是两个完全不同的概念。大禹实际上就是个部落联盟的领袖，不是真正意义的帝王，他管辖的区域与夏王朝鼎盛时期的版图不一致，这是很自然的。因此，我们不能因为夏朝疆域与大禹实际控制的区域不一致，就否定大禹曾经设立过九州。

大禹定九州是先秦、两汉许多历史学家一致认定的历史事实。这件事不仅载于上古时代严肃的历史著作，而且在春秋时期的钟鼎铭文中也有记载。比如，《叔夷钟铭文》中就有"咸有九州，处禹之堵"的说法，意思是，拥有全部九个州，占据大禹建造的城。由此可见，完全否定大禹定九州的观点，显然是不能成立的。那么，九州的国土面积那么大，又如何解释呢？

我认为，人们之所以产生争议的关键，是对"州"的理解。"州"

字的本义是"川"字加"点"。川就是河，加的点表示什么呢？就是河边住人之地。这河边的住人之地，其实就是大禹治水时修筑的城堡，它既有军事防御的功能，也有抵抗洪水的效果。这也正是"咸有九州，处禹之堵"的"堵"。因此，我认为九州无非是建筑在九条河边上的九座城堡，根本不是后人理解的，九个行政区所管辖的广袤的国土。因此，大禹设立九州是完全有可能的。

既然肯定了大禹九州的存在，那么象征九州的大禹九鼎是否真实存在呢？这一点似乎不容置疑，因为大量的历史文献都记载了大禹九鼎的存在。既然，大量历史文献记载大禹九鼎的存在，那么，它们究竟去哪儿了呢？关于大禹九鼎的下落，人们有很多猜测。概括起来大致有 3 种说法：

第一，九鼎入秦说。

此说认为，公元前 256 年，秦军攻下洛阳，东周灭亡。第二年，秦昭王下令将大禹九鼎运回咸阳，可是在运输途中，其中一只大鼎却落入彭城附近的泗水之中。这个说法很难成立。为什么呢？彭城（今江苏徐州）附近的泗水在洛阳以东，咸阳在洛阳以西。向西运送大禹九鼎，怎么可能其中一个大鼎落到了洛阳东边的泗水之中呢？这个矛盾无法解释，此说就不能成立。

第二，九鼎沉没说。

此说是司马迁的观点，他在《史记·封禅书》中说："宋太丘社亡，而鼎没于泗水彭城下。"意思是，宋国灭亡的时候，九个大鼎都被沉于彭城泗水之中了。司马迁似乎是在解释大禹九鼎为什么会沉没于泗水之中的原因，同时表示大禹九鼎根本没有入秦，以此否认秦王朝建立的合法性。此说也很难成立。大禹九鼎怎么会在宋国呢？史书明确记载，周公旦将大禹九鼎迁到洛阳，洛阳与宋国中间还隔着一个魏国，而且宋国是商人后裔，代表周王朝天子权力的大禹九鼎怎么可能迁到前朝统治者后裔的国度中去呢？所以，此说也很难成立。

第三，九鼎被销毁说。

此说认为，周王朝即将灭亡的时候，为了防止大国攫取大禹九鼎从而获得夺取最高政权的合法性，同时也为了解决经济困难问题，周王室将大禹九鼎销毁之后当钱花了。这个说法的疑点更加明显：销毁九鼎等于自掘坟墓，再败家也不至于让自己丧失担任天子的合法性啊！

以上3种说法，都是以大禹九鼎真实存在为前提，对大禹九鼎的下落进行的猜测。可是，当人们实在找不到大禹九鼎之后，就开始对大禹九鼎是否真实存在表示怀疑了。怀疑的理由主要有两个：

第一，更早的古代文献没有记载。

"大禹九鼎"之说最早出现于《左传》，后来多次出现于《史记》，在先秦更早的重要典籍如《尚书》《诗经》中却没有记载。如果真有大禹九鼎，这么重要的国之重器，《尚书》在记载夏、商、周三代政权更替时，不可能忽略它。

第二，没有考古材料的证据。

大禹所处时代大致是公元前21世纪，处于青铜时代早期。青铜器的制造刚刚起步，工艺水平很低。最早的夏代青铜器是二里头遗址出土的三件爵，其形体单薄，工艺粗糙，与商周时期青铜大鼎在规模与制作工艺上的要求，相距甚远。

综合以上两个理由，我大胆推断，"大禹九鼎"也许根本就不存在，它们很有可能是人们虚构的。为了慎重起见，我们再引用一些古代文献对大禹九鼎的描述，进一步论证我的观点。

比如，《左传》将大禹九鼎描述为"铸鼎象物"，"象"就是描绘与表现的意思，所象之物，包括自然与社会间的各种事物。大禹将这些事物完备地铸造在大鼎上，让百姓能够分辨是非、善恶、好坏。大鼎还可以帮助人们在自然环境中，不至于迷失方向，不受魑魅魍魉的伤害。虽然我们迄今为止没见过夏代的青铜鼎，但是通过商代的青铜鼎完全可以说明问题。商代是青铜制作工艺的成熟期，其水平必定比青铜制作工艺刚刚起步的大禹时代高得多，可是在商代的青铜大鼎上，铸造的无非是一些兽面纹或者饕餮纹。大禹时代即使能够制造九鼎怎么可能表现那么多知识，甚至被称作《山海经》的蓝本呢？这种内容上的夸张，充分暴露出其虚构的性质。

相比之下，墨子的描述就更离奇了。墨子认为，九鼎是大禹的儿子夏启铸造的。可见，在墨子时代，九鼎究竟由谁铸造就已经是扯不清的事儿了。而且，这九鼎还是方形三足，真不知道方形三足的鼎如何立得稳？更令人不可

二里头遗址出土青铜爵

思议的是，这九个大鼎，个个是"不炊而自烹，不举而自藏，不迁而自行"（《墨子·耕柱》卷一一）意思是，不用火它可以自己煮饭，不动它会自己隐藏，不搬它自己会走。这哪里还是大禹九鼎，简直是现代社会的智能机器人。

对大禹九鼎更夸张的描述是《战国策》。据《战国策》记载，有一年秦国大军兵临洛阳城下，向周天子索要九鼎。周天子与朝中重臣颜率商讨对策。颜率说："君王不必忧虑，我去齐国借兵来救。"颜率到了齐国，对齐王说："如今秦王暴虐无道，兴兵威胁周天子索要九鼎。我们君臣一起商量对策，最终达成一致意见：与其把九鼎送给暴虐的秦国，还不如送给仁慈的齐国。如果贵国能够派大军解周王室之围，那么就将九鼎送给大王！"齐王一听非常高兴，立刻派五万大军救助东周，秦军见齐国大军来到，只好撤退了。

秦军撤退后，齐王向周天子索要九鼎，周天子为难了，这可怎么办？这个时候颜率对周天子说："大王不必担心，我再去一次齐国，一定能

够圆满解决此事。"颜率再一次来到齐国,对齐王说:"由于贵国出手相救,才使得周王室君臣平安无事,因此,周天子和全体大臣心甘情愿把九鼎献给大王。"

齐王一听大喜,迫不及待地问道:"那么寡人怎么才能把九鼎运到齐国来呢?"颜率回答说:"我们君臣也为这件事发愁。这九个大鼎,不是瓶瓶罐罐,随便揣在怀中提在手上就能拿到齐国,更不会像飞禽走兽,自己飞进或跑到齐国去。搬这九个大鼎可费劲了。当初周武王灭了商朝获得九鼎之后,用九万人才搬动一个大鼎,您要搬运九个大鼎,需要动用九九八十一万人啊!"齐王一听这话,只好打消了将九鼎搬到齐国的念头。

通过以上历史文献的描述,我们完全可以得出这样的结论:"大禹九鼎"是虚构的。人们为什么要虚构大禹九鼎呢?历史上任何虚构都是有目的的,虚构也不是随意的。那么,人们虚构大禹九鼎究竟是什么目的呢?据我分析,大致有以下几个目的:

第一,象征王权。鼎最初只是生活中的炊具,到了商朝中期炊具与礼器分离,鼎才成为祭祀的礼器。到了周代,礼乐制度进一步完善,鼎的使用才有了明确的级别规定,而且与簋配套。比如,天子九鼎八簋,诸侯七鼎六簋,卿大夫五鼎四簋等。也就是说,直到西周时期,才有了九鼎代表天子权威的等级观念。

既然直到周王朝人们才用九鼎代表天子权威,为什么虚构说大禹铸造九鼎呢?主要是因为,大禹治水的丰功伟绩在民众中影响太大,大禹使天下部落首领臣服,成为中国历史上第一个王朝的奠基者。因此,虚构者利用大禹在民众心目中的威信,从而使虚构的九鼎具有神圣性和权威性。

那么,虚构的大禹九鼎为什么是青铜材质的呢?因为,铜是稀有金属,无论采集和冶炼都非常困难,商周时期一直用作货币,因此珍贵的青铜本身就是财富。而且,青铜器分量沉重,人们虚构青铜铸大鼎,就是用它象征国之重器。

既然到了周朝才用九鼎代表天子权威，那么，虚构大禹九鼎这种事情，可能是周朝人干的。而且大禹九鼎最后落脚于陪都洛阳而不是首都镐京（今陕西咸阳），更能说明此虚构是东周时期出现的。为什么偏偏是东周人虚构大禹九鼎呢？这就引出虚构大禹九鼎的第二个目的，维护天子的合法地位。

东周时期，礼崩乐坏，天子权威下降，有些诸侯也使用九鼎八簋，这是对天子权威的挑战。周王室为了维持自己的权威，就编造出三代相传大禹九鼎的故事，以维护自身的合法性。诸侯之间武力征伐，个个都想当天子，因此就相信了大禹九鼎的存在，为了获得当天子的合法性而争夺大禹九鼎。

产生于东周时期的大禹九鼎传说，到了汉代被进一步神化了，这就更能够说明虚构大禹九鼎的意图了。为什么呢？因为，汉代统治者在战争中获取最高政权，他们需要合法性辩护。因此，就编造出一只大鼎，沉没于泗水的神话。为什么说这是神话呢？因为，秦军搬运九鼎的时候，其中一只大鼎居然会落在洛阳以东的泗水之中，既然可以随意地落，那么为什么偏偏选择落在泗水呢？

因为汉朝的开国之君刘邦曾经担任过泗水的亭长，显然这是在为刘邦当皇帝提供合法性依据。这就将大禹九鼎进一步神化的政治意图暴露无遗了。刘邦出身一介布衣，既不是周天子的后裔，也不是六国贵族的后代。因此，为了提高自己的身份和地位，编造出许多神话，"九鼎"沉没于泗水不过是其中之一。正是在这样的氛围之下，司马迁也不能免俗地将大禹九鼎沉没于泗水的说法，写入了《史记》。

不过我认为，虚构大禹九鼎最重要的意义，不是维护帝王的权威，也不是为王权的合法性辩护，而是表达天下一统的政治理想。大禹是第一个王朝的奠基者，他通过治水将黄河下游各氏族和部落团结在一起。大禹治水本身就象征着华夏一统。民间盛传大禹用疏浚的方式治水，这种方法本身象征着打破封闭与割据，走向联合与统一。

大禹所谓"开九州，通九道，陂九泽，度九山"，最后铸九鼎，统统用九，也正是此意。中国人对"九"这个数非常推崇，"九"既是最大的数，又暗含着"九九归一，天下一统"的意思。天下一统就会九州安定，天下太平，因此代表了广大民众的意愿。

总之，大禹九鼎虽然是虚构的，却是永恒的，它作为天下一统、九州安定的象征，有如不朽的精神图腾，永远深深地熔铸于中华民族的心灵之中。

# 第 **3** 讲

## 后母戊方鼎之谜

20世纪30年代，一个巨大的青铜方鼎在河南安阳被当地的村民盗挖出土，它就是目前收藏在中国国家博物馆的国宝级文物——后母戊方鼎。大鼎出土之际，正是日军侵华之时，为了避免大鼎落入日军之手，一场拯救国宝的行动旋即展开。这个神奇的大鼎究竟经历了哪些波折？谁是它的主人？在这件国之重器背后有着怎样的历史故事呢？

1939年3月的一天，几辆满载着日军和伪军的卡车，突然出现在河南省安阳县北郊乡的武官村外。这些日军和伪军跳下卡车之后，立刻气势汹汹地将武官村团团包围。烧杀淫掠成性的日本侵略者，这次来到武官村却并没有祸害百姓，而是直奔一个名叫吴培文的村民家而来。吴培文见状不妙，慌忙逃出村子。日本人闯进吴培文的家，翻箱倒柜地仔细搜查，显然是在找什么东西。日本人把吴培文家翻了个底朝天，什么也没有找到，只好撤走了。人们不禁要问：日本人如此兴师动众地搜查一个普通村民的家，究竟要找什么东西呢？原来，日本人得到消息，武官村的村民在地下挖掘出一个宝贝，这个宝贝就藏在吴培文的家，那么什么样的宝贝能够引起日本人如此的兴趣，以至于派大队人马来搜查呢？这就得从这件宝贝的发现说起了。

十几天前的一个清晨，天刚亮，在武官村外的一片荒地里，一个名叫吴希增的村民，手持着一杆"洛阳铲"四下里转悠，寻找可能有古墓的地方。"洛阳铲"又叫探杆，因洛阳的盗墓贼发明而得名。它一

洛阳铲

头是半圆柱形的铁铲，另一头可以接白蜡杆。使用时垂直向地面戳击，用铲头挖开地下泥土。一把上好的洛阳铲，装上富有韧性的白蜡杆，再接上特制的绳索，可以探入地下几十米。当盗墓贼将"洛阳铲"从探洞中提出时，铲头会带出地下的土壤。盗墓贼通过分析这些土壤，就能够准确判断出地下是否有古墓。

梁思永

吴希增就是这样一位经验丰富的盗墓贼。人们不禁要问，盗墓贼一般都是夜深人静的时候出来活动，这位吴希增怎么会一大清早出现在武官村的荒地里呢？这就得说一说这一带的民风了。吴希增是武官村人。武官村位于安阳河的北岸，安阳河的南岸就是著名的小屯村。说起小屯村大家可能不了解，这可是个非常重要的地方！为什么呢？因为，这儿是"甲骨文"的发现地。

那是 19 世纪末的事情，甲骨文的发现引来了社会的关注，同时大量古董贩子开始收购和贩卖甲骨文。小屯村一带的村民，在利益的驱动之下，纷纷参与挖掘甲骨。在盗掘甲骨的同时，也挖出了大量的文物，一时间文物盗掘成风。文物贩子们大发其财，大量珍贵的文物流失海外。这种混乱甚至疯狂的盗掘，给我国地下埋藏的历史遗存，带来无法挽回的损失！

人们一定会问，当时的政府为什么不出面干预呢？那会儿的政府哪有闲心管这事啊。小屯村发现甲骨是 1860 年左右的事儿，那会还是清朝的咸丰年间，清政府根本没有保护文物的观念。中华民国成立之初，政治斗争风云变幻，北洋政府自然顾不上文化建设。

直到 1928 年，取得北伐成功的南京革命军政府，任命蔡元培为中央研究院院长，聘请傅斯年为历史语言研究所所长，该所成立了考古组，由留学归来的考古学家梁思永负责。梁思永就是近代思想家梁启超的儿子，著名建筑设计师梁思成的弟弟。从此，中国有了专门的考古研究机构，开始了由政府领导和专家指导下的科学考古工作。

考古组先后在安阳县境内小屯村一带进行了 15 次发掘，不仅发现了大量甲骨文，而且以甲骨文为线索，发现了商代的王陵和宫殿的遗址。通过科学的考古方法终于证实，安阳河两岸，古人称之为"殷墟"的地方，的确曾经是商王朝后期的都城所在地，从此，安阳殷墟名扬海内外。

在对殷墟进行科学考古的同时，国民政府对地下文物的发掘进行了严格的规范，严禁民间盗墓行为。1930 年颁布了《古物保存法》，成立了全国性的文物保护机构。民间随便挖掘古墓是违法的盗窃行为。小屯村一带村民的盗墓之风才受到了遏制，百姓从事盗墓行业的人也越来越少了。

1937 年，卢沟桥事变爆发，日军开始全面侵华，不久安阳一带被日军占领了。日本侵略军不但掠夺地上的资源，也不放过对地下文物的盗掘。因此，跟随日军侵略中国的还有日本的考古学家，这些往日的科学工作者，转眼变成无耻的盗贼，他们明目张胆地对中华大地上的古物进行疯狂的盗掘。在战争的混乱状态下，安阳一带民间盗墓之风再度死灰复燃。

吴希增就是在这样的背景之下，重操旧业的。这天清晨，吴希增在村外的荒地里，明目张胆地手持着一根洛阳铲四处转悠，寻找可能存在的地下古墓。吴希增在村外的田野里转悠了一会就发现了目标，他通过仔细观察地形之后，就开始用洛阳铲探挖。当挖到三丈左右深的时候，他忽然感到洛阳铲遇到了坚硬的东西。他立刻将洛阳铲用绳子拉出地面，结果让他大吃一惊，铁打的洛阳铲竟然卷了刃，上面留有绿色的铜锈。吴希增心中一阵狂喜，经验告诉他：这地下有青铜器。吴希增立刻在地表做好标记，转身回村报信。

人们可能无法理解了，既然是盗墓，大都是悄悄地干，为什么还回村报信呢？因为，安阳一带以盗墓为业的村民们之间，有个不成文的约定，什么约定呢？就是无论什么人，在谁家的地里探到宝物，一半归土

国宝迷踪

地的主人，另一半归探宝和挖宝人。

　　吴希增发现宝物的这块地归吴培文所有，因此，吴希增回到村里，立刻去找吴培文，将自己探到宝物的事，毫无保留地告诉了吴培文。吴培文对这个消息并不感到惊讶，为什么呢？因为，几年前考古学专家梁思永率考古队，曾经在武官村一带发掘出大批珍贵文物。1937 年，日寇入侵，考古队不得不向大后方撤退。临行前，梁思永对吴培文说，你们家祖坟周围可能有大型古墓，你最好平掉坟头，砍掉树林，不要引起日本人的注意。吴家是当地有名的大户人家，武官村一半的土地都是他家的产业。大户人家都非常注重风水，但为了避免日本人盗掘古墓，吴培文还是平了自家的祖坟。

　　既然，为防范日本人盗掘古墓连自家的祖坟都平了，那么，吴培文一定不会同意吴希增盗掘古墓。可是，令人没有料到的是，吴培文不但没有阻止，反而与吴希增密谋，组织人手准备挖掘宝物。这是为什么呢？据后来吴培文自己回忆说，日军占领安阳一带之后，烧杀抢掠，村民们度日如年。人们饿得实在没办法，只好重操旧业，在田地里盗掘古墓，然后贱价卖给文物贩子，以糊口度日。因此，当吴培文得知探到大墓的消息之后，立刻决定与吴希增一起盗掘这座古墓。

　　当天晚上，吴培文和吴希增各自约来了十多个亲戚、朋友，准备好了各种挖掘工具，明确了分工。趁着夜深人静，二十几个人悄悄地出村。在夜幕的掩护下，一群手持盗墓工具的村民，由吴培文带路，直奔自家的田地而来。吴希增很快找到做有标记的探洞。二十几个年轻小伙子，立刻开始了对宝物的盗掘行动。

　　当时虽然是 3 月中旬，但是春寒料峭，冻土还未开化，地表非常坚硬，二十多个青壮汉子轮番上阵，愣是用原始工具把冻土层挖开一个 6 尺长、2 尺宽的大坑。冻土层一旦被剥开，继续下挖就轻松多了。小伙子们一鼓作气，很快就下挖了十几米。这个时候，坑底传来惊呼："挖到了！"吴希增立刻手持蜡烛下到坑里，在昏暗的烛光下，吴希增看到一个三把来粗的青铜柱，经过仔细观察，吴希增推断，这像是某种青铜器的腿部。它的其他部分还在土里埋着。吴希增马上命令大家："继续挖！"见到了宝物，人们的劲头就更大了，大家沿着青铜柱的四周，继续扩大挖掘的范围。不一会儿，一件巨大的青铜器终于展现在众人面前。人们惊呆了！大家议论纷纷，这是什么玩意儿？怎么有这么大个？真像个大香炉！从此，村民们就称这件青铜器为"大炉"。

　　吴希增借着忽明忽暗的烛光仔细观看这座"大炉"，脑子里快速地搜索着自己的记忆，这是什么东西呢？从来没见过啊？说它是鼎吧，鼎都是圆的，而且三条腿，这个大炉却是长方形，四条腿。看着看着，吴希增就觉得这个大炉有些不对劲。怎么不对劲呢？这个长方形的大炉，怎么只有一只耳朵？吴希增仔细查看大炉没有耳朵的那一边，发现有折断的残部！他立刻招呼众人在四周继续挖掘，寻找折断的另一只大炉的耳朵。可是，众人费了半天劲，向下挖，向四处刨，始终没有找到另外那只耳朵。显然，这只大炉不是第一次被人发现，它曾经被人盗掘过，却因分量太重，无法运走，只好击断一只耳朵盗走了。

　　古代盗墓贼搬不动的大炉，现代的盗墓贼同样也搬不动。这个时候，天已经快亮了。这事总不能大白天干。因此，大家商量一下之后约定，第二天晚上接着干。

　　第二天深夜，盗墓者由二十多人增加到四十多人。他们改变了前一天的做法，先将坑口拓宽，然后，在坑口边用圆木搭起了一个三角架，把两根鸡蛋一般粗细的麻绳垂到坑底，一根绑在大炉的耳朵上，另一根绑在大炉的腿上，一部分人在地面上使劲拉绳子，另一部分人在坑底用钢钎撬起大炉一角，同时在炉身下填土。就这样，一寸一寸地向上抬高这只沉重的大炉。好不容易把大炉抬高了几米，离坑口不到一半了，突然，麻绳崩断，沉重的大炉坠到了坑底。一夜的工夫白费了。这个时候，天快要亮了，村民们只好停止盗掘，掩盖好坑口，回村等待夜幕再度降临。

　　第三天晚上，人们汲取了上次的教训，买来更粗的麻绳，继续按照前一天晚上的办法起吊大炉，只是上面拉绳子的不是人，而是三匹牲口。人和牲口忙活了一夜，终于将这只沉重的大炉吊上了地面。为了盗掘这

后母戊方鼎

只大炉，几十个村民们整整忙活了三个晚上。

　　村民们将青铜大炉挖掘出土之后，连夜用马车把大炉运回了村，暂时埋在吴培文家小院的粪堆下面，然后盖上柴草。埋藏好大炉之后，吴培文和吴希增要求所有参与挖掘大炉的村民们发毒誓，要保守秘密，不准向外人泄露。

　　俗话说：没有不透风的墙。就在大炉出土后的第八天，驻守安阳县飞机场的日本警备队长黑田荣次派人捎话来，说他要到武官村看他们挖掘到的宝物。村民们听到这个消息之后非常紧张。怎么办？还能怎么办？立刻将大炉转移啊！

　　当天夜里，正当村民们准备转移大炉时，黑田荣次坐着小汽车突然闯进了武官村，直奔吴培文家而来，显然，村子里有人给日本人通风报信。黑田荣次见吴家大门紧闭，居然登着梯子翻墙而入。这个时候，村民们刚刚拨开柴草和粪土准备转移大炉，黑田荣次突然出现了。他一见到大炉先是一惊，然后嘴里不断地"吆唏、吆唏"地叫唤。他围着大炉转了几圈，一边看，一边嘟囔，谁也听不懂他说了些什么。黑田荣次的眼睛终于离开大炉，对身边的村民们说了几句生硬的中国话："宝物！宝物啊！中国人的，这个！"他跷着大拇指，继续用日本话连说带比划。最后，黑田荣次恋恋不舍地离开了武官村，临走之前，对吴培文用生硬的中文说："宝物的要保护好，不要走漏风声，不要让日本宪兵队知道，否则宝物不保。"

几天之后，日本鬼子又来了！这次来的不是黑田荣次，而是日本宪兵队、铁道警备队，还有皇协军，一共一百多人。日本人一到武官村，就将村子团团围住了。吴培文一看这阵势，撒腿就跑了。日本人把吴培文家翻箱倒柜搜了个底朝天，也没有找到"大炉"，只好悻悻而去。

村民们知道，日本人绝对不会善罢甘休，如果继续藏着这个大炉，不但大炉保不住，大家的性命都有危险。这个时候，有人出主意说，还是把大炉卖了吧，既能换些钱，也图个安生。这个建议得到大家一致同意。于是，村民们就委托当地的古董贩子将消息透漏给大买家。

四月中旬的一个傍晚，一个名叫萧寅卿的古董商，带着保镖从北京坐着小车来到了武官村。萧寅卿来到吴培文家的院子，面对从来没有见过的青铜大炉，不禁惊呆了。他用文明棍剔一剔大炉身的泥土，手持高倍放大镜细细观看。萧寅卿一边看，一边推断大炉的年代和价值。欣赏一阵子之后，他向吴希增详细询问了发现和出土大炉的经过，最后问村民们：卖不卖啊？村民们回答：当然要卖了。萧寅卿伸出两个指头。有村民问：二千？萧寅卿摇摇头。又有村民问：二万？萧寅卿又摇摇头。当他见村民们不敢继续问了，就笑眯眯地说：二十万大洋！

天啊，二十万大洋！村民们大吃一惊！人们都知道古董能卖钱，但是无论如何也想不到，这个大炉能够值这么多钱。还没等众人回过味来，萧寅卿又说话了："不过，你们得把它分解开，起码分个十块八块的，不然，我怎么运走？等我一块块地装了箱，运到北平之后就把钱付给你们。怎么样？干还是不干？"在场的村民异口同声地说："干！"萧寅卿轻轻地一笑，继续说："把这大炉拆分好之后，分别装箱，然后运到北平我再付款。"临走时，萧寅卿将他在北平的详细地址留给了吴培文。

二十万大洋大致相当于今天二千万人民币了。这个价格对当时的农民而言，简直是天文数字。由于利益太丰厚，村民们头脑发昏了。就在肖寅卿离开武官村的当天晚上，村民们就开始对青铜大炉采取极为粗暴野蛮的拆解行动。

村民们拿来准备好的钢锯和六十多根锯条，开始锯大炉。他们分工明确，有人负责站岗放哨，有人负责拉锯切割，房间的门窗不但紧闭，而且还钉上了厚厚的棉被。

可是，村民们把事情想得太简单了，这个青铜大炉实在是太坚硬了，花了大半夜的时间，十几个人轮班作业，锯条断了48根，结果只不过在大炉的腿上锯出了3厘米深的浅槽，人们累得筋疲力尽，满头大汗，气喘吁吁。显然，用钢锯条不可能将这个青铜大炉拆开。

怎么办？这个时候，有人出主意，用大铁锤砸。一个小伙子二话不说，拎起大铁锤就往大炉上砸去，只听"轰"的一声，将在场的人吓了一大跳，夜深人静，整个村子的人都被震醒了。这可不行，吴培文立刻上前制止，这么大的声音，还不把安阳城里的日军招来！怎么办？

继续砸！一不做，二不休！为了消除砸大炉所发出的巨大声响，有人抱来稻草和破旧衣物塞满了大炉的肚子，然后蒙上两条棉被，再坐上两个人以降低声响。降音措施完成之后，村民开始朝大炉的耳朵猛砸，七八个壮小伙子轮流挥舞大锤，足足砸了一百多下，大炉耳朵的根部，渐渐出现了裂缝，村民们立刻信心大增，又继续砸了一百多锤之后，大炉的耳朵终于被砸掉了。

当大炉的耳朵铿然落地的时候，在场的村民的心灵似乎受到了震撼。村民们望着失去双耳的大炉，突然意识到，如此珍贵的古董就这样毁了，实在太可惜！再说，这只大炉根本无法拆解，村民们索性收起工具，停止了对大炉的破坏。

既然，这大炉已经无法卖给萧寅卿，那也绝对不能落在日本人手里。于是，大家一致同意，将大炉转移到吴培文家西屋的马棚下埋了起来，大炉的耳朵由吴希增保管。

不久，上次没有得手的日本宪兵队再次来到武官村，他们把吴培文家西院的马棚翻了一个底朝天。此时，大炉已经转移到吴培文家西屋的马棚下，由于日本人情报有误，将西屋听成了西院。结果这一字之差，却意外地使大炉幸免于难。

经过这场风波，村民们更加忧心忡忡，朴素的庄稼人尽管讲不出什么大道理，却都知道这大炉绝不能让日本人弄走。一来他们这是在保护国宝，二来也是因为日本人拿走大炉是不会给钱的，村民们还指望大炉卖二十万大洋呢？这么值钱的大炉，不能放在原处了，必须马上转移。可是，转移到哪儿去呢？

风声如此吃紧，向别处转移，目标太大，事情一旦败露，非但大炉不保，还将招来杀身之祸。村民们商讨后决定，把大炉搬到吴培文家东屋草房下掩埋，并依旧铺上原来的地砖，不知情者根本看不出痕迹。同时，找来一个被称为"尿罐子"的铜甗和一些古代陶器藏在吴培文家南屋的床底下，以应付日本人的搜查。

果然，几天后的一个下午，气势汹汹的日军宪兵队出动好几辆卡车再次来到武官村，得知消息的村民都躲出去避难了，整个村庄空无一人。不出所料，日本人果真把吴培文家再一次翻了底朝天，床底下事先放好的古董被鬼子一扫而光。

就在这个时候，天色骤变，突然从西北方向刮来一阵狂风，飞沙走石，天地无光。日本人也感到一种恐惧，觉得虽然没有找到大炉，毕竟找到了一些宝物，也算给上司有个交代，于是，匆匆离开武官村，回安阳城去了。

经历了几次有惊无险的变故之后，村民们惊魂不定，谁也不敢再提大炉的事。就这样，这大炉在吴培文家东屋草房下，一埋就是整整 6 年。

国宝迷踪

　　1945 年 8 月，日本天皇宣布无条件投降，抗日战争胜利结束。日本人走了，可是，又有中国人开始惦记大炉了。那么这个人是谁呢？他叫陈子明，此人长期从事贩卖文物的活动，具有一定的古董鉴赏能力。抗战胜利之后，陈子明到处打听大炉的消息。但是知情者个个守口如瓶，让陈子明无可奈何。

　　1946 年，陈子明成为安阳县参议员兼古物保存委员会主任。这个身份，为他寻找大炉提供了便利。陈子明经过多方打听，终于得知，武官村的村民吴延年当年参与了盗掘大炉，而这位吴延年在日伪时期曾经担任过县督学，这就给陈子明在吴延年身上打开缺口提供了绝好的借口。陈子明以通知吴延年去县城开会为由将其秘密逮捕，名为清查他在日伪时期的汉奸行为，实为寻找大炉的下落。

　　胆小怕事的吴延年急于洗刷自己的罪名，当陈子明刚刚将他逮捕时，他就立刻招供了，将大炉藏匿的地点告诉了陈子明，以求将功补过。消息传到武官村，村民们大吃一惊。本来想趁日本鬼子投降，藏匿 6 年之久的大炉终于可以出手换 20 万大洋了，没想到吴延年把藏匿大炉的地点都告诉了陈子明，这下希望都落空了，为此村民们与吴延年大打出手。但是，事情已经无法挽回了。

　　陈子明虽然可以逮捕吴延年，但是要到武官村起运大炉，他却没那个胆量。于是他向县长汇报，求得县长的支持。县长也不敢去武官村索要大炉，只好寻求当地驻军的支持。在正规部队的支持之下，陈子明和县长来到武官村起运大炉。吴希增上前阻拦，被当兵的狠狠地打了两记耳光，被迫交出大炉。同时，又在吴希增家搜出那只大炉的耳朵，然后将大炉装上马车运到了安阳县城。

　　成功起获大炉之后，陈子明不可能将其据为己有，于是他向县长建议，将这个大炉运到南京献给国家。当年正是蒋介石 60 大寿，安阳县参议会讨论决定，在县城内修建中正亭，将大炉永远留在安阳县城。

　　可是，当时为起获大炉，县长动用了当地的驻军，自然会惊动军方高层。果真，大炉事件引起了国民党第 31 集团军司令长官王仲廉的注意。

"大炉"到南京

开始他还不以为然，当他得知，这座大炉是无价之宝的时候，不禁也打起了大炉的主意。

当然，这个时候，谁也不可能将大炉据为己有，只是想利用大炉达到个人目的。王仲廉以个人身份，以给蒋委员长祝寿为名，将大炉作为寿礼派专车运到了南京。没想到蒋介石大发雷霆，将王仲廉臭骂一顿之后，关了他三天的禁闭。同时，蒋介石又下令把大炉交中央博物院筹备处保存。

1948年5月，中央博物院筹备处与故宫博物院联合举办展览，这座青铜大炉首次在南京公开展出，立刻引起人们广泛的关注。

1949年，国民党政府从大陆撤退台湾，将大批珍贵文物一起运走，这大炉却留在了南京。其实，原因很简单，就是大炉太大太重了，运到船上必须用起重机才行。因为时间仓促，一时找不到起重机，大炉也就只好被遗弃了。当解放军占领南京的时候，大炉成了战利品。

中华人民共和国成立之后，大炉一直存放在南京博物院。1958年，南京博物院从山东请来两位师傅，为大炉复制了另外一只耳朵。让发掘时只有单耳的大炉终于恢复了全貌。

1959年，中国历史博物馆落成，大炉从南京调往北京，交由中国历史博物馆，也就是现在的中国国家博物馆收藏。可是，这个时候，这只大炉究竟是什么时代的，具体的功能是什么，它的主人究竟是谁？人们一概不知。

其实，这些问题早在大炉从武官村运回安阳县城的时候，由于媒体报道了这个消息，立刻引起学者们的关注和研究。第一个关注大炉的是一位战地记者。他明确地指认，大炉是商代的东西。他还在大炉内发现了铭文。他当时把铭文解读为"后妻戊"，并且认为，这个大炉一定是某位商王，给自己的王后做的。

后母戊铭文

这位战地记者的文章一发表，立刻引起学界的重视，杭州大学的一位老师提出了不同观点。这位老师认为，商周出土的青铜器，从来没有称"炉"的，从形式上来看，应该称它为"方鼎"。同时，这位老师将方鼎的铭文解读为"司母戊"，建议此方鼎称"司母戊方鼎"。这个名称被当时的南京中央博物院采用，后来被大众所熟知。

2011 年，中国国家博物馆将"司母戊方鼎"改称"后母戊方鼎"，引起专家学者们的争议。观点分成两派，有学者认为"司母戊"不能更名为"后母戊"，有学者认为"后母戊"比"司母戊"更准确。虽然，两派观点都有自己的依据和道理，谁也说服不了谁。不过，既然方鼎的收藏单位中国国家博物馆将其改称为"后母戊方鼎"，那我们也只好这样称呼它了。

不过，人们更关心的是这个方鼎究竟是什么时代制造的。由于"后母戊方鼎"是武官村农民在地里盗掘的，而且挖掘现场不是它的第一出土地点。因此，它准确的埋藏地，一时无法知晓，所以方鼎制造的年代，它的主人就成了谜。

后来，根据方鼎的主要纹饰特征，专家们判断，它是商代的东西。由于"后母戊"与妇好墓中出土的"后母辛方鼎"无论在形制、铭文和纹饰上都非常类似，因此专家们认定"后母戊方鼎"的年代大致在殷墟的前期。那么，究竟是殷墟的哪一个时间段呢？一时还无法确定。

1984 年，考古工作者在安阳县清理发掘出一座大墓。可惜，这座大墓有 6 个盗墓坑，大墓中的大部分随葬品已经被窃走，没剩下一件青铜器。科研人员根据墓中检测到的残留的金属元素，判断墓中曾经随葬过大量青铜器，并且根据"后母戊方鼎"的合金成分确认，这座大墓的主人就是"后母戊"。

虽然，由于这座大墓被盗一空，墓葬的时代难以判断。但是，只要确认"母戊"的身份，这个问题就迎刃而解了。那么，这位被称作"母戊"的女子究竟是谁呢？考古工作者在甲骨文中找到了答案。

在商代甲骨文中，有二十多片含有"母戊"二字的甲骨。这些甲骨都属于武丁时期。很明显，这位"母戊"就是商王武丁的王后，她叫"妇妌"。

武丁是商朝第二十三位君王，重用贤相傅说，使商代的综合国力达到鼎盛，史称"武丁中兴"。武丁的儿子祖庚继承王位之后，为祭祀母亲而铸造了这尊大鼎。由此可以推断，后母戊方鼎距今已经有三千多年的历史了。

"后母戊方鼎"，长 112 厘米，口宽 79.2 厘米，壁厚 6 厘米，连耳高 133 厘米，重达 832.84 千克，是目前为止中国已发现的商周青铜器中最大的一件，无论是它的铸造工艺，还是精美的纹饰所包含的内容，这座方鼎在世界青铜文化中都是罕见的，的确是一件稀世珍宝。

总之，"后母戊方鼎"足以代表商代高度发达的青铜文化，不愧为"青铜之王"的美誉。

第

# 4

讲

《游春图》之谜

　　20 世纪 40 年代，末代皇帝溥仪从宫中带出的近 1200 件珍贵文物，其中绝大部分在长春被盗劫一空，许多国宝级文物流散民间，其中包括隋朝画家展子虔的《游春图》。这幅年代久远的中国绘画作品，险些被贩卖到海外。紧急关头，大收藏家张伯驹站了出来。为了防止国宝流失，他付出了怎样的努力？他是否能够力挽狂澜，将国宝《游春图》从濒临流失的悬崖边上拉回来呢？

　　1945 年 8 月 8 日，苏联对日宣战，150 万苏联红军进入中国境内，日本关东军土崩瓦解，苏联红军长驱直入，伪满洲国的首都新京（今吉林长春）陷入一片混乱。8 月 15 日，日本天皇宣布无条件投降，伪满洲国的皇帝溥仪颁布《退位诏书》，伪满政权彻底覆灭了。溥仪在逃亡日本的途中，被苏联红军抓获，伪满洲国的皇宫被苏联军队接管，财产被全部没收。当年溥仪离开紫禁城时随身带出皇宫的将近 1200 件历代书画藏品，全部落在了苏联人的手里。这批藏品的命运不禁令人担忧。

　　可是，就在几天之后的一个夜晚，几个伪满洲国皇宫的卫士，换上便衣来到伪满皇宫，与守卫皇宫的苏联士兵喝酒，贪杯的苏联士兵不一会儿就都被灌醉了。这些皇宫卫士们悄悄溜进了皇宫，将皇宫的收藏品盗劫一空，这些皇宫收藏品随即流失民间。其中包括展子虔的《游春图》。

　　说起展子虔，大家也许感到很陌生。展子虔是隋朝人，擅长画山水、台阁、车马以及佛教、道教的人物。他的作品虽然很多，但是保存下来的只有《游春图》。这是一幅绘制在绢上的青碧山水画，是中国现存时代最早的绘画作品之一，是山水画的开山之作，距今已经有 1400 多年的历史了，这也是世界绘画史中保存最久的作品。毫无疑问，这是一件价值连城的国宝。可是，它却因为战争造成的混乱而流失于民间，下落不明。

　　1946 年，在长春一带的文物市场上开始出现宫中收藏的名贵书画，盗贼们急于用钱，又怕偷来的东西放在手中惹祸，因此，用极为低廉的价格抛售。一些古董商，趁机压价收购，然后再转手高价抛出，大发国难之财。

长春一带的文物市场上出现宫中收藏，北京琉璃厂的各家古董商很快得到消息，纷纷前往长春，抢购被他们称为"东北货"的这批被盗书画。为了提高购买力，琉璃厂的几家古董商联合起来，投资入股，合伙赴东北收购宝贝。他们的头儿就是玉池山房经理马霁川。

一天上午，作为股东之一的墨宝斋长春分号的经理穆磻忱，来到长春市四马路一家古玩店，看见墙上挂着的一幅古画挺好看，就同店老板聊这幅画。通过聊天，穆磻忱发现这位老板根本不懂字画，只知道这幅画是从伪满皇宫一个卫兵手里买来的。穆磻忱由此确认，这幅画正是皇宫的收藏品。于是，他就开始对这幅画挑毛病了。穆磻忱对店老板说："你看这画，不论是颜料，还是印色，都证明它不是真迹。而且伪造者的技艺也很一般，像这样的货拿到北平琉璃厂，最多卖上十两银子。"那位不懂画的店老板完全被穆磻忱给唬住了，只收了不到十两银子就将这幅画卖给了穆磻忱。

穆磻忱带着这幅画来找马霁川，让他鉴定此画究竟是何物件。当穆磻忱将手中画卷打开的一瞬间，马霁川一眼看到了六个瘦金体写的题记，"展子虔游春图"，这可是宋徽宗的亲笔啊！马霁川"腾"的一下子从床上跃起，扑上来双手接过画卷惊喜地说："这是隋代展子虔的《游春图》啊！这可真是'踏破铁鞋无觅处，得来全不费功夫'啊！我做梦都在找它，找了这么多年也没找到，没想到居然让你弄到手了！"突然，马霁

宋徽宗题字

桃陰尚題

柳暗花明
晝景寰
幽花陌上
芳菲遠
彌朦淺春
遊倍戀物
宣和六字
魁頳敏
平隄試踊
驪暘佳眉
柳丝長
湖光山色
玄弦句不
困春堂春
篰嚢

《游春图》

川低声问道："你花了多少银子？"穆磻忱将脸凑到马霁川的耳边，嘀咕了几句，两个人突然开怀大笑。

马霁川从长春回到北京之后的一天清晨，来到故宫博物院院长马叔平的办公室，将手中的一包东西放在案头，然后对马院长说："鄙人愿以最低的价格，将我从东北带回来的这批货卖给故宫，略表我微薄的爱

展子虔遊春圖

国之心。"马叔平打开包裹一看，各种字画，一共二十多件。面对这些一时难辨真假的古字画，马院长拿不定主意是否收购，只好对马霁川说："马掌柜，东西先放我这儿，等专家们鉴定完之后，再给你回话。"马院长写了张收据，将马霁川打发走之后，立刻给张伯驹、徐悲鸿、张大千等当代著名书画鉴定专家发了请帖，请他们到故宫博物院来审定这批古代字画。

几位专家来到故宫博物院，马院长将马霁川送来的二十几件古字画让专家们过目。张伯驹看完之后不屑地说："这些东西除了一幅宋人绢本之外，皆非精品。"马院长一听这话，就问众位专家："那这批货是收购还是退回呢？"诸位专家意见不一，有人主张：既然要价不高，那就先把它买下来再说，只要有一件是精品就值。

可是张伯驹却坚决反对。他说："我一贯主张，收藏艺术品宁收精品一件，不收非精品一千。像故宫博物院这样的部门更应该如此。要给国内外造成一种印象，故宫收藏的艺术品必须是上乘精品。因此，除了宋朝绢本画之外，一律退回。况且，马霁川这个人，见多识广，老奸巨猾，今天如此慷慨，恐怕其中有诈，我们还是小心为妙！"

马院长表示赞同："嗯，言之有理，那就按张公说的办。"

人们一定会问，这张伯驹是什么人，他的话怎么这么有权威，堂堂故宫博物院院长居然对他言听计从。说起张伯驹，这可不是个等闲之辈啊！他与溥西园、袁克文、张学良，并称"民国四公子"。大家明白了吧？这位张伯驹原来是个公子哥啊！不过，这位公子哥与一般的公子哥不一样。怎么个不一样呢？就让我们从张伯驹的身世说起。

张伯驹，字家骐，号丛碧，1897年出生于河南省项城一个官宦之家。因他的伯父张镇芳膝下无子，七岁的时候便过继给张镇芳当儿子。张镇芳是袁世凯的表弟，清光绪年间的进士。袁世凯任直隶总督的时候，张镇芳是长芦盐运使。长芦盐场位于渤海湾，是中国四大盐场之一，因此长芦盐运使可是个肥缺儿。清末中国政局动荡，原本大权在握的袁世凯受到排挤之后，被迫退隐回老家河南安阳。袁世凯失意的时候，张镇芳资助他30万两银子，并且照顾他的家属。可见，两人的交情非同一般。辛亥革命爆发，袁世凯重新得势，掌控国家大权，张镇芳被任命为直隶总督。宣统皇帝退位，袁世凯成了民国大总统，张镇芳被任命为河南都督，掌握河南省军政大权。后来，张镇芳退出官场，投资百万大洋创建了中国北方第一家商业银行——中国盐业银行，出任董事长。

膝下无子的张镇芳对张伯驹视如己出，极为器重。先是请私塾先生为他启蒙，后来又送他到天津新学书院学习。张伯驹禀赋异常，9岁就能作诗，而且颇有文采，人称神童。青年时期，进入袁世凯兼任团长的中央陆军混成模范团骑兵科学习军事。毕业后不久，就被提升为提调参议，也就是参谋。再后来，又在曹锟、吴佩孚等北洋将领的部下任职。在北洋政府统治时期，这位公子哥，可谓前途无量。可是，张伯驹却厌倦这样的生活，不愿意走仕途，整天沉湎于诗词、书画、郊游、宴乐等。

张伯驹

张镇芳去世之后，张伯驹本应接替盐业银行董事长一职，可是张伯驹说什么也不干。可把张伯驹的老母亲气坏了。后来，经过亲朋好友从中斡旋，张伯驹冲着母亲的面子，勉强答应挂个常务理事的头衔。张伯驹逢人便说："理事理事，想理就有事，不想理就无事。"从此，张伯驹就有了一个绰号叫"怪爷"。这个怪爷可真够怪癖的。

比如，抗战胜利后的一天，河北省主席孙连仲，专门设宴招待张伯驹，让他在石家庄市长或者唐山市长之间任选一个。可是，张伯驹一口就回绝了，根本不领孙连仲的情，弄得孙连仲当众下不来台！孙连仲根本无法理解，对张伯驹来说，当个市长有啥劲？

那么，这位"怪爷"究竟喜好什么呢？这内容可就多了。

张伯驹是个美食家。为了吃，张伯驹在家里雇了三个厨师，一个掌勺，一个做面食，一个打杂。掌勺的厨师曾经在后宫专门为慈禧太后做菜。这位师傅有一个拿手绝活，就是清蒸活淇鲫。所谓"淇鲫"，就是河南淇河里的鲫鱼，长一尺左右，味道鲜美。这是慈禧太后、袁世凯最喜欢吃的一道中国名菜，也是张伯驹的最爱。食不厌其精的张伯驹，天下好吃的美食都爱吃。用他自己的话说："宁食精菜一个，不食粗菜一千。"

有人说，公子哥张伯驹不但喜欢美食，更喜欢美女。可是，他们哪里知道，这位公子哥的家庭与爱情生活，却相当的坎坷。他的第一任妻子，是张镇芳在他18岁的时候包办的，名叫李月娥，其父曾经担任过安徽督军，这显然是一场政治联姻。虽然门当户对，但李月娥却是个小脚女人。因此，张伯驹根本不喜欢她，更谈不上爱情了。李月娥也无法照顾张伯驹的起居生活，一直住在天津的家里，而张伯驹却住在北京。李月娥于1939年去世，没有生儿育女。

张伯驹在李月娥在世的时候，就娶了第二位夫人。她是个唱京韵大鼓的艺人，张伯驹给她起了个名字叫邓韵绮。邓韵绮相貌平常，又不会打扮，张伯驹因喜欢京韵大鼓而喜欢她。邓韵绮出身贫寒，会操持家务，把张伯驹的家事打理得井井有条。可是，邓韵绮后来染上了大烟瘾，张伯驹因此渐渐地对她冷淡了。1948年邓韵绮与张伯驹离婚。

张伯驹在冷淡了邓韵绮之后，又娶了第三位夫人。张伯驹也给她起了个名字，叫王韵缃。张伯驹是经银行同事介绍与王韵缃认识的，不久就在北京买了一进小院儿将她娶进门。张伯驹娶王韵缃的一个重要因素，是为张家传宗接代，显然这是张镇芳的意志。结婚之后不久王韵缃就怀孕了，张镇芳听说消息之后，立刻将王韵缃接到天津。王韵缃果真生下一个儿子，从此一直住在天津没有再回北京。1952年王韵缃与张伯驹离婚。

张伯驹的第四位夫人叫潘素，她是前清宰相潘世恩的后代。但是，潘素的父亲却是个纨绔子弟，把家产挥霍一空。潘素的母亲出身名门，在潘素很小的时候，就请名师教她学习音乐和绘画。在潘素13岁的时候，母亲病逝，继母将潘素卖入风月场。

进入风月场的潘素，弹得一手好琵琶，曾在上海滩红极一时。张伯驹在盐业银行当理事，每年到上海分行查账两次，一个偶然的机会遇上了潘素，两个人一见钟情。此时的潘素正在与一位国民党将军谈婚论嫁。与张伯驹相爱之后，潘素提出分手，将军岂肯罢休？为了阻止潘素离开自己，将军在酒店租了个房间将潘素软禁。潘素每天以泪洗面，张伯驹一时无计可施。他这个公子哥在上海人生地不熟，对手又是个国民党将军，他不敢硬来。好在张伯驹有位两肋插刀的朋友，先到静安寺租了一套别墅，然后趁天黑开车带着张伯驹来到酒店，买通了将军的卫兵，趁将军不在，冲进酒店房间，拉着潘素就走。这位朋友又开车把二人送到静安寺的别墅。第二天，张伯驹带着潘素离开了上海。潘素与张伯驹结婚时年仅20岁，在张伯驹的大力栽培和她自己的努力之下，潘素后来成为著名的青碧山水画家。潘素的画作常常有张伯驹的诗词书法相配，可谓珠联璧合。

将风月场中的歌伎打造成一个绘画艺术家，可见张伯驹的艺术造诣之深。行家评介张伯驹是一流的诗人，书法自成一体，绘画令人惊叹！张伯驹还有一个爱好，就是唱戏。他跟着京剧名角学戏。学有所成之后，居然在自己家里办堂会，同当年一流的京剧表演艺术家同台演出《空城计》，张伯驹饰演诸葛亮。京城名角纷纷为他捧场，一时间京城轰动，传为佳话。

三十岁的时候，张伯驹开始迷上了古代书画的收藏，而且嗜收藏如命。比如，有一年张伯驹遭到绑架，绑匪索要300万元赎金，否则撕票。张伯驹的钱都花在买字画上了，当时唯一的办法就是卖字画赎人。可是，当潘素设法看望张伯驹的时候，张伯驹却偷偷告诉她，家里的字画千万不能动，我死了不要紧，这字画一定要留着。就这样张伯驹和绑匪僵持了近8个月，冒着被"撕票"的危险，直到绑匪将赎金从300万降到40万，潘素与张家人到处借贷，才将张伯驹救了出来。

张伯驹就是这么一个怪人。用他自己的话说："我张伯驹有个怪脾气，我不想干的，谁劝也没用；我想干的，谁拦也拦不住。别人不敢想的，我张伯驹敢想，别人不敢干的，我张伯驹敢干，怕什么？谁还能把我张伯驹的脑袋割去？"就这样，这个一意孤行的张伯驹，以自己极高的天分和艺术修养，终于成为中国古代字画的鉴赏大家，被聘为故宫博物院的鉴定委员会委员。

从故宫博物院鉴定完古字画回来的第二天，张伯驹刚刚吃过早饭，他的一个河南老乡突然来访。这位老乡对张伯驹说："张大爷，玉池山房经理马霁川带了二十多件东北货，扬言低价卖给故宫博物院，这事您知道吗？"

"知道啊，就是昨天的事。"

"其实这是他声东击西的诡计。"

"怎么个声东击西啊？"

"他们大张旗鼓地把一批'东北货'卖给故宫，同时正在秘密策划，把展子虔的《游春图》偷偷运往上海，通过上海的古玩商，高价转手卖给外国人，赚大钱。"

张伯驹一听这个消息，拍案而起，大声骂道："老奸巨猾的马霁川，你真要成为民族的败类了！只要我张伯驹在，绝不能让你得逞！"河南老乡见张伯驹发这么大火，一时不知道如何是好。张伯驹口气缓和了一下接着说："展子虔的《游春图》，是中国最早的山水画，是保存年代最久的绘画作品。这么多年来，不知道有多少洋人打它的主意。这些年我也一直注意它的下落，没想到居然落在了马霁川的手里！如果通过马霁川的手转卖给外国人，不仅这帮子古董商，就是我们这些鉴赏收藏家，都是千古罪人！"

心急火燎的张伯驹，根本在家里待不住了，他让夫人潘素继续招待河南老乡，转身吩咐他的司机说："开车，去琉璃厂玉池山房。"

小车在玉池山房门前刚刚停稳，张伯驹跳下车，直奔店堂，差点和马霁川撞个满怀。张伯驹的突然到来，让马霁川感到非常尴尬，张口结舌地问："呃，张大爷，您这是？"张伯驹说："我就不跟你废话了，直说吧，展子虔的《游春图》你打算怎么办？"马霁川说："古董商古董商，进了货当然是为了卖了。"

张伯驹冷冷地说："你开个价吧，打算要多少银子啊？"

马霁川说："我只要金子，不要银子，更不要纸币。"

"要金子，多少条？"

"只要大爷舍得出 80 条，《游春图》就是您的。"

80 条就是 80 根金条，那可是 800 两黄金啊！张伯驹一听就火了："马老板，你也算是琉璃厂有名的古玩商了，中国古代字画，你也经手卖了不少。你说说看，这琉璃厂有史以来，哪幅字画能卖80条？别说80条，只要你能说出有哪幅字画卖过40条，我张伯驹决不讨价还价，马上付给你100条，换这幅《游春图》！"

马霁川也不示弱地说："张大爷，您可是当今第一流的古字画鉴赏家，这展子虔《游春图》的价值您是知道的，那可是国宝啊！这画要是卖给外国人，少说也得100条！"面对马霁川的要挟，张伯驹不客气地回答说："马老板别忘了你是中国人！展子虔的《游春图》，你要敢为了多赚几根金条，把它卖给洋人，你就是中华民族的败类，是千古的罪人！我张伯驹绝不会袖手旁观！"

说完这句话，张伯驹拂袖而去。

张伯驹情绪激动地从琉璃厂回到家，一直为《游春图》的事坐立不安。这个时候，故宫博物院的马院长突然来访。还没等马院长开口，张伯驹立刻告诉马院长，展子虔的《游春图》在马霁川的手里，如果没有800两黄金，他就要把《游春图》卖给外国人。一向不发火的马院长大声喊道："这简直是敲诈勒索！"当两位老朋友正要商议如何对付马霁川的时候，门外有人找马院长，说院里有急事，让马院长赶快回去，马院长只好起身告辞。

第二天，张伯驹拉着于思泊，直奔马院长家商量对策。张伯驹建议："《游春图》是国宝，故宫博物院应该收藏。不仅《游春图》，那些被溥仪盗出紫禁城，散失于东北的宫中珍品，都应该收购回来。"

马院长苦笑了一下说："张公子的建议固然好，我又何尝不想如此。可是我实在是力不从心啊！故宫博物院经费严重不足。昨天有人把我从您府上叫回，不为别的事，就是因为到了发薪水的时间，账上没钱啊！"

张伯驹建议道："马兄如果目前资金实在困难，我可以想办法提供周转资金。"马院长叹了口气说："嗨，张公子的美意，我代表故宫博物院万分感谢！可是，国民政府拨给故宫博物院的经费实在是少得可怜，我难以启齿。我实在没有力量出资购买任何文物了。前些日子收购了几件珍品，至今还没给人付款呢！"

这个时候，一直在旁边没说话的于思泊建议说："既然此路不通，我觉得只好由张先生您代为国家收藏《游春图》了。"马院长立刻接过话茬说："于先生所言极是，这也正是我马某的意思。"

张伯驹面露难色地说："我何尝不想收藏《游春图》，可是，我目前实在拿不出800两黄金啊！当务之急是设法阻止《游春图》转卖给外国人。马院长，这可需要您出面，以故宫博物院的名义，致函古玩同业商会，让他们出面制止任何人把展子虔的《游春图》卖给洋人。您那边争取时间，我这边设法筹措资金。"在马院长的斡旋之下，古玩同业商会终于出面，禁止将展子虔《游春图》倒手卖给外国人。

在巨大的舆论压力之下，马霁川等人一时也不敢将《游春图》出手卖给外国人了。这一下张伯驹放心了，只要《游春图》不出境，谁收藏它都无关紧要。张伯驹收藏古董纯粹就是为了收藏，根本没有赢利的目的，所以他心里不再着急，况且他心里清楚，整个北京城似乎还没有谁能够拿得出800两金子收藏《游春图》，要收藏《游春图》非他张伯驹莫属。可是，800两金子的确太多了，得想办法把这个价格降下来。

为了把价格降下来，张伯驹找到墨宝斋掌柜马保山，请他出面做中间人。马保山人缘好，同马霁川的交情深。张伯驹想通过他从中调解，看能不能把《游春图》的价格降下来。马保山虽然感到有些为难，但是，受到张伯驹爱国情怀的感召，不能让国宝流失国外，于是，答应为张伯驹做这个中间人。经过马保山从中说和，马霁川终于答应，20根金条就能得到《游春图》。并且约好了时间地点，一手交钱，一手交货。

谈妥了价钱，又亲自验了货，马保山立刻用电话通知张伯驹。张伯驹一听说20根金条就能得到《游春图》，激动地在电话中大声嚷道："太漂亮了！我张伯驹感谢您！"接着又问马保山："什么时候能把画拿到手呀？"马保山回答说："一手交钱，一手交货。我什么时候去取金子？"

张伯驹感到有些为难地说："你给马霁川说说，能不能先把画拿来，我张伯驹先写个欠条，金子等我凑齐了之后，马上就送上门去。"马保山一听这话立刻反对说："张大爷，这可不行，马霁川这个人我太了解了，这是个不见兔子不会撒鹰的主。明天一大早我去您府上，见面再说。"马保山不由分说地把电话挂上了。

张伯驹放下电话之后，兴奋得睡不着觉。一来，马霁川终于松口，价钱还算便宜；二来，即使再便宜那也是20根金条啊，他现在手头连2根金条都拿不出来。怎么办？画是坚决要买的，可是，20根金条就是200两黄金，从哪去找呢？张伯驹急得在屋里转，突然他有主意了，张伯驹环顾一下自己住的房子，心中不由得大喜："对了，卖房子，一定能够凑足200两黄金。"

人们可能会问，张伯驹住什么房子，能值200两黄金。张伯驹的房子是他父亲张镇芳在北京当官的时候购置的，是当年李莲英住过的别墅，连慈禧太后都十分喜欢，那可是清末的豪宅啊！卖200两黄金应该不成问题，一想到买《游春图》的金子有了着落，张伯驹终于睡了个安稳觉。

一大早，张伯驹还没有起床，马保山就来了。马保山在客厅等了好长时间，张伯驹才和夫人潘素一起来到客厅。一见马保山，张伯驹一把抓住他的手激动地说："你做了一件了不起的大好事，我太感谢你了！"

马保山说："谢不谢的没关系，关键是您什么时候把金子拿去，把画买回来，我这中间人的心才能放下。大爷啊，这200两黄金……"

马保山的话音未落，张伯驹兴奋地打断他说："你放心，有了。"

马保山高兴地说："大爷您真有办法，一宿之间，这200两黄金就有了？这金子在哪儿呢？"

张伯驹微微一笑："我卖了房子才有，现在没有。"

"卖房子？卖哪儿的房子？"

"就卖这座房子。别的房子都卖不了这个数。"

"这么好的房子，您舍得吗？"

"舍得。为了收藏祖国字画珍品，倾家荡产，我张伯驹在所不惜。"

马保山被张伯驹的豪情感动了。他称赞道："嗯，够爷们！不过，展子虔的《游春图》，要远远比这座房子更珍贵。"

"比房子更珍贵，这倒不是最重要的。这展子虔《游春图》，随时都有可能流失到国外去。只要到了我手里，有我张伯驹在就有这《游春图》在，天王老子也休想打它的主意。这宅子不论谁住，都在中国这块土地上，洋人即使再喜欢它，也没法把它搬到国外去。"

可是，这么大一座豪宅，也不是说卖就能出手的啊，哪找合适的买主呢？说来也巧，就在张伯驹想要卖房子又一时找不到买主的时候，有朋友告知张伯驹，辅仁大学正在寻求合适的房子。经过中间人的联络，最后辅仁大学以两万一千美元的价格买进了这座豪宅。由于马霁川不要美元只要金条，张伯驹只好请朋友帮忙，把美元换成了 20 根金条。

可是，在约定的日子一手交钱、一手交货的时候，又出了问题。什么问题呢？马霁川的代表提出要验金子的成色，并且带来一个金匠。用黄金交易要验成色，这是理所当然的事。张伯驹只好把金条放到案头，让金匠师傅用试金石验那 20 根金条。结果，没有一条含金量超过 8 成，最高的是 7 成多一点，最低的还不足 6 成。这样一来，这 20 根金条只折合一百三十多两，还缺六十多两。张伯驹虽然在银行当理事，对金子的成色却是外行，因此，他在用美元换金条的时候，没有验成色，这些金条的含金量太低，他上当了。

这可怎么办？无奈之下，张伯驹只好找到夫人潘素商议。潘素将她所有的首饰全卖了，换了二十几两金子，最后东拼西凑，总算将《游春图》买到手。这件价值连城的国宝，最终没有流失海外。

新中国成立之后，张伯驹将他一生收藏的 117 件古代书画珍宝，分期分批地献给国家，其中就包括这幅展子虔的《游春图》。现在，《游春图》由故宫博物院收藏，成了镇院之宝。面对张伯驹将全部收藏捐给国家的举动有人不理解，张伯驹解释说："予所收藏，不必终予身，为予有，但使永存吾土！"（张伯驹：《丛碧书画录序》）意思是，我的收藏，不必属于我，只求这些收藏永远保存在我的祖国。这就是张伯驹一生的信念，如此情怀和气魄，令人难望其项背啊！

可是，当《游春图》成为国家收藏之后，有人对《游春图》是否为

《游春图》局部

隋代作品，是否是展子虔的原作提出了质疑。而且，怀疑者的理由很充分，概括起来有3条：

第一，与隋代习俗不符。

怀疑者认为，《游春图》中男子的衣着，女子的坐姿，与隋代人的习俗不太相符，因此否认《游春图》是隋代作品。可是，我认为，这个说法很难成立。隋之前是三百多年的魏晋南北朝，一个政治分裂和民族融合的时代，南北宗教不同，各地风俗不一。隋虽然统一了天下，却是一个过渡性的王朝，仅存在了37年，还没有来得及形成主体风格，就灭亡了。所以，很难用衣着和坐姿来判断《游春图》是不是隋代的作品。

第二，幞头是北宋样式。

所谓"幞头"是古代男子戴的头巾或帽子。怀疑者认为，画面中的人物戴的幞头是北宋时期的样式，因此，认定《游春图》是北宋时期的作品。我认为，这种说法也很难成立。隋代幞头究竟什么样，除了《游春图》目前没有资料证明。再说，展子虔一生经历了北齐、北周和隋朝。北齐与北周是鲜卑族统治的地方政权，在这文化混杂的年代，幞头怎么可能天南地北完全一样呢？所以，《游春图》中的幞头与北宋时期的幞头类似，是完全有可能的。

第三，建筑是北宋结构。

怀疑者认为，画面中出现的建筑部件的形制，不是隋代风格，与北宋的样式类似，因此推断《游春图》是北宋摹本。我认为，这个说法也难成立。中国古代绘画不是焦点透视，画面中的建筑构件又非常小，很难清楚地确定建筑构件的结构究竟是什么样。在这样的情况下，轻易地做出《游春图》是北宋摹本的结论，是很不严谨的。

总之，《游春图》距今已经有一千四百多年的历史了，这是业内的共识。这幅绘制在绢上的青碧山水画，是中国现存时代最早的绘画作品之一，是中国山水画的开山之作，也是世界绘画史中保存最久的作品，这一点不容置疑。

第 **5** 讲

《兰亭序》遗失之谜

王羲之被后人尊称为"书圣"。在他的众多作品中，最为出名的便是《兰亭序》，有着"天下第一行书"的美誉。唐太宗李世民更是对《兰亭序》痴迷不已，甚至在去世后也要《兰亭序》陪葬。然而，《兰亭序》真迹却最终下落不明，这也成了后人不断探寻的一个千古之谜。《兰亭序》究竟好在哪里，为何世人对它如此追捧？《兰亭序》的真迹，又是怎样离奇失踪的呢？

　　大唐王朝贞观二十三年，即公元 649 年，唐太宗李世民身患重病，奄奄一息。在弥留之际，太宗皇帝对太子李治说："我向你求一件东西，你是我最孝顺的儿子，一定不会违背我的心愿，可我不知道你能不能答应我的要求？"天啊！一代叱咤风云的英明君主，临终之时，居然对儿子做如此恳求。太子李治顿时泪流满面，哽咽着说不出话来，立刻俯身将耳朵贴近父皇那微微颤抖的嘴唇，听他最后的意愿。太宗皇帝声音微弱地说："吾所欲得《兰亭》，可与我将去？"（何延之：《兰亭始末记》）意思是，我特别想得到《兰亭序》，希望能让我将它带走。李治连忙点头答应，唐太宗这才慢慢闭上了眼睛，与世长辞了。对父亲的孝顺莫过于尽量满足他的遗愿，因此，太子李治将《兰亭序》与父皇生前所喜爱的各种物品，一起葬进了昭陵，也就是唐太宗李世民的陵墓之中。说起《兰亭序》很多人都知道，它是东晋著名书法家王羲之的一部书法作品，那么它究竟有多么珍贵，居然让唐太宗李世民临死前还念念不忘，非要让儿子将《兰亭序》和自己一起陪葬呢？这就得从《兰亭序》的创作过程说起了。

　　东晋永和九年，即公元 353 年的农历三月初三，这一天是古人的修禊日，也就是在溪水边举行祭祀活动，以求消灾祈福，其实也就是有钱人找个借口在郊外春游罢了。

　　这一天，阳光明媚，和风习习。四十多位东晋的社会名流，应东道主王羲之的邀请，聚会于兰亭。兰亭大致位于会稽的山阴城，也就是现在绍兴西南的兰渚山。这些社会名流，为什么会选择到会稽的兰亭来聚会呢？因为，会稽（今浙江绍兴）在东晋时期那可是一线的大都市，相当于今天的上海，住着许多显赫的家族和达官贵人；不过，其中最重要的原因，还是东道主王羲之是会稽的内史，也就是当地最高行政长官，有很多方便条件。因此，在王羲之的主持之下，会稽城的高官显贵相聚一处，魏晋以来的显赫家族几乎都有成员到场，可谓盛况空前。

这些社会名流聚齐之后，在一条"之"字形的溪水旁错落而坐，然后从溪水上游的一端，将一盏盛着酒的酒杯放在溪水里，让酒杯顺流而下，当酒杯漂到谁面前停住时，谁就要作诗一首，作不出诗就罚酒三觚。古代的觚是一种大酒杯，三觚加在一起，大致有半斤。不过，那会儿的酒都是米酒，度数不高，一次喝半斤问题不大。王羲之这道新颖的酒令，赢得众位参与者的一致赞同，于是大家坐在溪水边，饮酒赋诗。这就是著名的"曲水流觞"的故事，充分展示了魏晋士人的风度与浪漫。

可惜并非人人都是诗人。有人才华横溢，随口就来；有人张口结舌，无以应对。那天的活动一共有 42 人参加，有的人作诗两首，有的人作诗一首，也有的人作不出诗来只能喝酒。当时所作的诗加在一起共 37 首，有人提议将这 37 首诗结成诗集，取名《兰亭集》，然后推举一位最有才华的人，为诗集作序。此议一出，大家齐声叫好，同时不约而同地将目光投向此时已经有几分醉意的王羲之。能为此诗集作序者，似乎非王羲之莫属。那么，当时这些社会名流为什么如此敬重王羲之呢？

王羲之的确是个了不得的人物。王羲之的祖籍在琅琊（今山东临沂），琅琊王氏是魏晋时期的名门望族。王羲之在父亲和叔父的启蒙之下，自幼喜欢练习书法。王羲之的父亲擅长行书和隶书；王羲之的叔父书法与绘画的水平都相当高。显然，王羲之在书法艺术方面表现出的天赋和创造力，与他的家学渊源密切相关。王羲之自幼喜欢书法，最终达到书法艺术的巅峰，这是王氏家族几代人的积累和熏陶的结果。当然，更重要的是王羲之自小勤学苦练。据说，他每天练字清洗毛笔，把门口池塘的水都染成了墨色。

功夫不负苦心人，王羲之年纪轻轻就以书法功力深厚而闻名于世了。比如，有一天，晋朝的皇帝要到北郊举行祭祀活动，就让王羲之把祭祀用的词写在一块木板上，然后派工人雕刻。雕刻工人在木板上刻字的时候发现，刻到三分深度时，墨迹才消失，雕刻工人惊叹王羲之的笔力雄劲，竟然使墨迹能够入木三分。这就是成语"入木三分"的出处。

王羲之16岁的时候，被晋朝的郗太尉看中了，非要让王羲之给他当女婿，不过，这位郗太尉并非看中了王羲之的书法，而是喜欢他与众不同的举止和做派。那么，王羲之怎么与众不同呢？这就得从郗太尉选女婿的过程说起了。郗太尉的女儿刚刚16岁的时候，他就想给女儿找个如意郎君，于是就和丞相王导商量。王丞相非常想和郗太尉结成儿女亲家，于是就建议说："我们王氏家族里的子弟很多，您就到我们家去挑选吧，只要您能够相中，不管是谁我都同意。"

王丞相的建议正中郗太尉的下怀，他立刻命令心腹管家，带上重礼来到了王丞相的府上挑选女婿。王府的子弟们听说郗太尉派人来挑选女婿，一个个都认真打扮一番出来相见，希望自己能够被选中。可是，郗府管家选来选去，却一个人也没看上。王府管家不甘心，数了数王家的子弟，发现少了一个人，立刻领着郗府管家来到东跨院的书房里，只见靠着书房东面的床上，一个青年袒腹而卧，对郗太尉挑选女婿的事，根本无动于衷。这样的表现自然也不会让郗府管家喜欢。一个人都没看中的郗府管家回到府中，对郗太尉说："王府的年轻公子二十余人，听说郗府挑选女婿，一个个是争先恐后，唯独有一位公子，躺在床上，露着肚子，根本不把挑选女婿当回事……"还没等管家说完，郗太尉高声叫道："哎呀，这位就是我要挑选的女婿啊！走，快领我去看看。"郗太尉亲自来到王府，见到这位公子与之交谈，这才知道他就是王羲之。太尉发现王羲之性格豁达，谈吐文雅，才貌双全，当场就下了聘礼，选择王羲之为自己的女婿。从此留下了"东床快婿"的美谈。

王羲之不仅淡泊功利，不趋炎附势，而且心地善良，乐于助人。比如，有一天，王羲之在会稽山阴城的一座桥上，遇见一个老婆婆拎了一篮竹扇子叫卖。王羲之发现老婆婆的竹扇子太简陋，上面没有任何装饰，根本引不起过路人的兴趣，所以一只扇子也卖不出去，老婆婆很着急，王羲之看到这种情形，很同情这位老婆婆，于是就上前对她说："您这扇子上没画没字的，当然卖不出去啦。我给您的扇子题上字，怎么样？"老婆婆不认识王羲之，见他这样热心，就把扇子交给他题字。王羲之提起笔来，在每把扇面上龙飞凤舞地写了上几个大字，然后还给老婆婆。老婆婆不识字，觉得王羲之的字写得很潦草，很不高兴。王羲之安慰她说："别着急啊，你告诉买扇子的人，就说上面的字是王羲之写的。"说完这话之后，王羲之就离开了。老婆婆将信将疑地按照王羲之的话去做。集市上的人一看果真是王羲之的书法，老婆婆的扇子立刻就被抢购一空。

大家都喜欢王羲之的字，这本来是件好事儿，可是也给王羲之惹来麻烦。什么麻烦呢？比如，王羲之每逢除夕都要亲手写一副春联贴在自家门上，可是，每当他将对联贴出去之后，没过除夕就会有人偷偷揭走。你说大过年的，贴副对联图个喜庆，半夜被人揭走，总觉得有些晦气。怎么办？王羲之自有办法。这一年，除夕又到了，王羲之干脆写一副"福无双至，祸不单行"的对联贴在门口，看谁还敢偷。果然，人们看到这八个字都觉得太不吉利，便扫兴而归。可是到了天快亮的时候，王羲之在原来的对联后面又各补了三个字，这副对联就成了："福无双至今朝至，祸不单行昨夜行。"第二天一大早，大家见到这副对联，无不拍手叫绝。所以说，王羲之不仅书法艺术堪称绝品，文字功夫那也是一流的。

不过，艺术天分太高的人，在日常生活中会表现出一些常人无法理解的举动。比如，有一天，王羲之出外游玩，看到一群漂亮的白鹅大摇大摆、怡然自得地在田野上走。王羲之跟在这群鹅的后面，学样子。他在干什么？原来他在白鹅的动作中感悟到书法的意味，他跟在白鹅后面仔细观察、揣摩，越看越觉得受启发。于是就打听这群白鹅的主人是谁，听说是一个道士养的，王羲之立刻找到那个道士要买下这群鹅。那位道士一看是王羲之要买他的鹅，坚决不卖，想要只能换。王羲之问：用什么东西换？道士回答说：你抄一部《黄庭经》给我，我就把这些鹅都送给你。这《黄庭经》是道教重要的经典，内容主要是医学养生，而且字数很多。王羲之二话没说，立刻给这位道士抄了一部《黄庭经》，然后赶着一群鹅回了家。后来，这部《黄庭经》成为重要的书法作品。

如此有成就和名气的一代书法大师，自己又是此次活动的东道主，自然不能推辞写序的委托，于是王羲之借着几分醉意，用鼠须笔，在蚕茧纸上，乘兴挥毫，一气呵成，写下了名闻天下的《兰亭集序》（简称《兰亭序》）。从内容上看，《兰亭序》记述了当时"曲水流觞"的情景，抒发了王羲之本人对宇宙、社会和人生的感慨，是一篇文笔优美的小品文。可是，《兰亭序》的价值更在于它是一篇后代书法家无法企及的艺术极品。别说后代无法企及，就是王羲之自己，酒醒之后反复写了数十遍，再也写不出水平一样的作品了。王羲之感慨地说："此神助耳，何吾力能致？"（陈思：《书苑菁华》卷一二）意思是，这是神在助我，靠我的力量如何能达到这种水平！

更令人惊奇的是，整个《兰亭序》一共 324 个字，却出现了 20 个"之"字，每个"之"字的写法都不一样，无一雷同。这一点被后人佩服得五体投地。但也有人因此讥讽王羲之，说王羲之书法虽然高明，但文笔有限。一篇小品文一共只有 324 个字，却出现了 20 个"之"字，表明王羲之的词汇匮乏。其实，这位讥讽者根本不懂"之"字对于王羲之的重要。怎么个重要法呢？"之"字对于整个王氏家族而言，都是一个神圣的字，家族中许多人的名字中都有"之"字，比如，与王羲之同辈的人中有 12 个人的名字中有"之"字，王羲之的儿子和侄子辈中有 22 个，孙子辈中有 12 个，曾孙辈中有 13 个，玄孙辈中有 9 个，五世孙有 4 个。祖孙六代人中，总共 72 个人在名字中有"之"字。

祖孙六代取名都用"之"字，晚辈取名不避讳长辈的名号，这在中国古代是犯忌的事。那为什么，王羲之的后代有如此多的人用"之"字为名呢？因为，这和王氏家族的宗教信仰有关。王氏家族信仰道教，王羲之是虔诚的道教信徒。

那么"之"字与道教又有什么关系呢？"之"字在道教话语中等同

于"道"，其中包含了流动、变化和生万物的意思。因此，在太极图出现之前，这个"之"字就是道教的徽章。明白了这个缘故，只有 324 个字的《兰亭序》出现 20 个"之"字，而且每个"之"字都写成不同的形态，就完全可以理解了。

王羲之对他的《兰亭序》格外珍爱，他去世之后，他的子孙一直小心收藏。最后，传到王羲之第七代孙王法极手上。可是，王法极却一改王氏家族的传统，由道教改信佛教，并且出家为僧，法号智永。智永和尚虽然是僧人，却继承了王羲之的书法艺术传统。著名的"永字八法"就是由智永和尚所创，他所写的《真草千字文》也一直流传至今。

智永和尚圆寂之后，将《兰亭序》传给了他的弟子辩才和尚。辩才和尚与师傅一样擅长书法。他为了更好地保护《兰亭序》，在自己住的禅房的大梁上加了一道槛，用来收藏《兰亭序》。

时间一晃就到了贞观年间，唐太宗李世民在处理国家大事的空闲时间，特别喜欢研习书法，尤其偏爱王羲之的作品，凡是王羲之传世的墨宝，他总是设法弄到手，有时候不择手段。可是，许多年过去了，王羲之的墨宝也收藏了不少，唯独见不到传说中的《兰亭序》，这让太宗皇帝寝食难安，他太想得到《兰亭序》了。后来，有人告诉他，《兰亭序》在辩才和尚手中，皇帝立刻传辩才和尚进宫，并热情款待他。几天之后，皇帝向辩才和尚打听《兰亭序》的下落，辩才和尚回答说："当初师傅在世的时候，我的确见过《兰亭序》，可是，自从师傅圆寂之后，经历太多的战争和离乱，《兰亭序》的下落不明，现在我真不知道《兰亭序》哪去了。"太宗皇帝没办法，只好让辩才和尚回去了。可是，太宗皇帝不甘心，继续打听《兰亭序》的下落，最终得到确切消息，《兰亭序》确实在辩才和尚的手中。于是，皇帝再次召辩才和尚入宫询问。可是这次和上次一样，无论皇帝如何软硬兼施，威胁利诱，辩才和尚始终回答说，不知道。

虽然太宗皇帝有确凿证据，知道《兰亭序》就在辩才和尚手里，可是，面对这位打死也不说实话的辩才和尚，皇帝也拿他没办法，只好找来一些大臣商量对策。有人建议，找一位有谋略的人设法智取，皇帝也觉得只能如此。可是，找谁去完成这个智取的任务呢？这个时候，尚书仆射也就是宰相房玄龄给皇帝推荐了一个人，这个人名叫萧翼，是一位监察御使。此人不但有智谋，有才艺，而且能言善辩，他一定能够为皇上从辩才和尚手中取回《兰亭序》。

太宗皇帝立刻降旨召见萧翼。萧翼听了皇帝的要求之后，回奏皇上说："如果派我以公使的身份出现，对方必定会产生怀疑，那恐怕就得不到《兰亭序》了。我决定化装成一个普通人，带上王羲之的几篇书法作品，想方设法接近辩才和尚，这样才有可能成功。"太宗皇帝立刻答应了萧翼的请求，将手中收藏的王羲之的几幅书法作品交给了萧翼。

第二天一大早，萧翼打扮成书生的模样，先由陆路去山东，然后搭乘一艘商船来到越州（今浙江绍兴）。萧翼到达越州之后，直奔辩才和尚住的寺院而来。他先在寺院的巡廊里观看壁画，然后来到辩才和尚住的小院儿停了下来。辩才和尚远远看见一位高个子书生相貌不凡，就上前问话："施主从何方而来？"萧翼恭敬地施礼然后回答道："弟子从北方来到此地，专门为采购蚕种而来。因为久闻宝刹大名，特地前来参观，幸遇禅师，托福托福！"萧翼彬彬有礼的言谈举止，赢得了辩才和尚的好感。辩才和尚与萧翼继续交谈。二人越谈越投机，辩才和尚将萧翼请到了自己的卧房，二人一会下棋，一会抚琴，很快成了好朋友。辩才和尚盛情地留萧翼住在寺中。萧翼求之不得，略微客气地推辞一下之后，便欣然接受了辩才和尚的邀请。从此，两人经常在一起饮酒赋诗，尽兴畅谈。

就这样过了将近一个月，辩才和尚对萧翼已经毫无戒心了。有一天，萧翼取出一幅梁元帝亲笔画的《职贡图》，请辩才和尚观赏。梁元帝是南北朝时期梁朝的皇帝，他擅长绘画，《职贡图》是表现外国使臣朝贡的人物画。这幅梁朝皇帝的亲笔画，怎么会落在萧翼的手上呢？因为，萧翼就是梁元帝的曾孙。这些情况辩才和尚哪里知道，他只顾欣赏《职贡图》，并且赞赏不已。两人于是开始谈论书画。萧翼说："弟子祖传的书法作品中，有王羲之的字，弟子从小就喜欢王羲之的字，这次来越州

《职贡图》局部

还随身带着几幅。"辩才和尚欣喜地问道:"那能不能明天带来让贫僧一饱眼福呢？"萧翼爽快地答应说:"当然可以！"

第二天，萧翼果真带着王羲之的真迹去见辩才和尚。辩才和尚仔细地欣赏完之后，连连称赞说:"嗯，是真迹。"但是话锋突然一转说:"虽然是真迹，却不是最好的作品，我这里有一幅王羲之的真迹，那才叫绝品。"萧翼故意问道:"什么作品这么宝贵？"辩才和尚回答:"《兰亭序》啊！"萧翼哈哈大笑地说:"这么多年的战乱，哪还有《兰亭序》的真迹？禅师，您认错了吧？"辩才和尚神秘地笑笑说:"我师傅智永禅师是王羲之的第七代孙，他在世的时候，一直细心保管《兰亭序》，临终前托付于我，王氏家族一代一代传到今天，怎么可能有假，明天你来看看便知。"

第二天，萧翼如约而至，辩才和尚从屋梁上取下《兰亭序》拿给萧翼看。萧翼经过仔细辨认，确定其为真迹，但是却故意挑毛病说，这笔不好，那笔失败，两人争执不休，弄得辩才和尚心有疑惑，每天都对《兰亭序》琢磨一番，并且认真临摹。从此，辩才和尚不再把《兰亭序》藏在梁上，而是与萧翼带来的王羲之的几幅作品一块儿放在案子上。

又过了一段时间，辩才和尚应朋友之邀外出，萧翼悄悄地潜回辩才和尚的住处，对他的弟子谎称自己的一件衣服忘在了床上，弟子打开禅房的门。萧翼拿起案上的《兰亭序》和王羲之的其他几幅作品，急匆匆直奔附近的驿站而去。到了驿站立刻对负责人说:"我是监察御使萧翼，

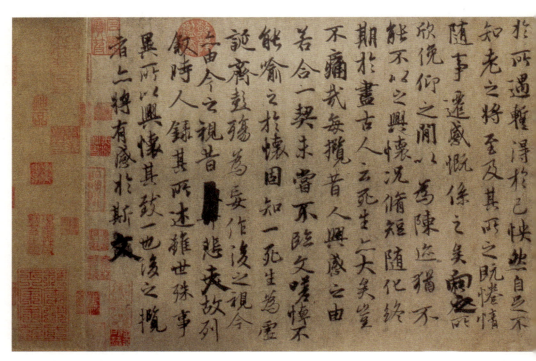

神龙本《兰亭序》

奉皇帝敕令到此，赶快通报你们的都督。"越州都督接到通报后，急忙来到驿站拜谒萧翼。萧翼对都督宣告皇帝敕令，并且解释了自己奉命来取《兰亭序》的缘由。都督立即派人去召唤辩才和尚。辩才和尚当时还在友人家做客，突然见都督派人召唤，就问道："都督召我何事？"来人告诉辩才和尚说："朝廷有监察御使要见你。"

辩才和尚来到驿站，一看这位御使居然是曾经在自己房中住过的那位姓萧的书生，不由得愣住了。萧翼说："大师，对不起！我奉皇帝陛下之命来取《兰亭序》，今天已经取到，就要回京交旨，临别之前，特唤大师前来话别。"辩才和尚一听这话，当时就晕了过去，过了很长时间才苏醒过来。

萧翼得手之后，日夜兼程赶回京城，向太宗皇帝交旨。皇帝见到《兰亭序》，真是龙颜大悦啊！分别重赏了房玄龄和萧翼。并且给萧翼加官进爵。对于辩才和尚，太宗皇帝起初十分恼火，明明手中有《兰亭序》，

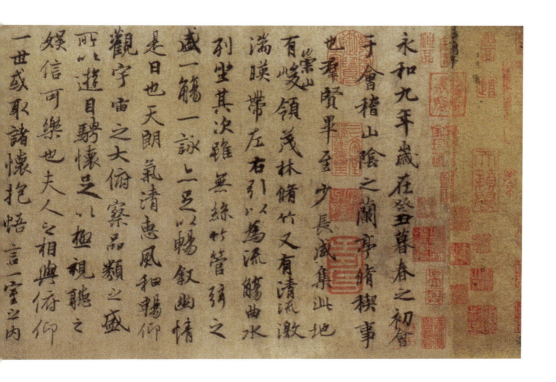

却怎么问都不承认，本来想惩罚他，可是一想这老和尚已经八十多岁了，也就算了。

几天之后，太宗皇帝下诏对辩才和尚也予以重赏。但是，辩才和尚由于《兰亭序》从自己手中丢失，自觉责任重大，心中懊悔不已，再加上年事已高，从此一病不起，不到一年就圆寂了。

唐太宗李世民得到《兰亭序》之后，爱不释手，一有时间，就拿出来欣赏临摹。皇亲国戚、王公大臣得知太宗皇帝得到了《兰亭序》，也都纷纷请求欣赏墨宝。皇帝感到为难了。让他们看吧，损坏了咋办？不让他们看吧，这些人都是亲属或者重臣，这可如何是好呢？

不久，皇帝终于想出了好办法，什么办法呢？就是让书法家临摹《兰亭序》，这样一来，既能让大家观赏到《兰亭序》，又能够保护《兰亭序》的真迹，岂不两全其美吗？于是，太宗皇帝下旨，命令当朝著名的书法家临摹了许多本《兰亭序》，然后分别赏赐给皇太子、诸王和近臣。

在这些临摹的《兰亭序》中，最能够表现王羲之作品风格的，首推冯承素的"神龙本"。他把王羲之的书法艺术风格表现得淋漓尽致，被公认为最忠实于原作的《兰亭序》摹本。因为摹本上有唐中宗神龙年号的印章，因此，人们习惯称它为"神龙本"。

除了冯承素的"神龙本"之外，唐初四大书法家，欧阳询、虞世南、褚遂良和薛稷都临摹过《兰亭序》，不过，只有虞世南和褚遂良临摹的《兰亭序》被保存了下来，后人称其为书法神品。

说起书法神品，就不能不说虞世南了。虞世南是智永和尚的学生，所以有人怀疑，正是虞世南将智永大师把《兰亭序》传给辩才和尚的事告诉了唐太宗。作为皇帝的书法老师，虞世南经常与皇帝在一起探讨书法。比如，有一回，皇帝临摹王羲之的作品，可是有一个字的弯勾无论如何也临不像。皇帝就让虞世南帮他临摹这个弯钩。整篇临摹完成之后，皇帝让魏征欣赏。魏征看了看之后说："只有那个弯钩，临摹得最像。"那个弯钩正是虞世南临摹的，皇帝这下明白了，自己在书法方面差距的确很大。

不久，虞世南去世了，唐太宗非常伤心，叹息道：虞世南走了，没人和我谈论书法了！魏征就向唐太宗推荐了褚遂良，称赞褚遂良深得王羲之的神韵。太宗皇帝立刻把褚遂良召进宫中，两人一见如故。一问才知道，褚遂良原来是虞世南的学生。

太宗皇帝非常钦佩褚遂良的书法，因此，褚遂良成为临摹《兰亭序》真迹的书法家之一。流传下来的褚遂良的摹本，因为临摹在黄绢上，所以又称为《黄绢本兰亭序》。这个摹本的《兰亭序》，是风格最接近王羲之作品的摹本之一。

有了各种《兰亭序》的摹本之后，太宗皇帝就把持着《兰亭序》的真迹秘不示人了。直到临终前还请求太子李治让《兰亭序》与自己一起埋葬，太子遵照父皇的遗嘱，将《兰亭序》的真迹作为随葬品埋入了昭陵。

《兰亭序》的真迹虽然葬入陵墓，却并没有因此结束它坎坷的命运。到了五代时期，一位名叫温韬的地方军阀，在陕西关中一带任节度使，他利用手中的权力，趁天下大乱，唐朝灭亡的机会，将唐朝皇帝的陵墓统统挖开，将墓中的财富全部盗走。唐太宗的昭陵当然不会幸免，因此，《兰亭序》也就落到了温韬的手中。可奇怪的是，《兰亭序》却从此在人们的视野中消失了。

有人说，在温韬盗掘出土的宝物清单上，没有《兰亭序》的名字，它根本不在昭陵中，太子李治并没有遵照父皇的遗嘱办，而是把《兰亭序》留下来据为己有。最后，李治死的时候，将《兰亭序》真迹带进了坟墓。还有人说，《兰亭序》真迹随唐太宗下葬的时候，被人用临摹本调了包，真迹现在依然留存在人间。

可是我认为，以上这些说法都是猜测，根本无法证实。种种迹象表明，《兰亭序》的真迹已经不在人间了。我为什么这么说呢？理由很简单，当时王羲之借着酒劲儿，将《兰亭序》写在了蚕茧纸上，所以，《兰亭序》只是一份写在纸上的草稿而已。当他酒醒之后，想重新写一篇《兰亭序》却无论如何也写不出第一稿的神采来，就只好放弃了，将写在纸上的草稿保存起来。人们都知道，纸的保存年代是比较短的，因此，《兰亭序》真迹无论是埋在墓里，还是留在人间，1600年过去之后，它早已化成尘埃，不复存在了。

由于《兰亭序》的真迹已经不可能再现，因此人们就开始对《兰亭序》作品本身产生疑问。什么疑问呢？就是怀疑《兰亭序》是王羲之所作。这种怀疑早在宋代就有人提出，从此历朝历代都有人对《兰亭序》提出质疑。只是，缺乏出土文物的印证，所以这些怀疑也就不了了之了。到了20世纪60年代，有人根据新出土的东晋墓碑，对《兰亭序》的真实性提出根本性的否定。否定者的观点主要表现为如下两点：

第一，认为《兰亭序》不是王羲之的作品。

理由是，从《兰亭序》的书法风格上分析，它不可能产生于东晋时期。新出土的东晋墓碑表明，东晋时期的书法还没有脱离隶书的笔意，也就是说，晋代主要用隶书，楷书在隋唐才出现，行书出现于楷书之后，因此像《兰亭序》这样的行书作品，不可能在东晋时期出现。否定者因此得出结论，《兰亭序》不可能是王羲之的真迹，实际上是王羲之第七代孙王法极，也就是智永和尚的作品。

我认为，这种观点根本不能成立。书法在一个时代是多种风格并存的，怎么能根据某地一块东晋石碑使用魏体隶书，就断定整个东晋的书法水平还停留在魏碑的层次上呢？这是典型的以偏概全！其实，东晋时期各种书体都已经具备，王羲之自己就是真、行、草三体运用自如的书法大家。

最近出土的《高崧墓志》，是目前能见到的六朝墓志中楷书最早、刻功最好的一方，它为研究中国楷书的起源提供了有力的证据。由于高崧与王羲之是同时代人，因此，《高崧墓志》的出土，为《兰亭序》的真实性提供了证据。

第二，否定者认为《兰亭序》表达的不是王羲之的观点。

理由是，王羲之等人在兰亭溪水边"曲水流觞"，饮酒赋诗，心情格外轻松自然，舒畅快乐，因此，《兰亭序》悲观情调的结局没有道理，与王羲之的性格和观点完全不符。因此，认为《兰亭序》这篇文章不是王羲之的作品。

我认为，这种观点也不成立。为什么呢？因为，否定者不了解王羲之，不知道王羲之是一个有着悠久家族传统的道教信徒。这一点，我们在分析王羲之大量使用"之"字的时候，就已经指出过。道教以追求成仙为信仰，特别在意个体生命的存在，因此被称作"贵生"的宗教。道教歌颂生命，热爱生命，尊重生命，因此被上流社会和贵族所喜欢。由于越是珍惜生命，越会感到死亡的悲哀和恐惧，因此，王羲之在《兰亭序》中才会有这样的话："修短随化，终斯于尽，古人云：'死生亦大矣'，岂不痛哉！"（王羲之：《兰亭集序》）意思是，生命的长短只能随造化安排，死亡终究会到来，古人云："死生是件大事啊！"怎么能不让人感到悲哀！这段话所表达的内容，与王羲之的宗教信仰完全一致。

总之，《兰亭序》的真伪问题虽然还需要地下文物的进一步证实，但是，我确信，《兰亭集序》是王羲之的文章，这"天下第一行书"《兰亭序》是王羲之的创作，《兰亭序》作为中国古代书法艺术史中不可超越巅峰，不容否认！

第
# 6
讲

**四羊方尊之谜**

20世纪30年代，在湖南宁乡黄材镇，一件巨大、神秘的青铜器被三个村民挖了出来，事后证实这是一件难得的国之重器。当时正值华夏大地遭受侵略之际，乱世之中，这件青铜器一出土便引来众人的觊觎，文物贩子更是准备高价出卖给外国人。这个"古鼎"究竟是做什么用的？它又为何会离奇地出现在荒山之上？战火之中，这个"古鼎"的命运又会如何呢？

1938 年 8 月的一天，湖南省长沙市保安处特务队，在一个名叫杨克昌的古董商人的带领下，来到长沙市郊区的靖港镇，悄悄地将一家商号团团包围。特务队长一声令下，特务们撞开商号大门，闯了进去。可是，商号里一个人也没有。特务们对商号里里外外搜查了一遍，什么也没找到。特务队长对杨克昌大声吼道："你说的'周代古鼎'在哪儿？那 3 个文物贩子的人呢？"不等杨克昌回答，特务队长就要把杨克昌带回保安处，以提供假情报论处。杨克昌连忙说："'周代古鼎'就在商号里，我有确凿证据。"特务队长问："有什么证据？"杨克昌走到一张桌子前，指指铺在桌子上的绸布说："队长你看，这块绸布就是包'古鼎'用的，这上面的印迹就是'古鼎'的底座压出来的。从我离开这间屋子到现在，不超过 2 个小时，他们 3 人带着那么重的古鼎不可能走远，一定就在这个院子里的什么地方藏着。"特务队长觉得杨克昌说的有道理，于是下令："再给我仔细地搜！"特务们又把商号上上下下地搜了个遍，可还是一无所获。特务队长再次要将杨克昌带走，杨克昌恳求特务队长再给一点儿时间，让他去后院看看。特务队长答应了杨克昌的要求。杨克昌来到后院仔细地搜索，终于在后院草地上发现了一个方方正正的印迹，与绸布上的印迹一模一样。这说明，"古鼎"就在附近，于是特务们开始仔细地搜查后院。经过一番搜查，果真在后院的石凳旁发现了一个地窖，在地窖里找到了"周代古鼎"，同时将 3 个古董贩子全部抓获。第二天，当地几家报纸，同时刊登了一则新闻：湖南省长沙市成功破获了一起文

国宝追踪

物走私案。几个古董商人，合资收购一件新出土的"周代古鼎"，并且准备以 48 万大洋的价格卖给一个外国商人。正在双方准备接洽的时候，有人向政府部门举报。长沙市保安处特务队立刻出动将涉案人员全部抓获，并且收缴了"周代古鼎"。据报社记者描述："古鼎呈黑灰色，看上去像是合金，四个角有牛为鼎足，花纹极其精细美观。可惜古鼎的盖子被损坏，碎成了大小六块残片。"看到这则消息，人们在庆幸"周代古鼎"没有流失海外的同时，不禁又为它感到惋惜，好好的"古鼎"的盖儿就这么给毁了。那么，究竟是什么人损坏了"周代古鼎"呢？就让我们从古鼎的发现说起吧。

1938 年 4 月的一天上午，湖南省宁乡县黄材镇月山铺的村民姜景舒兄弟 3 人，在转耳仑山的山坡上，一起挖土种红薯。当姜景舒抡着锄头用力挖土时，只听"铛"的一声，锄头挖到一个坚硬的东西，震得姜景舒双手发麻，他开始以为是挖到了石头，可是当他把锄头从土中提出时，却带出一块黑色的东西，姜景舒捡起来一看，是一个长约 10 厘米，宽约 8 厘米，厚约 1 厘米的乌黑的金属片，上面隐隐约约能看到一些花纹图案。姜氏兄弟以为是传说中的"乌金"，心头一阵狂喜，认定土里埋着宝贝，于是弟兄 3 人一起用锄头往下挖，不一会儿，挖出一件样子很奇特的东西，颜色乌黑发绿，四四方方的口向外敞开，四个角上有四个动物的头。

姜氏兄弟都没有文化，因此根本不认识这是个什么东西，看到这东西乌黑，真以为是"乌金"；见到四个角上有四个动物头，姜景舒说："真像水牛头。"从此姜氏兄弟就称这件宝贝为"水牛头"。

姜氏兄弟虽然不认识他们挖出来的东西究竟是什么，但确定它一定很值钱。他们不甘心只有这一件宝贝，于是，继续在土里挖。结果，又找到了 7 块大小不等的金属碎片，加上最初挖出的那 1 块，一共 8 块。当时，姜氏兄弟并不知道，他们把这"水牛头"的盖儿给挖碎了。眼看太阳快要落山了，姜氏兄弟用绳子将"水牛头"绑在锄头上，带着那 8 块残片，扛着它下山往家走，准备改天卖个好价钱。虽然当时天色已晚，可是这"水牛头"个头实在太大、太显眼，一路上还是引起了人们的注意。

邻居们听说姜氏兄弟在山上挖到了宝贝，纷纷前来看热闹。结果，消息迅速地传开了。

20世纪30年代，湖南一带文物走私活动非常猖獗。虽然姜氏兄弟不知道此物是什么东西，可是，文物贩子们的嗅觉却极其灵敏。他们一听到消息，立刻像苍蝇闻到血一样，叮了上来。第一个听到消息的文物贩子是黄材镇万利山货号的老板张万利，他听说姜氏兄弟在山上挖出长着水牛头的乌金，他心想，哪来的什么"乌金"，一定是古董，立刻揣上大洋带上伙计连夜奔月山铺的姜家而来。

张万利赶到姜家，已经是半夜了。当他看见这个"水牛头"时，心中大喜。以他长年倒卖古董的经验，他一眼就看出这是件青铜器，估计是商周时代的东西。只是，从来没见过这种样式，与以往倒卖过的青铜器完全不同，所以他根本叫不上名字来。但这无疑是个宝贝，因此，张万利二话不说，拿出400块大洋，从姜氏兄弟手中买下了这件"水牛头"。

这400块大洋却并没有全落在姜景舒手里，他实际拿到手的只有248块大洋！这是为什么呢？因为，月山铺的保长、甲长和乡绅们层层盘剥，最后到姜景舒手里就只剩下248块大洋了。不过，即使这248块大洋，对于姜景舒一家来说，也算是一笔巨资了。当年姜景舒年仅17岁，他们一家有十口人，全靠爷爷做豆腐，父亲打短工养家糊口。因此，这248块大洋，让他们家的生活有了很大的改善。父亲用这笔钱，买了9担稻谷、2块地、1处山。贫穷的生活过得殷实了许多。不过，姜景舒留了个心眼儿，他悄悄将8块残片中的2块留在了身边。因此，地方报社记者在报道这则消息时说："可惜古鼎的盖子在挖掘的时候被损坏，碎成了大小6块残片。"

万利山货号老板张万利，当然不知道残片是8块，就带着"水牛头"和6块残片连夜赶回到黄材镇。此时，天已经蒙蒙亮了。张万利怕夜长梦多，立刻派伙计到长沙市，找怡丰祥牛皮商号老板赵佑湘，张万利要为"水牛头"尽快寻找买家。人们不禁感到奇怪，既然要出手青铜器，为什么找牛皮商人呢？因为，赵佑湘开的怡丰祥表面上是牛皮商号，暗地里却经营着倒卖古董的生意。张万利的伙计见了怡丰祥商号老板赵佑湘之后，悄悄地对他说："我们老板得到了一件宝贝，请您去看看，记住要多带钱，如果钱带少了就别来看了。"

赵佑湘听了这样的口信，心里开始琢磨，这个张万利虽然出手的古董并不多，可是从来没有过假货。这次他的口气这么大，真是前所未有啊。显然，这次的货一定不简单！赵佑湘想到这儿，觉得必须得走一趟。立刻吩咐手下，关门停业。然后去账房把现金全带上，赶着马车带上人，以最快的速度奔黄材镇而来。

从长沙市到黄材镇有两百多华里，赵佑湘急急忙忙赶到了黄材镇。当赵佑湘来到万利山货号的时候却大吃一惊！万利山货号的大门紧锁，门上贴着两道白色封条，门口还站着两个荷枪实弹的士兵。显然，万利山货号被查封了！赵佑湘一见这阵势就傻眼了，一路上还总觉得速度太慢，怕张万利不等自己到黄材镇就把宝贝出手了。现在却感到庆幸，幸亏自己晚来了一步，否则还不被堵在里头？

赵佑湘走到万利山货号门前仔细看封条，封条的落款是湖南省政府。那么，省政府为什么要查封万利山货号呢？难道是因为张万利手中的宝物被官府发现了不成？赵佑湘转念一想，不对啊！张万利刚刚得到宝物就派人通知我，我赵佑湘算是最早得到消息的人了，湖南省政府远在长沙市，怎么会下手如此之快呢？

其实，这次省政府查封万利山货号，与老板张万利手中的宝物无关。是几天前，长沙市刚刚截获了一批准备走私海外的文物，其中有两件是由万利山货号经手的，因此，万利山货号就被查封了。

在万利山货号门口，赵佑湘不敢久留，于是就在黄材镇找了一家客栈住下，并在客栈周围打听老板张万利的消息，可是，没人知道他的情况。天快黑的时候，赵佑湘一个人又悄悄地来到了万利山货号附近，远远地观察情况。昏暗中早已不见士兵的身影，只见大门紧闭、人去楼空，屋内看不见一点亮光。赵佑湘在周围转悠了一阵儿，无计可施，便往回走。突然，从旁边的杂货铺里走出一个人挡住了他的去路，还没等赵佑湘反应过来,那人小声说了一句:"想看货就跟我走!"说完便消失在昏暗之中。

赵佑湘犹豫了一下,就跟了上去。两个人在街上一前一后、一声不响地快步朝前走,转过了几条街之后,领路的人停在了一家破旧的农户门口,看了看,四周没人,然后轻轻地在院门上敲了几下。不一会儿门开了,赵佑湘一阵惊喜!开门的不是别人,正是万利山货号老板张万利!

人们不禁要问,万利山货号不是被湖南省政府查封了吗?老板张万利怎么会在这儿?其实,在湖南省政府来查封之前,张万利就听到了风声,立刻带着"水牛头"就近躲了起来。同时,张万利又派人在山货号对面的杂货铺里等着上门看货的赵佑湘。终于在离山货号不远的小巷子里截住了赵佑湘。

张万利引着赵佑湘来到正房的堂屋,打开盖在"水牛头"上的绸布,赵佑湘被眼前精美的青铜器惊呆了。他拿起蜡烛凑近"水牛头"看了又看,摸了又摸,嘴里不停地念叨着:"宝贝啊!宝贝!这是周代古鼎,真是个难得的宝贝啊!"从此,这件宝贝就被称作"周代古鼎"。没等赵佑湘感叹完,张万利就用绸布将"周代古鼎"又盖上了。然后,示意赵佑湘进里屋谈。

不一会儿,赵佑湘就愁眉苦脸地从里屋走了出来,看着"周代古鼎",再也高兴不起来了。张万利一开口要8000块大洋,少一个子儿不卖。可是,赵佑湘从长沙出来的时候,身上只带来了5000块大洋,而且是他家中的全部现金。怎么办?去哪儿再找3000块大洋呢?不过,赵佑湘毕竟多年经营古董,他心里非常清楚。这件"周代古鼎",别说8000块,就是18000块也值。

因此,赵佑湘下决心一定要买下这件"周代古鼎"。他立刻决定回长沙继续筹钱。张万利只给了他3天时间,过时不候。这就是商家的精明之处,张万利显然是在吊赵佑湘的胃口,当然也是怕夜长梦多。对赵佑湘来说,只有3天时间,到哪儿筹3000大洋去呢?从家里出来的时候,他已经把家里能带出来的现金都带上了。那就只能去借钱了,当时正是抗战时期,兵荒马乱,别说借钱了,就是变卖家产,也没人愿意买啊!

在从黄材镇回长沙的路上，赵佑湘苦思冥想，却始终想不出一个筹钱的好办法。一筹莫展的赵佑湘刚回到长沙，在家中还没坐稳，有 3 位客人来访。他们都是长沙古董行的大玩家，为首的是古董商杨克昌。见到这 3 位同行，赵佑湘立刻有主意了。他把去黄材镇见到"周代古鼎"的事儿，如实地告诉了 3 位客人，并且建议：4 人联手，合资购买。3 位客人立马同意，决定联手收购"周代古鼎"。

4 个人凑足了资金来到了黄材镇，共同见到了"周代古鼎"，都觉得是件好东西。立刻拿出集资的 8000 块大洋，要买"周代古鼎"。这时候，张万利却摇了摇头，一句话不说，只是伸出了 1 个手指头。4 个人明白了，张老板涨价了，要价 1 万块大洋。4 人二话没说，立刻再拿出 2000 元，凑足 1 万块大洋，买下了这座"周代古鼎"。

4 位古董商人花了 1 万块大洋买到"周代古鼎"之后，没有回长沙市，而是带着"周代古鼎"，悄悄来到长沙市郊靖港镇的一家商号，住了下来。主要考虑，这里离长沙市很近，却又不引人注意，手中的"周代古鼎"随时可以出手，一有动静转移起来也方便。

毕竟，当时湖南省政府正在加大力度打击文物走私活动，还是小心为妙。因此，4 个人打发走了所有的下人，吃住都一起，守着这件"周代古鼎"。他们商量好起价 20 万，并且放出风去，有买主要看货需先交10 万。不久，听说有一位外国商人愿意出 48 万大洋收购他们手中的"周代古鼎"，却不知道是真是假，必须得设法与这位买家联系。可是，4 个人与"周代古鼎"形影不离，谁去联系这位买家呢？

他们 4 个人的心里都清楚，"周代古鼎"越早出手风险越小，总不能就在这里坐等吧？于是赵佑湘提议，每天轮流派出去 1 个人，到长沙去联系买家，其他 3 个人在这里守着"周代古鼎"。如果买家来了，4 个人就一起谈。想法倒是挺好，可谁都不愿意第一天出去，于是，赵佑湘建议：抓阄。

通过抓阄，杨克昌成了第一个出门联系买家的人。杨克昌暗自叫苦，但也没办法，谁让他同意抓阄呢？只好去长沙联系买主。杨克昌刚一出门，心里就觉得不踏实。在外边转了一圈儿，并没有去长沙，而是悄悄地回到4个人的住处，翻墙进了院子，蹑手蹑脚来到窗户跟前，想听听他们3个人说些什么、打什么主意。说来也巧，屋内的3个人正在密谋准备甩掉杨克昌，将"周代古鼎"转移。

杨克昌听见这番对话，知道他们既然已经有了这种打算，现在回到屋里跟他们理论，恐怕凶多吉少。于是，杨克昌立刻翻墙而出，直奔长沙市政府告发了赵佑湘等3人贩卖文物的违法行为。长沙市政府立即派保安处的特务队，前往靖港镇对3个文物贩子实施抓捕。在杨克昌的带领下，保安处特务队经过一番仔细搜查，结果在商号的地窖里，将赵佑湘等3人和"周代古鼎"一并抓获。

这件重大文物走私案告破之后，各家地方报纸争相报道这则新闻，引起了社会舆论的巨大反响。可是，湖南省保安处将"周代古鼎"没收之后，不知道出于什么动机，将它送到湖南省政府主席张治中将军手上。张治中是位抗战名将，曾经参加过淞沪会战，表现十分英勇。他虽然非常喜欢"周代古鼎"，却并不知道它是什么东西，究竟有多么珍贵，居然将它摆在办公室的几案之上当笔筒用，成为一时的笑谈。

不久，日寇进逼长沙，为了安全起见，"周代古鼎"被送到了湖南省银行仓库保管。从1939年9月到1944年6月，长沙经历了4次保卫战，战斗打得非常惨烈，长沙城的建筑物80%被毁。前3次取得了保卫战的胜利，最后一次我方失利，长沙沦陷，"周代古鼎"也随之下落不明。

一晃十几年过去了，人们已经将"周代古鼎"完全忘记了。1952年的一天，文化部突然接到一个重要人物的指示，让他们派人到长沙追查当年收缴的"周代古鼎"的下落。那么，这个重要人物是谁呢？他就是新中国的总理周恩来。人们一定觉得不可理解，一个堂堂的共和国总理日理万机，怎么会知道并且关心一件文物的事儿呢？因为，1938年，"周代古鼎"的出土、被倒卖，后来又被成功截获的消息，曾经轰动三湘，周恩来总理当时正在长沙领导抗战工作，他怎么可能不知道呢？

文化部接到周总理的指示之后，立刻派工作组专门查找失踪的"周代古鼎"。经过一番调查之后得知，"周代古鼎"最后被送到湖南省银行仓库保管，工作组立刻赶往湖南省银行，可是，根本没有见到"周代古鼎"的踪影，却得到一条重要线索，长沙保卫战打响之前，湖南省银行迁往沅陵县，那么"周代古鼎"很可能一起迁到沅陵去了。工作组立刻赶往沅陵。到了沅陵湖南省银行旧址的时候，工作人员却被眼前的场面惊呆了。湖南省银行旧址，被炮火炸得只剩下残垣断壁。工作人员一方面走访当地百姓和相关部门，另一方面在废墟里仔细搜索。可是，没有发现任何有价值的线索。难道这稀世珍宝毁于战火了？

工作组的搜寻并没有就此停止，他们在废墟里展开了更仔细更全面的地毯式的搜索。经过几天几夜不间断地工作，却没有任何进展，人们不禁产生疑问，如果银行旧址遭到日军炮火袭击或者飞机轰炸，"周代古鼎"是青铜器总会留下残片，怎么可能一点痕迹都没留下呢？那么，就还有另外一种可能，那就是"周代古鼎"并没有和银行的房屋一起毁于战火。如果这种假设成立，那么"周代古鼎"又在什么地方呢？对"周代古鼎"的查找一时陷入了困境。

几个月之后，湖南省文物管理委员会接到报告，湖南省银行在准备处理仓库废品时，发现一些文物！文物管理委员会立刻派专家蔡季襄等人迅速赶往现场。蔡季襄在仔细检查废品中的文物时，墙角放着的一个大木箱引起了他的注意。一种职业的敏感让他觉得此木箱不同寻常，他立刻叫来几个人，慢慢地将木箱撬开。但这只木箱的质量太差了，当木箱盖刚刚被撬开时，整个箱子一下子全散了架，稀里哗啦的从里面滚出了几块金属碎片，蔡季襄一眼就看到一块碎片上有一个水牛头，没错，就是它，著名的"周代古鼎"！打开箱子一看，蔡季襄的心都碎了，这件稀世珍宝已经被毁成了一堆金属残片。

人们不禁要问："周代古鼎"既然保管在湖南省银行的仓库里，这么珍贵的国宝怎会变成了一堆残片呢？原来，长沙保卫战打响之前，湖南省银行迁到沅陵，"周代古鼎"也运到了沅陵。不久，在一次日寇空袭中，银行被炸弹命中，"周代古鼎"被震成一堆碎片。抗战胜利后，银行迁回长沙，"周代古鼎"的碎片也被一同运回。由于工作繁忙，"周代古鼎"的碎片运到银行仓库之后就没人管了。时间一长，人们也就把它淡忘了。

见到国宝如此惨状，蔡季襄等人心如刀割，却一时也没什么办法，只好将这些青铜残片运了回去。直到两年之后，著名的文物修复专家张欣如师傅，主动承担了修复"周代古鼎"的重任。这个任务相当艰巨。张师傅先将每一块碎片清洗干净，然后一块块地将碎片用烙铁焊接在一起。每天，张师傅都把三十多千克的古鼎放在腿上，一手扶着，一手作业，丝毫不敢分心。两个多月之后，"周代古鼎"终于修复成功，基本上恢复了它本来的面貌。

1954年，湖南省博物馆成立，省文物管理委员会将"周代古鼎"移交给省博物馆收藏。1959年，中国历史博物馆建成，"周代古鼎"被调往北京，由中国历史博物馆，也就是今天的国家博物馆收藏。这个时候，文物专家根据这件青铜器的结构和功能纠正道："周代古鼎"根本不是鼎而是尊。所谓"尊"是专门用来盛酒的器皿。4个角上的动物头也不是水牛而是羊。

为此，人们不禁要笑话当时的湖南人了，居然"指羊为牛"。其实，这也怪不得湖南人。"周代古鼎"上的动物头准确地说是"牛头羊角"，而且长这种角的羊不是一般的羊，它叫"盘羊"。"盘羊"主要分布在亚洲中部地区，包括中国、蒙古、俄罗斯以及中亚国家。在中国，主要分布在新疆、青海、甘肃、西藏等地区。因此，生活在湖南地区的人，没有见过盘羊。况且，湖南乡下耕地的水牛的角，的确与盘羊角有几分相似。因此，姜氏兄弟称这种盘羊为水牛，就不奇怪了。

由于此尊是四方形，尊的肩部有4个角，每个角上有一只盘羊的头，因此，专家将"周代古鼎"正式命名为"四羊方尊"。"四羊方尊"高58.3厘米，重34.5千克，是中国现存青铜器中最大的方尊。"四羊方尊"的饰纹非常绚丽，因此被赞誉为"臻于完美的青铜器"。可是，按照青铜器制作的规制，以及盛酒的功能要求，作为酒器的尊一般是有盖的，当时与四羊方尊一起出土的8块碎片，很可能就是"四羊方尊"的盖。

四羊方尊

如今，除了姜氏兄弟留下的 2 块残片之外，其他 6 块残片不知什么时候遗失了。因此，四羊方尊永远成了无盖之尊。

　　虽然，这个稀世珍宝有了"四羊方尊"的名字，可是它究竟是什么时代制造的，却一时很难确定。古代的尊虽然是酒具，但"四羊方尊"更有可能是随葬品，它应该出土于大型墓葬之中。可是，姜氏兄弟在月山铺转耳仑山的山坡上挖掘"四羊方尊"的时候，根本没有发现周边还有其他随藏品，那就说明，转耳仑山不是"四羊方尊"第一出土现场。由于没有相关文化遗迹的佐证，"四羊方尊"的年代很难确定。虽然，古董商人在长沙进行文物交易的时候，认定这古鼎是周代的，可同时也有人称它为"商鼎"。不过，20 个世纪 30 年代之前，人们对青铜器的年代往往商周不分，笼统地称为商周青铜器，因此，称"商鼎"和称"周鼎"并没有太大的差别。

直到20世纪30年代殷墟发掘之后，考古学界不但向世人们展示殷商时代的确切存在，而且对商与周的青铜器有了明确的区别标准。因此，即使"四羊方尊"不是在第一地点出土，也有办法确定它的年代。其实说来也简单，就是根据已经出土并且有准确年代的青铜器作参照，来判定"四羊方尊"究竟是什么时代的作品。

首先，商朝晚期贵族饮酒成风，上流社会大量使用青铜尊这种酒具，因此，"四羊方尊"很有可能是商代晚期的物品。

其次，商代青铜礼器的造型，比较流行方形器，比如，方爵、方尊、方罍、方觚等。不但酒器呈方形的趋势发展，即使鼎也是如此，比如，殷墟出土的后母戊方鼎和后母辛方鼎。

第三，商代晚期贵族生活非常奢侈，表现在青铜器制作上，则追求器形厚重高大，纹饰华美复杂，这是商代晚期青铜礼器的主要特点。这一点"四羊方尊"完全符合。

第四，以羊头为装饰，普遍存在于商朝晚期的青铜礼器上。

最后，四羊方尊是通过两次分铸而成，也就是先将羊头单个铸好，然后将4个羊头与整个尊浇铸在一起。这是商代特有的青铜器制作工艺，与周代青铜器的制作方法明显不同。

综合以上证据，我们完全可以判定，"四羊方尊"是商代晚期的礼器。

可是，当"四羊方尊"的年代准确判定之后，随之而来的问题就更加尖锐了。四羊方尊既然是商朝晚期的青铜礼器，怎么会出现在湖南宁乡县黄材镇月山铺转耳仑山的半山腰呢？那里，既没有古墓，又不是商代古城遗址，纯粹就是山坡荒地，周边什么都没有，为什么会孤零零地出土这样一尊制作工艺精湛，完全是商代贵族使用的"四羊方尊"呢？

再说，殷商时期，湖南长沙的宁乡一带属于三苗之地，不属于商文化圈。三苗文化要比殷商文化落后得多。在文化落后的三苗之地，怎么会出现商朝贵族才使用的青铜礼器呢？

方爵　　　　　　　　　　　　　　　　　方觚

　　对此有人辩解说，在湖南宁乡附近的炭河里和张家坳，发现了商代文化遗址，并且征集到商代的青铜器，以此说明四羊方尊出土地具有商代的文化背景，并且以此证明在商代晚期，湖南地区已经进入了商代文化圈。可是，即使这个说法成立，却并没有因此证明，这些商代遗址和商代青铜器与"四羊方尊"有什么关系。

　　显然，四羊方尊很有可能不是本地出土，而是有人从外地带到湖南宁乡的。而且，姜氏兄弟仅用锄头就能将四羊方尊刨出土，在如此浅薄的土层中发现商代文物，这绝不可能是墓葬，最大的可能是有人在仓促之间，埋在土里的。那么，是什么人将"四羊方尊"埋藏在转耳仑山的山坡上呢？

　　种种迹象表明，这个人很有可能就是月山铺的政府退休官员姜楹荣。他是姜氏兄弟的族兄，也就是一个姜氏家族的同辈人。为什么怀疑他呢？因为，姜楹荣曾经在河北省广宗县担任过县长，而广宗县位于河北省南部，这一带曾经是商王朝的王畿之地，有着著名的沙丘平台遗址。说起沙丘平台太著名了，据《史记》记载，商纣王曾经在沙丘平台大兴土木，建造宫殿园林和酒池肉林。

1933 年秋，县长姜槛荣得知广宗县境内有盗墓贼盗掘文物，立即派警察追查，并且将被盗文物收缴到广宗县政府，保存在县衙监狱内一个密室里，由县政府理财所所长看管。姜槛荣还在县衙大堂展示过收缴的文物，当时广宗县的绅士和上层人物都前来参观。姜县长是文化人，懂得一些文物常识，所以给大家讲解这件青铜器时，根据这件宝物的特征和装饰，称它为"四龙四羊尊"。

1935 年 8 月，姜槛荣从广宗县卸任。1937 年，"七七"事变爆发，日军开始全面侵华，广宗县遭到日军飞机轰炸，看管"四龙四羊尊"的县理财所所长被炸死，从此"四龙四羊尊"便不知去向。1938 年，姜槛荣辗转回到了宁乡县月山铺老家。姜槛荣回到老家之后不久，"四羊方尊"就在月山铺转耳仑山的山坡上出土了。

挖出"四羊方尊"的姜氏兄弟，是姜槛荣的同族；转耳仑山的山坡地，属于姜氏家族所有。这其间的联系，难道是一种巧合吗？人们正是根据这种巧合做出了这样的推断：原本属于广宗县的"四羊方尊"被姜槛荣悄悄地带回了老家，然后埋藏在他家附近的山坡上。后来，被姜氏兄弟无意中发现。

这个推断逻辑虽然成立，但是，所有的环节都没有确凿的证据，而且，姜槛荣本人在生前的回忆录中，只字不提他与"四羊方尊"之间的关系。不过，这也完全可以理解，一位离任的县长，私自将国宝带回了家乡，并且埋藏在属于自己家族所有的山坡上，对这种无法解释清楚的事情，自然是保持沉默比较好。

第 **7** 讲

甲骨文之谜

中华文明源远流长，可惜的是，由于许多中华文明的成果被尘封于地下，我们的历史缺少实物的证实。商朝便是在很长一段时间内，难以被直接证实的朝代之一。直到清末官员王懿荣在原本作为药材使用的"龙骨"上发现了甲骨文，才逐渐使商代文明清晰起来。一片片穿越千年的甲骨，隐藏着怎样的秘密？它们的存在对考古学有什么重要意义？它们又是如何佐证商朝文明呢？

　　1900 年 8 月 14 日凌晨，八国联军对北京城发动猛烈进攻。一位名叫王懿荣的京师团练大臣，率领着组建不久的团练，也就是民间武装，死守东便门。因寡不敌众，装备落后，再加上缺乏训练，东便门失守了。不久，京城各门纷纷陷落。8 月 16 日晚，八国联军占领了整个北京城。光绪皇帝和慈禧太后带着王公大臣、妃嫔、宫女们，纷纷逃出了北京城。王懿荣不愿当亡国奴，写下一首绝命词之后，和妻子与儿媳一起投井殉国了。王懿荣死得如此壮烈，令人肃然起敬。其实，担任京师团练大臣一职，是王懿荣临危受命。他的正式官职是国子监祭酒，相当于现在的大学校长。让一位大学校长，带领一群临时组织和武装起来的普通百姓守京城的大门，大清国的衰败可见一斑。然而，王懿荣受后人敬仰和追忆，不仅仅是因为他担任京师团练大臣死得壮烈，而是因为他是"甲骨学之父"。人们一定会感到好奇，这两件几乎没有任何关系的事，是怎么联系到一起的呢？就让我们从"甲骨文"的发现说起吧。

　　1899 年 10 月的一天，年轻的金石学爱好者王襄和书法家孟

带字龟甲

广慧，来到天津市西门外的一家小客栈，要见一个名叫范寿轩的人。范寿轩是个古董商人，王襄的山东同乡，几天前派人告知王襄，他从河南汤阴带了一批"龙骨"，问王襄要不要？人们一定觉得可笑，这世上根本没有龙，哪儿来的龙骨呢？

王懿荣

　　其实，所谓"龙骨"是一味中药，是哺乳动物的骨骼化石。早在东汉时期，张仲景在《伤寒论》中，就对"龙骨"的药性和治疗病症有记载，不过《伤寒论》对龙骨药效的认识还比较粗浅，只知道它具有镇惊安神的功效。经过一千多年的临床实践的摸索，到了清末，人们对"龙骨"的药效有了更多的了解，因此"龙骨"在民间广为使用。普遍的用法是，将出土的"龙骨"除去泥土及杂质，捣成碎片，配其他中药，煎汤口服，主治腹泻、疟疾、吐血以及内脏出血等病症。"龙骨"也可以外用，方法是将"龙骨"碾成粉末敷在伤口上，具有止血、收敛伤口、促进愈合的功效。

　　既然"龙骨"是中药，怎么会让范寿轩这位古董商人感兴趣，而且找到金石学爱好者王襄和书法家孟广慧呢？因为，这批"龙骨"非同一般，它上面刻有文字。因此，范寿轩又称这批"龙骨"为"骨版"。范寿轩带话给王襄，如果想买，就到城西马家店客栈来看货。王襄接到消息时，孟广慧在场，他以一个书法家的敏感当即判断说，这些有字的"龙骨"或者"骨版"很可能是"古代简策"，也就是古代文书，因此，怂恿王襄一定去看看。就这样，二人如约来到这个名叫马家店的小客栈。客栈非常简陋，四壁土墙，窗小如洞，苇席铺炕，到处尘土，显然范寿轩的古董生意做得并不大。三人见面之后，简单地寒暄了几句，范寿轩打开一个柳条箱，将他带来的"龙骨"让王襄和孟广慧过目。二人立刻被眼前的"龙骨"吸引住了！

　　只见这些"龙骨"，大小不一，形状各异，有动物的肩胛骨，还有龟甲的残片，关键是在这些"龙骨"上可以隐隐约约地看到用刀刻划的痕迹。尤其是一块比较完整的龟甲的上半部分，布满了这种刀痕。孟广慧将这块龟甲上的泥土小心翼翼地擦去，然后仔细辨认这些刀痕。最后二人断定，这些刀痕是比大篆还要古老的文字，应该是"三古遗品"（王襄：《簠室殷契》）。所谓"三古"具体指中国古代历史中的哪段时间，有很多不同的解释。王襄是金石学爱好者，所谓"金石"就是周代的金文和石鼓文，孟广慧是书法家，那么，他们二人理解的"三古"应该特指夏、商、周三代。尽管这三代加在一起约有两千年，二人的认定方向还是比较准确的。尤其是孟广慧，对那半片龟甲爱不释手，一直在那儿不停地把玩，他不是在把玩古董，而是通过古朴的刀法，欣赏几千年前的书法艺术。

显然，王襄和孟广慧都是书呆子，根本不懂文物交易。为什么这么说呢？因为，二人在范寿轩面前大加赞赏他带来的货，那这位古董商人岂不漫天要价？果真，当王襄和孟广慧决定收购这批龙骨的时候，范寿轩提出，一两银子买龟甲兽骨上的一个字。二人傻眼了，王襄当时就是个穷书生，孟广慧虽然是天津著名书法家，但那也是后来的事，当时和王襄一样，也是囊中羞涩。无奈之下，只好花了几两银子，买了几块很小的龟甲碎片。范寿轩则收拾好他宝贝的"龙骨"，离开天津小客栈，直奔北京城而去。那么，这位古董商人进北京城去找谁呢？说来令人难以置信，范寿轩要找的人就是国子监祭酒王懿荣。

国子监是清朝政府设立的国家管理教育的最高行政机构，坐落在北京东城雍和宫对面，也是当时最高学府。祭酒是国子监的最高行政长官，相当于现在的教育部部长兼大学校长。

王懿荣是山东烟台人，光绪六年的进士，曾经三次出任国子监祭酒。在他最后一次出任国子监祭酒时，曾经写过这样一首诗："碧桃花下清明节，底事家书惯不来；昨梦乘风破浪去，满山灯火是烟台。"意思是，在桃花盛开的清明节，家里还是没有任何消息。昨天晚上做梦回到家乡，看到家乡烟台满山都是灯火。显然，王懿荣是一位有着深深的故乡情怀的人。

比如，1894 年 7 月，中日甲午战争爆发。第二年，日本攻占朝鲜之后，又出兵我国东北。同时，日军在山东荣成湾登陆，占领威海南炮台，直接威胁威海卫军港中的北洋海军。刚刚担任国子监祭酒半年的王懿荣，立刻上奏皇帝，请求回山东老家操办团练，抗击日本侵略者。皇帝批准了王懿荣的请求。王懿荣立刻赶赴济南，会同山东巡抚商量山东防务。后来，又到登州（今山东蓬莱市），亲自到前线勘察地形，并且组成一支抗日团练，修筑工事，准备与日军决一死战。这个时候，传来北洋海军全军覆灭的消息，清朝政府同日本政府签订了丧权辱国的《马关条约》，甲午战争以中国战败而告结束。王懿荣壮志未酬，只好变卖家产，缴还国家发给团练的饷银，遣散了抗日将士。

像王懿荣这样的爱国志士，清廉的政府官员，古董商人范寿轩进京城倒卖"龙骨"为什么要找他呢？这事儿说来很偶然。1899 年的盛夏，王懿荣染上了疟疾，找医生看病开了方子，派家人到药铺抓药，在医生开的药方上，有一味药叫"龙骨"，王懿荣感到好奇，打开药包一看，所谓"龙骨"不过就是捣成一厘米大小的龟甲碎片，让王懿荣感到诧异的是，在这龟甲碎片上居然刻着某种符号。王懿荣是当时名闻朝野的书法家、金石学专家和古董收藏家。以其专业的眼光，王懿荣一眼就看出这龟甲上的符号与平日里研究的大篆体的金鼎文和石鼓文非常相似，断定这是一种文字，可是他这个古文字专家却一时认不出这些文字。不过，据他推断，这些文字很有可能比青铜器和石鼓上的大篆更古老。

这一重大发现让王懿荣兴奋不已，他立刻来到药店打听这些龙骨的来源。老板一时也说不清楚，只能告诉王懿荣这是一些中药贩子从乡下收购上来的。王懿荣将药店里所有刻着文字的龙骨全部买下，并且跑遍全北京各家药店，将药店里带字的龙骨都收购了，然后嘱咐各药店老板，以后再有这样带字的龙骨他都要，并且承诺将以每个字一两银子的价格收购。

其实，这种"龙骨"在民间的收购价格非常低，每斤只花六文钱，如今居然有人不论斤两却按字数购买，而且每个字一两银子，这简直就是天价啊！这种事情，很快就传到了古董商人范寿轩的耳朵里。范寿轩立刻到乡下去收购带字儿的龙骨。村民们都觉得不可理解，过去龙骨上如果有刀痕，中药贩子们一般是不收的，村民只好将这些痕迹铲掉，才能蒙混过关。可是，这次范寿轩却专门收购有刀痕的龙骨。不过，村民们也不管那么多，只是到处寻找和挖掘这种带字的龙骨。

就这样，范寿轩很快收购到了一批带字的龙骨。他并没有从河南直接进京城找王懿荣，而是绕道先去了天津。范寿轩为什么舍近求远呢？这就是商人的精明之处了。他作为古董商人无法理解王懿荣为什么以如此高的价格收购带字的龙骨；为了了解其中的奥秘，做到心中有数，他先到天津找他的同乡王襄，因为王襄是金石学爱好者，他一定会知道这龙骨究竟为什么这么值钱。

范寿轩果然达到了目的，从王襄和孟广慧这里，证实了这批龙骨的价值。王襄、孟广慧二人囊中羞涩也是范寿轩意料之中的事，因此，二人没有能力购买他手中的龙骨，范寿轩并不觉得遗憾。他带着一百多片龙骨，离开天津来到京城，直奔王懿荣家而来。王懿荣一见这些龙骨大喜过望，二话不说，全部收购，范寿轩一下子挣了三千多两银子。

这种消息自然在古董行当中传播得很快。不久，又有一位姓赵的古董商人，带着几百片带字的龙骨找到王懿荣，王懿荣同样将这几百片龙骨买下了。后来，王懿荣陆续通过古董商收购了一千五百多片带字的龟甲和兽骨。从此，这些龟甲兽骨不再称"龙骨"而合称"甲骨"，刻在甲骨上的文字被称作"甲骨文"，围绕甲骨文的研究，形成了一门新的学问，叫甲骨学，而王懿荣则成了"甲骨学之父"。

当孟广慧得知，令他爱不释手的那块龟甲的上半部，落在了王懿荣的手上时，虽然感到非常遗憾却也无可奈何，只好请求在天津做官的王懿荣的次子王崇烈，给自己写了一封介绍信。孟广慧拿着介绍信专程来到北京拜访王懿荣，目的只有一个，只是为了再看一眼这块龟甲上面的甲骨文。由此可见，甲骨文的魅力和孟广慧对甲骨文的痴迷。

由于王懿荣的高价收购，使得收藏甲骨的人越来越多，不过，大部分人不是王懿荣这种对古文字的热爱，也不是孟广慧这种对古代书法艺术的痴迷，而是看中了甲骨自身的商业价值。
贩卖带字的甲骨成了很挣钱的买卖。因此，在
20世纪初，全国各地刮起了一股收购甲骨的
热潮，文人学士、古董商人竞相购买和收藏，
一些境外人士也参与其中，由于外国人出价要
比中国人高很多，因此造成大量甲骨流失海外。

刘鹗

按照常理，国宝具有唯一性，可是刻有文
字符号的甲骨的数字却成千上万，这么多的甲
骨，还有什么收藏的意义和价值呢？这就得从甲骨上刻着的文字说起了。
因为，甲骨的意义不在甲骨而在甲骨文。

最早收藏甲骨的几位学者都一致认为，甲骨上刻的符号是一种文字。
但是，这种文字究竟是什么时代的，人们的观点却并不一致。前文我们
提到，王襄和孟广慧认定甲骨文是"三古遗品"，方向虽然对，但是过
于宽泛。可是，不久就有人发表文章，认为甲骨文是周朝的文字。如果，
甲骨文是周朝的文字，那么这些甲骨的价值将大打折扣。为什么呢？因
为，它与周代金文和石鼓文相比，不过是同一时代的文字用刀刻在不同
材料上而已。

那么，甲骨文到底是不是周代的文字呢？本来，王懿荣最有发言权，
因为他是第一个发现甲骨文的人，并且花一年时间收购了一千多片甲骨，
最早开始对甲骨文的研究。可是，还没等他进一步深入研究呢，八国联军
进攻北京，王懿荣受命于危难之时，负责守卫东便门。终因寡不敌众，城
门失守，八国联军占领北京。王懿荣不愿当亡国奴，投井殉国，时年55岁。

王懿荣的壮烈殉国，既令人肃然起敬，更让人扼腕叹息。不过，对
甲骨文的研究，并没有因为王懿荣的殉国而终止。继王懿荣之后，对甲
骨文字研究最具开拓性的人物当属刘鹗。刘鹗，字铁云，号老残，江苏
镇江人。清末小说《老残游记》就出自他的手笔。他的学术兴趣极为广泛，
思想也非常活跃，更是一位造诣深厚的金石学专家，他与王懿荣有着很
深的交往。

刘鹗在北京作候补知府的时候，经常出入王懿荣家。他在王懿荣家看到了带字的甲骨，被这种神奇的古物深深地吸引。在王懿荣的影响下，刘鹗也开始搜集带字的甲骨，并且着手研究甲骨文。王懿荣殉国之后，王懿荣的儿子为了偿还父亲生前所欠的债务，将父亲收藏的甲骨大部分卖给了刘鹗。后来，刘鹗又通过古董商人买到了三千多片甲骨，再后来，刘鹗又派儿子刘大绅亲赴河南搜集到甲骨一千多片。就这样，刘鹗先后通过各种方式，总共搜集到甲骨五千多片，成为著名的甲骨收藏家。

1903 年，刘鹗从他搜集到的甲骨中，精选拓印了一千多片，编成《铁云藏龟》一书，公开出版发行，虽然只是甲骨文的拓片，但是，毕竟为当时和以后的学者研究甲骨文提供了极大的方便，使得甲骨学在很短的时间内就有了长足的进展。刘鹗在《铁云藏龟》的序言中，首先提出：甲骨文是"殷人刀笔文字"（刘鹗：《铁云藏龟·序》）的观点。殷就是商朝，如果甲骨文是商朝的文字，那么意义可就重大了。当时西方学者不承认商王朝的存在，理由是没有地下文物印证；更不承认商朝是文明，充其量是传说和文化，理由是没有文字。那么，如果甲骨文是商王朝的文字，就不仅可以证实商王朝的存在，而且可以证实商王朝所达到的文明程度，中华文明史将提前到三千七百多年以前。那么，甲骨文究竟是不是商代的文字呢？

就在刘鹗专心致志地研究甲骨文的时候，一天清晨，一群官兵突然闯进刘鹗的家，将刘鹗家查抄了。罪名是"私售仓粟"，意思是，私自出售国库的粮食。这个罪名可不小。可是，一个学者和文人怎么会干出这种犯法的事情呢？这事还得从八国联军占领北京说起。

八国联军侵占北京之后，京城出现了大量的饥民，形成了很大的社会问题。为了赈济这些饥民，刘鹗向占领北京的俄国军队购买粮食。可是，俄军手中的粮食并不是他们自己带来的，而是他们占领下的清朝国库中粮食。刘鹗通过俄国人买了一些国库的粮食，再平价卖给北京的饥民。这本来是一件善事，可是有人却将刘鹗的善举诬陷为"私售仓粟"，并且派官兵查抄了刘鹗的家。

国宝追踪

究竟是什么人诬陷刘鹗呢？这个人叫端方，他是满族人，光绪八年的举人，曾经担任过湖广、两江、闽浙和直隶的总督。这就让人无法理解了，一个是封疆大吏，一个是普通学者，他们两个人之间会有什么过节，作为堂堂直隶总督的端方，为什么要捏造罪名陷害刘鹗这样的普通学者呢？

　　因为，端方从政之余，还有一个爱好，就是收藏古玩，他是清末著名的收藏家之一。由于端方是政府官员，经常有出国考察的机会。在出洋考察期间，他曾收集了很多件古代埃及的文物，是近代中国收藏外国文物的第一人。

　　当端方听说刘鹗收手中有《刘熊碑》的孤本时，就想据为己有。《刘熊碑》是东汉的碑刻，碑主人刘熊，是东汉光武帝刘秀的玄孙，曾经担任过酸枣县（今河南延津县）的县令。碑刻的内容主要是简述刘熊的生平，同时称颂他的政绩。此碑刻的书法，结构严密，笔力雄健。此碑早已遗失，它的拓本就成了孤本，深受收藏人士的喜爱。

　　当端方知道刘鹗收藏《刘熊碑》的孤本之后，就派人去借阅。刘鹗怕端方借了不还，就不承认自己有此拓本。端方不肯罢休，便许以高官厚禄，要刘鹗将《刘熊碑》拓本转卖给他。刘鹗面对高官厚禄的利诱毫不动心，坚持说手中没有《刘熊碑》的拓本。这一下把端大人给惹火了，他就诬陷刘鹗"私售仓粟"，利用手中的权力，以追查仓粟为借口，派官兵查抄了刘鹗的家，抢走了《刘熊碑》的拓本。后来，端方又将此拓本以一万元大洋的价格转手卖给了他人。

　　面对端方的强势和无理，刘鹗根本无力抗衡，只好把满腔的愤怒化作文字、流于笔端，于1906年完成了他的传世之作《老残游记》。刘鹗借老残的所见所闻，对当时清朝的吏治黑暗和官场腐败痛加抨击，这自然惹得朝廷不高兴了。1910年刘鹗被捕，并且被流放到新疆。在流放过程中，刘鹗抑郁寡欢，悲愤而死。刘鹗死后，他多年搜集的甲骨也随之四散了，其中一部分流失到海外，损失几乎无法挽回。

　　不过，端方的下场也很惨。宣统元年起端方担任川汉、粤汉铁路的

罗振玉

督办。后来，入川镇压保路运动，被起义新军所杀。端方被杀之后，他的收藏也被家人全都卖掉了，其中最著名的收藏是一套商朝的青铜器，以大约 20 万两白银的价格卖给了美国人。现在，这套青铜器收藏于美国大都会博物馆。

对甲骨文感兴趣的不止刘鹗一个人，而且有人同样取得了令人瞩目的成就。比如，著名的教育家孙诒让，于 1904 年出版了《契文举例》一书，一方面解释甲骨文的含义，另一方面根据这种解释，考证当时的社会制度，开创了古文字研究与历史考证相结合的研究方法，影响极为深远。

在此基础上，将甲骨文字的考证和解释工作引向飞跃式进步的，当属罗振玉。罗振玉曾在刘鹗家中做家庭教师，教刘鹗之子刘大绅读书。后来，罗振玉把大女儿嫁给刘大绅，和刘鹗成了儿女亲家。当罗振玉第一次在亲家刘鹗家中看到甲骨文时，情不自禁地惊叹道："这可是自汉朝以来，诸位文字研究专家根本没有见过的文字，如今山川显灵了，将三千多年前的文字显示于人，我有幸生活在此时，解释宣传这种文字，就是我的责任。"

经过一段时间的努力，罗振玉出版了《殷墟书契考释》一书。他在书中明确指出，甲骨上刻的文字是商代的卜辞，也就是记录占卜结果的文字。这对甲骨文研究具有非常重要的指导意义。

在罗振玉研究成果的基础之上，著名学者王国维通过对甲骨卜辞的考释，成功辨识出商朝历代商王的庙号。王国维将这些庙号排列起来，从而得到一份商王朝的世系表。

王国维从甲骨文中获得的这份商朝世系表，与司马迁的《史记·殷本纪》中排列的商王朝的世系表基本一致。由此可以得出结论，司马迁的《史记·殷本纪》不是传说而是信史。所谓"信史"就是真实可信的历史。

人们一定会问，难道会有人怀疑《史记》的真实性吗？当然有了，20 世纪初有许多这样的人，他们是所谓的"疑古派"，又叫"古史辨派"，是"五四运动"以后史学界出现的一个重要学派，他们对中国传统文化一律采取怀疑和彻底否定的态度，甲骨文在他们眼里根本一文不值。

王国维

那么，20 世纪初的中国，为什么会产生这种疑古派呢？据我分析，大致有以下两个原因：

第一，缺乏民族自信。自 1840 年鸦片战争失败之后，中国连吃败仗。先是英法联军占领北京，后来是甲午战争惨遭失败，不久北京城又被八国联军攻陷，再后来，日本和沙俄两个帝国主义在中国东北打仗，中国政府只能采取中立。中国的国力跌到了历史的低谷，中国人的自信几乎丧失殆尽。辛亥革命之后，中国又陷入军阀混战之中，中国面临着被西方列强瓜分的危险。中国的知识阶层，认为中国的问题完全出在文化上，由此而产生新文化运动，紧接着又是五四运动，提出了彻底否定传统文化的口号。

第二，西方文明的传播和影响。1840 年之后，西方文明在中国迅速传播。一些激进的知识分子，在极力否定自己民族文化的同时，言必称希腊，只认同西方的标准。与此同时，受欧美实证主义思潮的影响，提出"一切拿证据来"的口号，从而形成了中国历史研究领域中的"疑古派"。

这些"疑古派"否定甲骨文的意义还有另外一个原因，就是古董商人为垄断甲骨的收购，故意隐瞒准确的出土地点，同时，市场上出现了假冒的甲骨。因此，疑古派学者把首次将甲骨文介绍给世人的刘鹗视为骗子，认为甲骨文纯粹是他捏造的。由于，当时疑古派在史学界占据着主导地位。因此，对甲骨文的研究陷入非常困难的境地。

虽然，甲骨文研究者已经得出了共同的结论，甲骨文是商代文字。可是，在当时的情况下，要让疑古派和国际学术界承认甲骨文的价值，必须拿出证据。也就是说，甲骨文自身必须先证明自己确切的年代，才能让人们接受它。

为什么甲骨文自身证明不了自身确切的年代呢？因为，当时人们收藏到的甲骨，都是由私人以非科学的手段盗掘出土的，虽然有古代文字研究的价值，但是，由于失去原出土地点的层位关系，就无法确切知道甲骨文的具体年代。可是，古董商为了垄断收购甲骨的源头，就是不透露甲骨出土的准确地点。

后来，罗振玉不知道用了什么手段，终于从古董商的嘴里套出了实话。古董商告诉罗振玉，甲骨的出土地是河南省安阳县小屯村。罗振玉亲自去小屯村实地考察，同时收购了三万多片甲骨，并且根据这次考查的结果发表文章指出，小屯村出土的甲骨，确实是商王朝的遗物。而河南安阳正是古代文献记载的"殷墟"所在地。从此，甲骨文的时代和性质终于被认识清楚，更加重要的是，商王朝都城的遗址也因为甲骨文的出土，而锁定在河南省安阳县的小屯村。

既然商王朝首都的遗址已经锁定，那就赶紧进行发掘，从而证实商王朝的存在啊。可是，发掘一代王朝的故都，必须是政府行为，至少得有政府的财政支持，但在当时的历史条件下，这根本是不可能的。

当时中国正处在军阀混战时期。自1912年中华民国建立开始，中国这块土地上就没有消停过。先是袁世凯称帝，蔡锷起兵讨袁护国，逼袁世凯取消帝制；袁世凯死了之后，北洋军阀分裂为直系和皖系两大军事集团；他们为争夺中央控制权，杀得昏天黑地，使得奉系军阀在东北悄悄崛起；后来奉系军阀跨过山海关，逐鹿中原；两次直奉大战，中原尸横遍野。直到1928年6月，南方的国民革命军北伐成功，占领北京，北洋军阀政府在中国的统治才告结束，中国终于实现了形式上的统一。

取得北伐成功的南京国民政府，开始了文化建设。其中一项重要决策就是任命蔡元培为中央研究院院长，筹建历史语言研究所，聘请傅斯年先生担任所长，该所成立了考古组，从此中国有了专门的考古研究机构。这样一来，殷墟发掘工作就有了可能。傅斯年提出："上穷碧落下黄泉，动手动脚找东西。"这个口号成为历史语言研究所的指导方针，直接推动了对殷墟的科学发掘。

从1928年到1937年的9年间，考古组先后在安阳一带进行了15次发掘工作。共出土带字的甲骨三万多片，这些材料无可辩驳地证明，甲骨文是商代文字，小屯村遗址是商代文化遗存。可是有人根据西方人判定文明的标准辩驳道：文明必须以出现城市为标志，小屯村遗址即使是商代遗存，也只能是文化，而不是文明，商代不是国家，因此不能称作为商朝。

要证明商朝的存在，就必须证明商代已经建立国家，那就必须找到商朝都城或者商王陵墓的遗址。不久，考古学家梁思永先生在安阳县发掘了一座大型古墓，通过多方面的考证与实地调查，梁思永最终确认，这座大型古墓就是商代的王陵。

在第二阶段的发掘中，考古工作者在安阳县连续发现了矩形、凹形、条形等多种形式的房屋基址及排列整齐的柱础，这些证据表明，这里曾经是商王朝的宫殿。

在第三阶段的发掘中，考古工作者在安阳县发现了一座奇特的坑，在这座墓坑中出土了一万七千多片甲骨，完整的龟甲将近三百版。据考古工作者考证，这些甲骨属于商王武丁时代。一个坑内集中了如此多的甲骨，这说明此坑是武丁时代的官方档案库。这一发现，进一步确证安阳县一带曾经是商朝后期的王都所在地。

这个时候又有人根据西方人的标准提出反对意见说：文明必须掌握冶金技术，有青铜制造工艺才算数，否则，商代依然是文化而不是文明。其实，殷墟早就有大量的青铜器出土，尤其是发现甲骨文之后，安阳县一带盗掘古墓成风，大量墓葬被盗掘，很多重要的青铜器散落民间、流失国外。可是那些持反对观点的有人又说，没有明确的出土地点，不能证实安阳一带出土的青铜器属于商代。

没办法，还得继续寻找证据。终于，考古工作者在安阳县发现了一座商代的大型墓葬，在这座墓葬中出土了"后母辛方鼎"，这件精美的青铜器证明，殷商时期青铜文化已经达到极高的水平。同时，在安阳殷墟的许多地方，都发现了铸铜作坊的遗址。这表明，殷墟一带发现的青铜器都是本地生产的。

　　在甲骨文、商朝都城遗址和精美的商代青铜器面前，那些要求我们拿出证据的外国人，和那些只认同西方标准的疑古派学者，终于统统闭嘴了！不再喋喋不休地说，商代不是文明只是传说或文化了。总之，甲骨文的发现和研究，以及以甲骨文为线索，对殷墟的发现和发掘，将我国的文明史提前到三千七百多年以前。因此，对甲骨文的价值，无论怎么评价都不过分！

# 第 **8** 讲

《五牛图》真伪之谜

20 世纪 50 年代，成立不久的新中国以巨额外汇买下《五牛图》。这幅诞生于唐代的名画，出自宰相之手，画面上的五头牛姿态各异、朴实真切，体现了作者成熟的绘画技巧。可是，这位宰相画家究竟是何许人？为何以牛入画？《五牛图》背后隐藏着作者怎样的内心？它历经千余年的战火流传至今，背后又有着什么样的传奇故事呢？

　　20 世纪 50 年代初的一天晚上，日理万机的周恩来总理，打开一封香港爱国人士的来信，这位爱国人士在信中说，唐朝宰相韩滉的《五牛图》将在香港拍卖，画主人要价 10 万元港币，面对这幅稀世珍宝，他很想收购却实在无能为力，只好写信给周总理，希望中国政府能够出资收回这件国宝，防止它流失海外。10 万元港币对于刚刚成立的新中国来说，无疑是一笔巨额的外汇。可是，周恩来总理阅完信之后，果断地对文化部下达了三项指示：第一，立即派专家赴香港对文物进行鉴定，如果是真品立即收购；第二，收购后立刻派专人护送《五牛图》回北京，确保文物安全；第三，文物到京之后，交由条件好的文物单位妥善保管。文化部接到周总理的批示之后，立刻采取行动，派专家小组赶赴香港。

　　人们一定会感到好奇，《五牛图》究竟是一件什么了不起的国宝，竟然惊动了国家总理，并且在新中国经济非常困难、外汇极其缺乏的情

《五牛图》

况之下，不惜花 10 万港币收购它呢？就让我们先说说这幅《五牛图》吧。

说起《五牛图》，人们一定会感到比较陌生，它是唐代画家韩滉的作品，虽然它现在收藏于故宫博物院，却很少拿出来展示，因此知道它的人并不多。《五牛图》的规模并不大，画幅长约 140 厘米，宽约 21 厘米。但是它的艺术价值却非常高，为什么呢？因为，画面上的五头牛的确画得太好了。

五头牛均匀地分布在画面上，以不同形态呈现着各自的神采，有的牛低头吃草，有的牛抬头仰望，有的牛扭头舔舌，有的牛昂首向前，尤其是画面中心的那头牛，正面朝前，双眼圆睁，你观察它，它也在看着你，表现出作者瞬间捕捉画面并且准确表达对象的能力。作者显然对牛有着由衷的喜爱和细心的观察，用简练的线条和娴熟的笔法，将这种喜爱之情淋漓尽致地表达出来，使得这五头牛栩栩如生，极为传神！

作者在用色上也非常讲究。我们知道，现实生活中的黄牛，在颜色上变化不大，可是韩滉笔下的五头牛虽然着色清淡，却色彩不同，十分真实地表现出牛的毛色和质感，形象逼真。尤其值得一提的是，其中有一头牛的颜色黑白相间，很像我们现在的奶牛。我原来以为，这种花色的牛只有荷兰有，没想到我们国家在一千二百多年前就有。这种写实的笔法，让我们认识到一千二百多年前，中国耕牛品种的丰富。即使到了今天，依然具有极高的欣赏和认识价值。可以说，《五牛图》足以代表唐朝高度发达的绘画艺术水平，显然是一件极其珍贵的国宝。

《五牛图》局部

可是，面对如此高水平的艺术珍品，人们的疑问也随之而来。什么疑问呢？就是作者为什么要画耕牛。中国古代绘画艺术，尤其是南北朝以后，主要表现贵族生活中的人物、台阁、山水等形象，即使表现动物，也主要表现贵族坐下的鞍马，很少有人表现农村田野中的耕牛，唐代尤其如此。因此，人们对《五牛图》的作者是否是韩滉产生了怀疑。似乎别人画耕牛还可以理解，韩滉画耕牛就完全不可理解了。那么，人们为什么会产生这样的疑问呢？这就得说说韩滉这个人了。

韩滉出生于陕西长安的名门望族，韩滉的父亲韩休，在唐玄宗时代担任过宰相。在唐朝，韩氏家族属于贵族，贵族有荫子的特权。所谓"荫子"就是儿子可以世袭父亲的权力，也就是说，贵族子弟可以不经过任何考核、选拔，直接被任命为朝廷官员。韩滉正是受了父亲的荫庇，享受贵族的特权，才出任参军一职的。虽然地位不高，但毕竟很年轻就走上了仕途。

年纪轻轻就开始当官的韩滉，仕途却并不顺畅。就在韩滉走上仕途之后不久，父亲韩休突然去世，韩滉不但失去了政治靠山，而且还必须离职为父亲丁忧，也就是守丧三年。守孝期满之后，韩滉被任命为同官（今陕西铜川）的主簿，大致相当于县政府办公室主任。上任之后不久，母亲又去世了，韩滉再次离职为母亲丁忧。为母亲丁忧期满之后，韩滉被任命为太子通事舍人，一个给太子传递奏章和信息的闲官。从此，韩滉的仕途就不那么顺畅了。

为什么呢？因为，韩滉的哥哥韩洽，在王玙当宰相之前与他结下了个人恩怨，王玙上任宰相之后，对韩滉的升职道路不断设置障碍。要么让韩滉在京城里担任闲职，要么将韩滉外放出京，担任地方官。

韩滉无论在京城任职还是在地方当官，他的种种表现，实在不像是一位绘画艺术家。比如，韩滉在担任镇海军，今浙江东部一带的节度使时，镇守徐州的部将违反军纪。韩滉听说之后，立刻派人将违规的部将用鞭子抽了二十下，同时按军令处理了六十多名违规的人。

韩滉就是这样的人，无论谁违规违法，不管他的后台多硬，他都绝不姑息。比如，韩滉在吏部任职的时候，有一个盗贼杀害了富平县令。不久罪犯被捕获，却发现他是北军的禁兵，也就是京城北部卫戍部队的成员，一般人都不敢惹，否则他也不会如此胆大妄为，先行窃然后杀害朝廷任命的县令。禁军监军鱼朝恩却出面为他的属下求情。鱼朝恩是皇帝非常宠幸的大太监，因此，皇帝特别下诏将这位罪犯赦免了。然而，韩滉不依不饶，给皇帝上密疏，也就是只有皇帝才能阅读的秘密报告，坚持要将罪犯绳之以法。皇帝拗不过韩滉，只好接受他的上奏，让罪犯伏法。

韩滉的严厉还表现在制定和执行规矩上。比如，在韩滉担任户部侍郎的时候，负责分管全国的税收。当时全国各地征收赋税没有法度，因此，国家财政非常困难。面对这种情况，韩滉首先制定了严格的税收法规，然后，严厉地贯彻执行，各级官吏谁都不敢欺瞒。当时正值连年丰收，边境没有战事，因此，在韩滉担任户部侍郎期间，国家财政情况有了很大的改善。

不过，韩滉为了保证税收任务的完成，有的时候却显得不近人情。比如，有一年，京兆尹，也就是首都市长，给皇帝上奏说：秋雨淹没了京城周边的许多庄稼；韩滉却针锋相对地说，京兆伊的说法与事实不符。皇帝只好派御史去实地考察。不久，御史回来汇报说：所损坏的庄稼三万多顷。但京城附近的渭南县令却上奏说：渭南县境内的禾苗没有受损。面对两种完全相反的情况汇报，皇帝不知道究竟相信谁好，只好再派一名御史去实地视察。这位御史发现，渭南县实际上有三千多顷庄稼受损。显然，说受灾三万顷是夸大灾情，说没有受灾是隐瞒灾情。那么，皇上派出的御史为什么要夸大灾情，韩滉和渭南县令为什么要隐瞒灾情呢？因为，当时京城附近的盐池因秋雨受到损坏，韩滉担心盐户为此提出减税的要求，因此就谎称秋雨没有造成损失。京兆尹和御史夸大灾情目的，就是要让负责税收的韩滉减免对盐户的税收；渭南县令隐瞒灾情则是为了讨好韩滉。当实际灾情查明之后，皇帝撤了渭南县令的职，可是对韩滉却不予追究，显然皇帝对韩滉也得让三分。

韩滉严苛的为官作风，有时也会遇到巧妙的反抗。比如，韩滉在中书省（相当于宰相府）任职的时候，有一次传一位官员前来问话，结果这位官员没有及时赶到，韩滉下令用鞭子抽打这位官员。迟到就用鞭子抽，这也太过分了。这位官员辩解说："我本是其他府衙的人，我所在的衙内有事，所以不能及时赶到，请求大人谅解。"韩滉生气地说："不管你属于哪个府衙，最后都得归我中书管！"这位官员反驳道："那倒不一定。"韩滉不解地问："难道还有什么部门能管你？"这位官员回答说："阴间有时也会管到我。"韩滉问："阴间会管你，那你在阴间负什么责？"那位官员回答说："负责三品以上朝廷官员的饮食安排。"韩滉冷笑道："哼，那你说我明天吃什么？"这位官员想了想说："天机不可泄，我不能随便说，不过我可以写在纸条上，等过了明天再验证，如果属实，请大人免于鞭打在下。"韩滉表示同意，让这位官员写了纸条，然后暂时关了起来。

第二天散朝后，皇帝将韩滉留下来商量事情。恰巧御膳房给皇帝送来一盘糕点，皇帝将糕点赏了一半给韩滉。韩滉觉得糕点味道不错，就都吃了，回到家中却觉得肚子不舒服。找来医生问诊，医生说："是吃糕点的速度太快造成了食物堵塞，服用橘子皮熬的汤就可以缓解。"当天晚上，韩滉遵照医生的嘱咐喝了橘子皮汤，第二天一早又喝了一点儿养胃的粥，病情很快好转了。

这个时候，韩滉突然想起那位迟到的官员说过的话和他写过的字条，立刻传令将那位官员带到面前，当着他的面打开纸条，韩滉惊讶地发现，字条上写着："糕点"、"橘子皮汤"、"粥"。韩滉百思不得其解，只好信守承诺免除了对这位迟到官员的惩罚，然后问道："你是怎么知道我昨天吃什么东西的？"那位官员只好承认说："大人，阴间之说只是幌子罢了，我平常喜欢观察，发现大人深受皇上的信任，常在散朝之后被单独召见，而皇上的膳食是有规律的。那个时辰一定吃糕点。大人性子比较急，吃皇上赏的糕点胃一定受不了。在下略懂一点医术，知道橘子皮汤和粥可以医治您的胃病。"韩滉听完这席话之后，非常钦佩这位官员的大胆和细心，不仅不惩罚他，反而重用此人。显然，韩滉的严厉、苛刻还是分对象的。

待人如此严苛，又精于财务管理的韩滉，怎么可能是艺术精品《五牛图》的创作者呢？这不能不让人产生怀疑。其实，人的性格是多面的。韩滉虽然为官严苛，待同僚有些不近人情，可是，他在骨子里，依旧是个文人。比如，他的经学功夫很深，尤其喜欢《周易》和《春秋》，在为官期间，一直坚持读书。韩滉还深谙音律，琴弹得非常好。尤其值得一提的是，韩滉的书法功底深厚，特别擅长草书，并且深得唐代草书大师张旭的真传。

作为名门望族的后代和上流社会的文人，精通琴棋书画并不奇怪，令人感到不解的是，韩滉为什么对农村题材特别感兴趣呢？人们的解释是，韩滉长期在地方为官，十分同情穷苦的农民，因此，把大部分时间和精力都放在体察民情、为民分忧的工作中。韩滉常常到农村百姓家里走访，了解和解决百姓的实际困难。

韩滉不但同情百姓疾苦，为百姓解决困难，而且一有闲暇，便拿起画笔，到山野田间写生，描绘农村的风俗景物，尤其喜欢画牛、羊、驴子等农村的牲畜。因此，韩滉成了为数不多的以农村生活为题材的画家。

韩滉一生一共创作了 36 幅作品，其中仅有两幅与农村风俗无关。在这些作品中，最能代表韩滉艺术水平，也是唯一流传至今的就是这幅《五牛图》。

可是，农村可以表现的题材也很多，那么，韩滉为什么偏偏喜欢画牛呢？韩滉的解释是："耕牛是田间劳动的主力，是农家之宝。"但是，我觉得韩滉只说明了牛在农村的地位和作用，并没有解释以牛为创作题材的动机是什么。那么，韩滉究竟为什么要画牛呢？

《五牛图》局部

有人解释说，韩滉特别爱牛，甚至达到为牛而杀人的地步。比如，韩滉在担任镇海军节度使的时候，有一天接到举报，有人杀牛，韩滉立刻下令，凡是杀牛者和有杀牛嫌疑的人，格杀勿论，一次竟然杀了上百人。韩滉为什么如此残酷地禁止人们杀牛呢？难道真的是喜欢牛喜欢到这种程度？其实，韩滉禁止杀牛另有原因。镇海军境内有人聚众造反，这些造反者每次在行动之前，都要杀牛饮酒，举行盟誓。在把牛当作宝贝的农村，擅自杀牛的人那就一定是造反者，谁胆敢杀牛就以造反者论处。因此，韩滉是为了平定造反，才制订了禁止杀牛的条令。这显然不是韩滉喜欢画牛的原因。

有人认为，《五牛图》表现的是梁代陶弘景与梁武帝之间的发生的一段故事。据说南北朝时期，梁武帝特别欣赏道教大师陶弘景的才能和智谋，在他当皇帝之后，立刻写信给陶弘景，要聘请他为宰相。陶弘景没有写回信，却画了两头牛回答梁武帝。这两头牛形态不同：一头牛用绳索拴着被人驱使，另一头牛在大自然中自由自在。梁武帝看了这幅画之后深受感动，于是不再勉强陶弘景给他当宰相了。在韩滉的《五牛图》中，的确有一头牛用红绳拴着鼻子，可是，表现自由自在的牛为什么要用四头呢？

对于这个问题，有人解释说，韩滉用《五牛图》比喻自己兄弟5人，那头拴着绳索的牛就是他自己，表明在朝廷为官，就像被驱使的耕牛一样，身心都不自由。这种说法很难成立。因为，韩滉不是兄弟5人，而是7人，而且兄弟7人都在朝为官，并非只有他一人被拴着鼻子受束缚。显然，韩滉画牛别有意图。

那么，究竟是什么意图呢？有人解释说，《五牛图》是韩滉于贞元元年创作的，这一年是乙丑年，也就是牛年。牛年画牛，这是再自然不过的事了。可是，韩滉一生经历过不止一个牛年，为什么在他63岁这一年画牛呢？而恰恰在这一年，韩滉由地方官调入京城担任宰相，而且两年之后就去世了。在这样的时间点画《五牛图》一定有什么玄机。那么，究竟有什么玄机呢？这就得从韩滉晚年的政治处境说起了。

唐建中四年，即公元783年，陕西泾原县发生兵变，叛军攻陷了首都长安，德宗皇帝逃到奉天(今陕西乾县)。在兵变的影响下，周边的汴梁、淮南地区都陷入混乱。当时担任镇海军节度使的韩滉，闻讯之后立刻封锁关口与桥梁，禁止牛马出境。他还在长江南岸地区修筑城堡，开凿水井，对沿岸的房屋进行加固，将楼房与城墙连成一片。人们不理解韩滉如此做的目的，以为他也要割据一方了。其实，他一方面加强守备力量，防止叛军渡江南下，同时准备一旦德宗皇帝在北方站不住脚，迎接他南渡长江，与北方割据势力长期对峙。

就在这紧要关头，淮南节度使陈少游，发兵三千在长江北岸大规模阅军，意图不明，是想趁机割据一方，还是与韩滉一起声援朝廷呢？面对这种局面，韩滉也派水军三千在长江上游弋，炫耀武力。韩滉的意图非常明确，如果陈少游胆敢背叛朝廷，只要有我韩滉在，绝不让你得逞；如果陈少游心向朝廷，我韩滉就是你的坚强后盾。

不久，陈少游莫名其妙地死了，位置被他的部下王韶取代。王韶准备在江北一带大肆劫掠。韩滉听说消息之后，立刻派使者到江北通告王韶说："如果你敢作乱，我立刻带着全军渡过长江杀了你！"吓得王韶只好放弃了原来的打算，不敢轻举妄动。

与此同时，韩滉派使者运送大量粮食和生活用品到奉天。当时关中战乱不息，米价暴涨，人心惶惶。当韩滉送来的粮食运到后，米价很快回到了战前的水平，迅速地稳定了局面。德宗皇帝高兴地说："韩滉不仅使江东安定，又使淮南安定，他真有大臣的才具！"为了表彰韩滉的功劳，德宗皇帝封韩滉为郑国公。

韩滉虽然力挽狂澜，在平定叛乱的战事中立了大功，却免不了功高震主，有人趁机进谗言。说韩滉拥兵自重，镇守长江下游，实力太强大，完全可以割据一方，与朝廷分庭抗礼。

德宗皇帝相信了这些人的谗言，多次想要治韩滉的罪。幸亏宰相李泌为韩滉辩护，皇帝才没有这样做。可是，皇帝还是不放心让他在镇海军担任节度使，不久，将他改封为晋国公并调进京城当宰相。皇帝用明升暗降的方法，夺了韩滉手中的兵权，以免他割据一方。

面对朝野上下传说自己有野心的谣言，面对皇帝对自己的猜忌，韩滉如何表白自己呢？这也许就是韩滉画《五牛图》的真实用意了。韩滉用一头被拴着鼻子表情极不情愿的牛，表示自己不愿意为官；又用其他四头牛，表示自己有多种生活方式。比如，可以归隐田园自由自在，可以纵情山水自得其乐，可以回到乡里享受天伦，也可以和友人相聚谈古论今，唯独没有割据一方的野心。德宗皇帝不是梁武帝，韩滉也不是陶弘景。因此，韩滉也只能表达一下心意而已，还得上朝廷当宰相。因此，《五牛图》可能反映了当时韩滉的心境以及他的政治态度。

由此看来，《五牛图》的确是韩滉的作品，韩滉用它表达了自己艰难的处境和复杂的心情。这样一幅难得的佳作，自从问世以来，就成了皇室和收藏家们争相收藏的珍品。第一个留下证据的收藏者，是北宋皇帝宋徽宗，至于从唐朝后期到北宋后期，经历那么久的动荡和战乱，这幅《五牛图》是如何被宋徽宗收藏的，就不得而知了。

几年之后的靖康元年，也就是公元1126年十月，金兵对北宋发动进攻，不久太原、真定失守。十一月中旬，金兵渡过黄河，大军直逼东京汴梁。面对金兵凌厉的进攻，宋钦宗惊慌失措，不知如何是好，就召集文武大臣们讨论对策。大臣们没有一个人主张抵抗金兵，纷纷表示愿意投降金国。钦宗皇帝面对这种情况，无奈之下，只好于12月初二，正式向金国投降。

北宋的君臣以为投降就可以结束战争，最多纳贡称臣，还能继续过他们荣华富贵的生活。可是万万没有想到的是，金国接受宋国君臣投降之后，却占领了京城汴梁，并且横扫淮河以北地区，同时扶植了一个傀伪政权，北宋灭亡了。第二年的四月初一，金兵押着徽宗、钦宗父子，以及皇子、后妃和宫女等四百多人，还有无数掠夺来的金银财宝返回金国。从此，《五牛图》下落不明。

靖康二年五月，康王赵构在南京应天府（今河南商丘）即皇帝位，改元建炎，重建宋朝，史称"南宋"。南宋王朝一开始只能在逃跑和挨打中疲于奔命。南宋政权建立的第一年，金兵分兵三路大举进攻，赵构逃往扬州；第二年又逃到临安（今浙江杭州）；第三年七月，金兵再次分兵四路南侵，所到之处，势如破竹，赵构仓皇逃往明州（今浙江宁波）。金兵渡过长江穷追猛打，一路攻城略地，新建立的南宋王朝岌岌可危。后来，在南方各省军民的奋力抗击之下，金兵才终于退回北方，南宋与金国形成南北对峙的状态，南宋王朝才终于在临安站住了脚。

那么，在这种动荡的战争状态下，韩滉的《五牛图》又流失到哪里去了呢？我们在《五牛图》上留下的印章中发现，它曾经被南宋皇帝赵构收藏。这幅宋徽宗极为喜爱的珍宝，如何落到了赵构的手中，已经无法考证。但是，事实告诉后人，同样热爱书画的赵构，在逃亡中，并没有忘记带上《五牛图》。后来，这幅千古名画一直珍藏在南宋的皇宫里。

南宋德祐二年，即公元1276年，临安守将向蒙古统帅伯颜投降，伯颜派人入城安抚百姓，禁止杀掠，封闭仓库，将南宋皇宫中的图籍、珍藏以及大批财宝、器物，统统运往大都（今北京）。显然，《五牛图》被带到了元大都。后来，被著名书法绘画艺术家赵孟頫收藏。

从此，《五牛图》流落民间。到了明朝，《五牛图》落入著名收藏家项元汴之手；明末清初，战乱不已，《五牛图》下落不明。直到乾隆年间，皇帝下旨收集天下墨宝，《五牛图》再次进入皇宫，被清宫内府收藏，成为乾隆皇帝最心爱的书画之一。

1900年，八国联军占领北京，侵略者烧杀劫掠，无恶不作，大肆掠夺中国的国宝，或者运回本国收藏，或者直接转手拍卖。《五牛图》在那场浩劫之中，被盗出皇宫，流失海外，从此在人们的视野中消失了。

就在《五牛图》渐渐被人们淡忘的时候，20世纪50年代初的一天，香港企业家吴蘅孙在家中宴请宾客，酒酣耳热之际，他将自己的收藏品拿出来向大家炫耀。当他把手中的一幅画展开时，在场的人都惊呆了，居然是失踪多年的稀世国宝《五牛图》。有人忍不住问：吴老板，这幅《五牛图》听说被八国联军盗走了，怎么会在你的手上？吴蘅孙解释说：我在伦敦汇丰银行工作的时候，在拍卖行经过一番激烈的竞拍才买下来的。大家不禁为吴蘅孙的爱国情怀鼓掌。

不久，吴氏企业濒临破产，吴蘅孙只好忍痛出售《五牛图》。《五牛图》将被拍卖的消息传出后，不少人都为之担心，《五牛图》如果出售，财大气粗的外国收藏家极有可能将其收购，致使这件国宝再次流失海外！

就在这紧要关头，一位香港爱国人士给周恩来总理去信，希望中国政府能出资收回国宝。于是，周总理果断地给文化部下达了指示。文化部的专家小组遵照周总理的指示，立刻启程赶赴香港。专家小组一到香港，就马上与吴蘅孙取得了联系。

按照周总理的指示，收购《五牛图》的第一步就是要准确地鉴定这幅画，是否是真迹。经过鉴定，专家确认此画为韩滉的真迹，是不可多得的国宝。于是，专家小组就与吴蘅孙商量，以标价的60％，也就是6万港币收购了《五牛图》，并将这件稀世国宝带回了北京，交给故宫博物院收藏。

可是，故宫博物院刚刚收藏《五牛图》的时候，这件国宝经历了一千二百多年风雨历程，虽然是传世佳作，却已经残破不堪，在画面上出现了数百个虫蛀的洞。故宫博物院的领导决定修复这件国宝。于是，这个任务就落到了故宫博物院的孙承枝老师傅的身上。

孙师傅运用精湛的技术，修补好画面上大大小小数百个洞，刷洗了尘垢，补全了颜色，最后又以原来的式样进行装裱，前后花了好几年时间，才最终完成了《五牛图》的修复工作。使这件饱经岁月风尘的《五牛图》焕然一新，恢复了昔日的风采。

从此，这幅传世名画却"藏在深宫人未识"，中央美术学院的教材讲述唐代绘画，却没有选《五牛图》。究其原因，是人们对《五牛图》

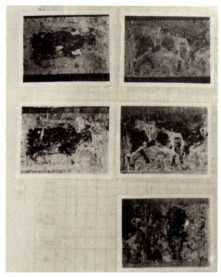

修补前的《五牛图》 　　　　　　　　　　修补后的《五牛图》

的真伪存在着争议。

有人认为，故宫博物院收藏的《五牛图》不是韩滉的真迹，理由是《五牛图》的画法看起来虽然有唐代的味道，但是，画面上的植物却接近宋代的工笔画法，因此怀疑故宫收藏的《五牛图》是宋代的摹本。

有人甚至说："故宫博物院收藏的书法和绘画作品，除了《文苑图》之外，绝大多数都是临摹本，并非原作者的真迹。"并且认定《文苑图》这件真迹才是韩滉的作品，将《文苑图》与《五牛图》进行比较，发现两者风格迥异，因此得出结论：一个人的绘画风格不可能如此不同，既然《文苑图》是真迹，那么《五牛图》就必定是摹本。这种观点最大的问题是，《文苑图》究竟是谁的作品并没有定论，用一个有争议的证据，论证另一个有争议的作品，这种逻辑的混乱，根本不值一驳。

更严峻的挑战来自于日本。1975 年，日本出版了《水墨美术大系》，首次发表日本京都大原美术馆收藏的《五牛图》，并且与故宫博物院收藏的《五牛图》进行比较。日本学者的结论的是：日本大原美术馆收藏的《五牛图》是宋代摹本，不过，却是最接近韩滉原作的摹本；而故宫博物院收藏的《五牛图》，则是元代以后拙劣的摹本。

难道中国政府花6万港元收购的《五牛图》不是韩滉的真迹，而是元代以后拙劣的摹本吗？针对日本学者的这一结论，中国学者也对日本大原版《五牛图》和故宫博物院收藏版的《五牛图》做了认真的对比，结论却与日本人完全相反。中国学者从四个方面论证故宫收藏的《五牛图》是韩滉的真迹。第一，故宫收藏本的流传过程线索清晰，大原收藏本却来历不明；第二，故宫收藏本的题跋、印记是可信的，而大原收藏本的题跋与款印都是伪造的；第三，故宫收藏本的画法是中晚唐风格，而大原收藏本则是宋代的风格；第四，大原收藏本绘在绢上，而故宫收藏本却绘在纸上。

1977年，有关方面对故宫博物院收藏版的《五牛图》的用纸进行了取样显微分析，分析报告显示，故宫收藏版《五牛图》使用的纸，是以桑树皮为原料的硬黄纸，纸表面涂有蜡层，防蛀抗水，可以保存千年以上。这种纸最早出现于中晚唐，盛行于北宋，南宋时被竹纸取代。到了元代，这种硬黄纸已经成为古董，价格极其昂贵，人们不可能用这种古董一般昂贵的纸制作摹本。

而且，故宫收藏版的《五牛图》由5块小纸拼接而成，这是晚唐的惯例，每块纸的尺寸，也是晚唐的规格。综上所述，完全可以得出这样的结论，故宫博物院收藏的《五牛图》是韩滉的真迹。

不过，最近有人在民间发现了一幅由私人收藏的《五牛图》，发现者通过比较之后得出结论，私人收藏本才是韩滉的真迹。然而，他们的论证基本上是图像学的方法，也就是用画面上的图像，论证此画的真伪、年代和意义。这种方法本身还需要画面外的实证材料支持。因此，在没有确凿证据的情况之下，故宫博物院收藏的《五牛图》的真迹地位是很难被否定的。

第 **9** 讲

三星堆青铜立人像之谜

20世纪70年代，考古人员对四十年前发现的三星堆文化遗址进行了科学的考古发掘。这里出土的众多珍贵文物中，有一件造型奇特的青铜立人像引起世人关注，它那离奇的表情，夸张的手势，巨大的身躯，不仅给人们带来了震撼，也带来了千古谜团：它究竟是谁？为何会被砸坏之后掩埋？三星堆文化来自何方？在繁荣之下为什么突然消亡？这段神秘文明的背后，又有多少未解之谜呢？

　　1986年8月，在四川省广汉市三星堆文化遗址的二号坑内，出土了一尊青铜人像，震惊世界！可是，在刚刚发现它的时候，它从腰部断成两截，后背裂成碎片，头部和底座完全变形。国家文物局派文物修复专家，从北京赶到四川，对这尊残破的青铜人像进行修复。专家们小心翼翼地先用木锤将变形之处校正，然后再一点点地将断裂的地方焊接在一起，最后又将背部残片修补好。就这样，通过文物修复专家精湛的技艺和艰苦的努力，这尊青铜立人像终于重新站立在人们的面前，恢复了它往日的神采。巨大的双手握成空心拳在胸前环抱。整个形象有如现代派雕塑，写意而又夸张地拉长、变形，给人以怪诞和神秘的感觉。因此，这尊青铜人像一出土，立刻引起国内外专家学者们的广泛关注。人们在震惊之余不禁要问：这尊青铜人像是什么时代的？它是神像还是人像？那握成空心拳的双手曾经抓握过什么东西呢？尤其令人感到诧异的是，根据青铜人像损毁的痕迹和状态看，它不是毁于自然力，而是在埋葬之前被人为破坏。那么，究竟是什么人，为什么要损毁它呢？为了解答这一连串的疑问，就让我们从青铜人像的出土地点，三星堆说起吧。

　　"三星堆"这个名字，来源于三个高出地面的黄土堆，当地百姓觉得这三个土堆远远看上去就像天上的三颗星星，因此称之为"三星堆"。三星堆地处四川省广汉市马牧河的南岸，河的北岸有一块弯弯的台地，当地人称之为"月亮湾"。马牧河北岸的月亮湾与南岸的三星堆，隔河相望，形成一道亮丽的风景，当地人称之为"三星伴月"。听起来真的很美，不过，这里的确景色宜人。

那么，这三个像星星一样的土堆究竟是怎么形成的呢？对此人们有不同的解释。有人说，是自然形成的，没什么可神秘的；有人却认为，周边都是平地，为什么在这里突兀地冒出三个土堆来呢？这其中必有缘由，很可能是古代国王的陵墓；还有一些年轻人极富想象力，他们认为，这三个土堆既不是自然形成的，也不是古代陵墓，而是外星人留下的，很可能是宇宙飞船的发射台。那么，三星堆到底什么东西，它究竟是怎么形成的呢？

为了解开这个谜，四川省考古人员对三星堆以及周边地区进行了全面的调查和试掘，最终发现，这三星堆既不是自然形成的，

青铜立人像

也不是古代陵墓，更不可能是外星人的宇宙飞船发射台，而是一道古城墙的残段。在这道古城墙残段的旁边，还发现了一条城壕，城墙就是从城壕中取土夯筑而成。所以说，所谓"三星堆"，不过是一段城墙而已，只是不知道什么时候被挖出两个巨大的缺口，从此，这道城墙就成了三座土堆。

三星堆南部，还有一段被当地百姓称之为"龙背"的土埂，考古人员对"龙背"也进行了选点发掘，发现所谓"龙背"也是一段古城墙，

它与三星堆一样，是整座古城墙的一部分，按其位置推断它应该是这座古城最南边的一道城墙。经过多次勘测最终确定，这座古城的总面积大约 3.5 平方千米。正是在这个范围内，人们发现了三星堆古代文化遗址。显然，这些地表的建筑遗存，与地下发掘的文物之间，有着密切的联系。那么，它们之间究竟是什么联系呢？这就需要地下发掘的文物来证实了。

其实，早在 1929 年，当地就有人发现这一带的地下埋藏着宝贝。就在这一年的开春，有一天，住在月亮湾附近的农民燕道诚和儿子一起在村边淘挖水沟中的泥土，准备安装水车，开春之后车水灌田。突然，"铛"的一声，燕道诚的双手被震得发麻，显然他手中的镬头挖到了坚硬的东西。燕道诚清理干净沟中的泥土之后，一块 5 尺长，3 尺宽的石板露了出来。燕氏父子用力抬起石板，立刻被惊得目瞪口呆。只见这石板下面，是一个长方形的坑，四周用同样的石板砌得严严实实，坑里放满了各种形状的玉器。

燕道诚可不是个纯粹的庄稼汉，他曾经是前清的秀才，而且还当过几年师爷，因此知道玉器是宝贝。他见附近有人，立刻将石板放下，重新用土埋好，带着儿子悄悄溜回了家。天黑之后，燕道诚领着全家人，再次来到石板坑前。他让老婆和儿媳把风，自己和儿子一筐一筐地往家运玉器。来回三趟才将玉器搬完，数了数有四百多件。燕道诚把这些玉器藏在家里的各个角落，甚至在猪圈里还挖坑埋了一部分。埋藏好玉器之后，燕道诚对全家人再三叮嘱，不准对任何人说起这件事，否则会大难临头的。

翻过年来，燕道诚到成都为手中的玉器寻找买家。这位前清的秀才，曾经的师爷，虽然识文断字，却根本不懂玉器的行情，结果精明的古董商以极低的价格陆续收购燕道诚手中的这批玉器。不久，成都古董市场上就出现了一批开出天价的所谓"广汉玉"。就这样，这批价值连城的宝物，很快散落于民间，并且流失到海外。

又过了一段时间，从广汉县城来了一位名叫董宜笃的英国传教士，找燕道诚买玉器。可是，燕道诚根本不承认自己手里有玉器。无奈之下，董宜笃回到县城，以县圣公会主教的名义，到军营找一位名叫陶凯的人。陶凯是川军第二十八军，第二混成旅旅长，同时又是董宜笃发展的基督徒。陶凯一听师傅上门，立刻放下手中的军务，亲自到大门迎接。师徒二人一落座，董宜笃直截了当地说明了来意，要买本县村民燕道诚手中的玉器。陶凯满口答应，他觉得这是自己的地盘，量他燕道诚也不敢拒绝。

一个星期之后，陶凯以检查防务为名，带着一队官兵，来到燕道诚家。几句寒暄之后，陶凯开门见山，要借几块玉器拿回去欣赏。燕道诚知道这位旅长惹不起，立刻拿出 5 件玉器，送给了陶凯。可是，陶凯得到玉器之后却恶狠狠地逼问燕道诚："老实说，你这玉器究竟从哪儿弄来的？"面对陶凯的威胁，燕道诚只好撒谎说，是在自家的稻田里刨出来的。

回到广汉县城，陶凯将 5 件玉器都交给了董宜笃，董宜笃大喜过望。可是，他并不懂玉器，必须找行家鉴定。第三天，他来到成都华西协和大学，找到他的朋友，美籍教授、地质学家戴谦和，鉴定这些玉器的真伪与年代。戴谦和对中国文物颇有研究，他反复观察这几件玉器之后，告诉董宜笃："这是古蜀遗物，有重要的文物研究价值，具体年代应在三四千年前的商周时期。"

董宜笃一听这话是既惊又喜。第二天一大早就返回广汉，将鉴定结果告诉了陶凯。一个星期之后，陶凯派一个工兵营和一个加强连，进驻月亮湾，对外宣称这一带发现土匪，他们要为民除害。

加强连以燕家大院为中心，架起机枪，端着刺刀，形成一个方圆几公里的包围圈。工兵营的士兵在这个包围圈内，到处打洞，四处挖掘，寻找玉器。把老百姓的稻田挖得千疮百孔，一片狼藉。当地百姓敢怒不敢言，却自有对付军阀的办法。就在陶旅长的部队进入月亮湾的第三天，这消息就在成都传开了。人们纷纷议论说，二十八军第二混成旅，在月亮湾一带刨坟掘墓、盗劫财宝，成都的舆论一片哗然。

消息很快传到了陶凯的顶头上司，第二十八军军长的耳朵里。他立刻将陶凯传唤到军部，一顿臭骂，责令陶凯立即将部队撤回，并做好善后工作，要尽可能消除不良影响。军令不敢违，陶凯回到广汉驻地之后，立刻下令月亮湾的部队将所挖的洞穴全部回填，人员立即撤回。

可是，军队如此动作，月亮湾地下有宝贝就不再是秘密了。当陶凯的部队一撤走，成都与广汉一带的古董商、土匪、恶霸、地痞、流氓以及社会闲杂人等，纷纷来到月亮湾，都想发一笔横财。这些人在平坦的稻田和弯曲的水渠边大肆挖掘，不几天又把月亮湾挖得千疮百孔，窟窿遍地。而且，在挖宝的过程中，这些人互相争夺，大打出手，甚至发生命案，月亮湾的社会秩序陷入一片混乱，老百姓根本无法正常生活。

面对这种局面，广汉县县长罗雨苍正式邀请华西大学博物馆馆长林名均、美籍教授葛维汉率队到月亮湾进行正式的考古发掘，并且请求当地驻军出面承担安全保卫工作。就这样，第二混成旅的官兵再次来到月亮湾。在马克沁重机枪的保护下，考古工作者对月亮湾一带的三星堆文化遗址进行了第一次科考发掘，一共出土了六百多件文物。但是，20世纪 30 年代，中国正处在军阀混战的时期，所以这次考古发掘工作仅仅进行了十几天就匆匆收场了。

时间一晃到了 1974 年，四川省广汉县南兴公社在月亮湾对岸的三星堆一带开办烧砖厂，所用的泥土均来自三星堆以及周围的土地。村民们从田地里挖泥取土时，大量的陶片、陶器甚至玉器被挖出来。这些器物有的被当场砸碎，有的被扔入壕沟，只有少量无法捣碎和顾不得扔掉的陶片与一些零散器物和垃圾，暂时堆放在一起，等待日后处理。

广汉县一位名叫敖天照的文物工作者听说消息后，立刻骑上自行车来到现场察看。当他来到三星堆砖场时，被眼前的景象惊呆了！只见一堆堆破破烂烂的陶器随意丢弃在田野土沟里，这些陶器形状多样，工艺精致，时代久远，都是一些珍贵的文物。敖天照以其专业知识判定，这些陶器残片的历史应在三千年以上。

面对珍贵文物遭到如此破坏，敖天照心急如焚，他不能坐视国家文物受损，于是决定自己动手保护国家文物。他买了几条麻袋，再次来到三星堆砖厂工地，把散乱的陶片、陶器、石器等文物捡进麻袋，用自行车一趟一趟地驮回县文化馆，然后进行分类登记和保存。

随着收集文物的增加，敖天照觉得三星堆文化遗址非常重要，仅靠自己的力量远远不够，必须想办法加以保护和发掘。于是，他冒雨来到成都，找到四川省文物管理委员会办公室主任，请求他赶紧采取措施，尽快对三星堆进行抢救性发掘。办公室主任回答道："发掘文物的事，不像你想象得那么简单，既需要钱又需要人。不能你说发掘就发掘，我们得派人去现场看情况再定，你先回去等着配合我们工作。"

敖天照走后，办公室主任和相关领导进行研究，认为这一情况值得重视，必须派考古人员前往调查。几天之后，四川省文物管理委员会的考古队队长，带着摄影师来到了广汉县，借了两辆自行车，在敖天照的带领下骑车来到三星堆地区展开调查。

考古队队长在三星堆砖厂进行了初步的考察，摄影师拍了大量照片，二人返回成都，向办公室主任汇报。主任非常重视，表示要尽快派出考古队对三星堆进行抢救性发掘。就在这个时候，广汉县旁边的彭县传来消息，在一个施工现场发现了一个地窖，里面有精美的青铜器。这批青铜器全泡在泥水里，需要立刻进行抢救性发掘。省文物管理委员会立刻派考古队赶到彭县，三星堆的发掘就只好暂时放下了。

直到 5 年之后，三星堆的发掘才终于被提到了议事议程。四川省文物管理委员会、省博物馆与广汉县文化局联合组织力量，对三星堆文化遗址开始了抢救性的发掘。通过这次发掘初步确定，三星堆遗址中的文化堆积，从新石器晚期一直延续到夏商时期。如此久远的年代和丰厚的文化堆积，在全国范围内都是罕见的。

那么，这罕见的文化遗存，究竟是什么人创造的呢？属于什么文化的范围呢？人们对此还一无所知。要解开这个谜，必须对三星堆文化遗存进行更大规模和深入的发掘，可是，这得需要国家财力的支持。不久，在国家文物局的支持之下，四川省考古研究所与广汉县文化局组成联合考古队，对三星堆文化遗址进行大规模的科学发掘。

通过发掘，考古人员在三星堆遗址中清理出 16 层文化堆积，经碳十四测定，最底层距今 4800 年左右，最顶层距今 3000 年左右。经过

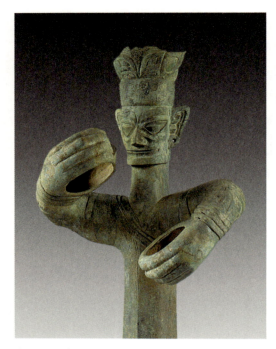

青铜立人像局部

反复考察和仔细论证，专家们最终将三星堆文化遗址认定为：古代蜀文化遗存，它开始于新石器晚期，终止于商周之际。

由于这尊青铜人像处于三星堆遗址的最顶层，因此可以断定，它制造于商代晚期，距今有三千多年的历史了。就时间论，它比古希腊时期的德尔菲铜像和宙斯铜像要早四五百年。这是迄今为止中国发现的最大的古代青铜人像，在世界各地同时代的古文化遗存中，它也是规格最大、艺术水平最高的青铜人像。

确定了这尊青铜人像的制造时间之后，人们必定会继续追问：这尊青铜人像到底是谁呢？只见他，头戴莲花状高冠，五官突出，棱角分明，耳垂有孔，脑后拖着一根长长的辫子，穿着精美，装饰华丽，显然绝非普通人。有人认为，他是政教合一的领袖，也有人认为他是通神的使者。那么，他究竟是什么身份呢？要回答这个问题，首先得搞清楚，埋葬他的坑究竟是什么性质，这对确认青铜人像的身份至关重要。

那么，在三星堆遗址中发现的一号和二号坑究竟是干什么用的呢？对此学界的观点并不一致。

第一种观点认为，这两个坑是祭祀场所，因此，最早的考古简报就称这两个坑为"祭祀坑"。如果是祭祀坑，那么这尊青铜像，就是被祭祀的对象。可是，有一些疑点很难解释。什么疑点呢？就是在坑内发现被焚烧的痕迹。有人解释说，古蜀人用"燔燎"，就是火烧的方式祭天。

可是，殷商时期的燔燎，只焚烧用作牺牲品的动物，而三星堆一号坑内的金器、青铜器、玉器、陶器、象牙、贝壳等器物，都有被火烧过的痕迹，而且金器和青铜器都被烧得变了形，显然温度非常高，这就很难用祭祀解释了。而且，考古工作者在一、二号坑附近还发现了大规模的专门进行祭祀的场所，因此，祭祀坑的说法是不成立的。

第二种观点认为，这是两个"陪葬坑"。如果是陪葬坑，那么这尊青铜像很可能是古蜀王崇拜的神像。可是，陪葬坑的说法也很难成立。因为，如果是陪葬坑，就必须有陵墓以及被陪葬者的尸骨。但是，经过多年的调查发掘，附近没有发现墓葬。因此，陪葬坑的说法也很难成立。

第三种观点认为，这是两个"埋藏坑"，埋藏的都是珍贵的国宝财富。我完全赞同这个观点。三星堆一、二坑出土的文物实在太集中、太丰富了，而且都非常珍贵。如果此观点成立，那么，这尊青铜像就一定是珍贵的神像。那么，它究竟是什么神呢？对此人们众说纷纭，莫衷一是。不过，在讨论的过程中，人们逐渐把讨论的焦点集中到青铜神像的双手上。

人们一致认为，搞清楚青铜像手中曾经握过什么器物，是解开神像之谜的钥匙。于是，人们对此进行了种种猜测和假设，这些不同的假设代表了人们对青铜像身份和功能的不同解读。

第一种假设，青铜像手中握的是权杖。这种假设的依据是，三星堆文化遗址中发现用金箔包裹的权杖。如果青铜立像手中握的是权杖，那么它就是古蜀王。但这种假设很难成立。青铜像双手握成的圆心，并不

金箔权杖局部

在一条直线上，权杖根本无法从中穿过。而且，双手形成的圆环几乎与脖子一样粗，世上哪有如此粗壮的权杖？

第二种假设，青铜像手中握的是象牙。这种假设的依据是，三星堆二号坑出土了六十多根巨大的象牙。如果手中握象牙，那么，这尊青铜像很可能是祭司。可是，古人在给神供奉祭品时，往往双膝着地，手捧祭品，举过头顶。这尊青铜像却傲然挺立，双手环抱胸前，显然不是在供奉祭品，更像是接受膜拜。因此，象牙的假设也不成立。

第三种假设，青铜像手中握的是玉琮。玉琮是一种内圆外方的玉器，古人专门用它来祭天。在三星堆文化遗址中，的确发现了玉琮。如果手握玉琮，那么这尊青铜像就是宗教领袖。可是，这个假设根本不成立。因为，玉琮外部是方的，青铜像的双手握呈环形，玉琮如何放置其中呢？

第四种假设，青铜像手中握的是龙或蛇。这种假设的依据是，埋藏坑中出土的青铜器上有龙或蛇的图案。如果青铜像手握龙或蛇，那么他可能是一个巫师。可是，埋藏坑中并没有发现可供神像把握的蛇形器物。因此，持此观点的人进一步假设，青铜像手中可能握的是活蛇。可是，活着的蛇如何受偶像控制呢？显然，这个假设也不成立。

那么，这尊青铜像的手中究竟握的什么东西呢？我认为，必须结合青铜像的整体姿态去观察，才有可能做出比较合理的解释。通过观察，我们发现，青铜像的双手非常突出而且巨大，完全不符合人的生理结构和人体比例，五指形成的封闭式的圆环，与脖子甚至腰的直径差不多。由于它身高262厘米，加上80厘米的底座，整体高度达到342厘米，两倍于普通人的身高。如果它手中握着某种东西，人们站在它的面前，根本看不见它的脸。更为重要的是，相对于青铜像的整体高度，其底座的底面积显然太小了。因此，当它双手空着的时候，还能够站稳，一旦手中握着某种东西，而且同样是青铜材质，那么，它很有可能会失去重心向前倾倒。因此，我大胆地推测，这尊青铜像的手中，其实什么都没有，它本来就是空的。

人们一定会问，空手表达什么意义呢？通过整体观察青铜像，我们

不难发现，其手臂平端形
成怀抱状，这个动作很重
要，与巨大的双手构成一
个整体。因此我认为，青
铜像的双手纯粹是一种手
势，与手臂结合构成一种
体态，从人体动作角度这
叫肢体语言，从雕塑艺术
的角度这叫空间语言。

青铜面具

这种肢体语言或者空间语言，可以表达人们的某种观念。那么，究竟表达什么观念呢？我认为，就是"权力崇拜"。也就是说，这尊青铜像既不是人，也不是神，而是象征权力的偶像。五指封闭构成圆环状，表达的就是绝对的"把握"，双臂怀抱就是"拥有"，把握与拥有是权力的根本属性。因此，整个偶像的身躯构成一个巨大的符号，表达王者对权力的崇拜，渴望能够控制、把握和拥有一切。因此，这尊青铜偶像就是王权的象征。

这一点，还可以通过埋藏坑中出土的青铜面具加以佐证。这些面具最大的宽78厘米，通高82.5厘米，而且只是脸的局部。如果按照这样的规模塑造一个完整的神像，这尊神像将是何其巨大！显然，古蜀人表现的不是人格神，而是对神的超常功能的崇拜。巨大的神脸只有局部，却完整地保留着极其夸张的五官。比如，圆柱形的眼球，翅膀般的双耳，三角形巨大的鼻子，咧到耳根的大嘴。这种造型，无非表明，人渴望获得超常的功能。这种巨大的面具，一共出土了几十件，说明古蜀国普遍存在着对超常功能的崇拜。

既然，这尊青铜偶像如此珍贵和神圣，古蜀人为什么要将它与其他珍宝一起，损毁之后放火焚烧，然后掩埋呢？究竟是什么原因，导致古蜀人这样做呢？最大的可能，就是亡国了！那么，亡国为什么要砸毁青铜偶像呢？因为，这尊偶像是最高权力的象征，是蜀国王权的徽号。在国家灭亡之际，它是无论如何不能完整地落在敌人手里的。因此，当古蜀国遭遇灭顶之灾的时候，象征王权的青铜偶像，被砸毁之后埋于地下，就完全可以理解了。

显然，古蜀国曾经遭遇了一场惨烈的历史巨变，国家灭亡了，因此，三星堆文化戛然而止，消失于商周之际。那么，究竟是什么人灭亡了古蜀国呢？为了解开这个谜，我们把目光投向古蜀国的历史。

提起古蜀国，不禁让我们想起唐代大诗人李白的《蜀道难》，其中有这样一句："蜀道之难，难于上青天。蚕丛及鱼凫，开国何茫然。尔来四万八千岁，不与秦塞通人烟……"李白虽然写下了这首千古名篇，可是他却从来没有去过蜀道，完全是根据神话传说写成的。那么，这蚕丛和鱼凫究竟是神话，还是确有其国呢？它们真的存在了四万八千年吗？

可惜，古代蜀国没有留下任何文献材料，我们只能根据中原史料寻找线索。在时间上离古代蜀国最接近的材料，就是甲骨文了。在甲骨文中却出现"至蜀"、"征蜀"和"伐蜀"等字眼。这说明，古蜀国与中原商王朝的关系不好，甚至是仇敌。也许出于战略考虑，蜀国与西北地区的周国一直保持着良好的关系，甚至联合起来，共同对付中原的商王朝。当周国与商王朝发生战争的时候，蜀国就成了周国的同盟者。

在周武王推翻商王朝的牧野决战中，蜀国军队应周武王之邀，在预定的时间赶到集结地。战斗中，蜀军奋勇当先，骁勇善战，锐不可当，在很短的时间内，就与其他盟军一起，彻底击溃了商王朝的部队，最后商纣王在鹿台自焚，商王朝灭亡了。正如《尚书·牧誓》中赞誉的那样："武王伐纣，实得巴蜀之师，巴蜀之师，前歌后舞，令殷人倒戈。"意思是，在周武王讨伐商纣王的战争中，周国得到了巴国和蜀国军队的支持，巴蜀两国的军队不但会打仗，而且能歌善舞，结果，商纣王的部队临阵倒戈。

就在商王朝灭亡之后，蜀国的厄运却降临了。蜀王自恃灭商有功，对胜利果实的分配不满，同时又不愿意接受周武王的节制，两国之间产生了矛盾。周武王认为，蜀国是一个强国，不肯臣服于周，将来必是大患。因此，周武王在灭商之后不久，突然派兵袭击蜀军。蜀军毫无防备，被周朝的军队打得七零八落，溃不成军。蜀王手下的主要将领和各级军官被生擒，士兵死伤无数，蜀军元气大伤。周武王趁机发兵征讨蜀国，并且将蜀国灭了。

可是，有人对这种说法提出怀疑，其理由是，周王朝刚刚建立，需要稳定全国局势，此时不太可能翻脸诛杀盟友；而且，从中原到蜀国山高水长，道路艰难，在国内局势尚未稳定的情况下，周武王似乎没有能力对蜀国用兵。因此，蜀国灭亡另有原因。那么究竟是什么原因呢？怀疑者根据考古材料和水文资料得出结论，古蜀国亡于一场特大的洪水。

可是，如果蜀国亡于洪水，那么，将象征王权的偶像摧毁，将国家重器珍宝全部埋葬，并且在埋葬前用大火焚烧，这是为什么呢？显然，蜀国亡于战争的可能性更大一些，而且这场战争，很有可能就是周武王发动的。为什么这么说呢？我有三个理由：其一，蜀国主力在中原被消灭，蜀国必定空虚；其二，蜀国周边没有发现更强大的国家；其三，三星堆文化的确是在商周之际突然消失的。

可是，又有人根据三星堆遗址一号、二号坑之间的关系，对蜀国亡于战争的说法提出挑战。这种观点认为，一、二号坑之间相距只有几十米，它们的功能一样，埋藏的东西也类似。人们很难证明它们是同时间开挖和填埋的。如果两个坑分别于不同时间开挖和掩埋。那么，蜀国灭亡埋藏国宝的说法就很难成立。因为，一个国家不可能灭亡两次。

可是，历史事实告诉我们，一个国家有可能多次灭亡。比如，中原汉族的王朝，1279 年亡于元，1644 年亡于清。哪一次不是灭顶之灾，天崩地坼；哪一次不是生灵涂炭，尸横遍野？两次灭亡之间，相隔 365 年。这在漫长的历史长河中，不过是短暂的一瞬。因此，蜀国被周武王灭掉之前，很可能被某个商王灭过一次，这也许就是甲骨文中出现"至蜀"、"征蜀"、"伐蜀"等字眼的原因。

周武王灭掉蜀国之后，并没有实施占领和统治。正像杜甫在诗中所说："国破山河在。"国虽然亡了，山河还在，人民还在，文化没有消亡，因此蜀国可以重建。历史文献提供了这方面的证据。比如，《华阳国志》

中说："其相开明，决玉垒山，以除水害，帝遂委以政事。"意思是，一个名叫"开明"的人，挖开玉垒山，疏浚河道，消除了水患，蜀王让他当宰相，并且将国家政务都交给他管理。这段话表明，蜀国的确发生过特大洪水，却并没有因此而亡国。

这个宰相"开明"真名叫鳖灵，来自于荆楚地区，由于擅长治水得到了蜀王的信任。后来他利用这种信任，夺取了蜀国的王位，建立了开明王朝。都城建在郫邑（今四川郫县）。按史书记载的时间推断，鳖灵建立的开明王朝，在公元前600年左右，相当于中原的春秋中期。

鳖灵担任国王之后，南征北战，东伐西讨，使得蜀国疆域迅速扩张。经过几代蜀王的努力，到了战国时期，蜀国已经成为雄踞西南的大国。可是，这样一个西南方的大国，再次遭到灭顶之灾。那么，这次蜀国又是被谁灭的呢？

据史料记载，公元前316年秋，秦国大夫张仪等人统领大军，由陕西勉县西南，越过七盘岭进入蜀国。面对秦国大军的突然袭击，蜀王仓促下令应战，并亲自率兵在葭萌（今四川广元）一带迎战秦军。两军交手之后，蜀军大败，只好退至武阳（今四川彭山县）。蜀王在溃败中被秦军所杀。丞相、太傅和太子全部战死。秦国打败蜀国之后，将蜀国纳入秦国的版图，蜀国成了秦国的蜀郡。古蜀国终于灭亡了！古蜀文化渐渐地消失在历史长河之中。今天，我们只能通过三星堆文化遗存和这尊青铜像，去体会古蜀文化曾经有过的辉煌。

# "三希宝帖"的散失与回归

东晋时的王羲之、王献之、王珣是我国著名的书法家，他们的作品《快雪时晴帖》《中秋帖》《伯远帖》是名扬中外的稀世珍宝，被统称为"三希宝帖"。它们颠沛流离几十载，数易其主，一度面临流失海外的危险，关键时刻，一位历史伟人的当机立断，让这三件作品的命运峰回路转。三张小小的字帖，千百年来为何被当作传世之宝？它们的命运又和哪些历史人物紧密相连呢？

1928年6月4日凌晨，张作霖乘坐他的豪华专列，从北京出发返回奉天（今辽宁沈阳）。清晨5点23分，当专列行驶到皇姑屯的时候，突然一声巨响，日本关东军预先埋放的炸弹被引爆，京奉铁路和南满铁路交叉处的三洞桥被炸毁，张作霖乘坐的专用车厢被炸得只剩下底盘。黑龙江省都督被炸得血肉模糊，当场死亡；张作霖被气浪掀出三丈多远，咽喉破裂，伤势严重。奉天省省长闻讯赶到现场组织救护，张作霖被送到奉天"大帅府"时已经奄奄一息，经军医官抢救无效，于当天上午9时30分，因伤势严重，不治身亡。

这就是历史上著名的"皇姑屯事件"。事件发生之后，奉天当局为防止日本人有所动作，秘不发丧；与此同时，正在河北滦州处理军务的张学良，听说消息之后，为防止日本人半路截杀，化妆成伙夫秘密潜回奉天；驻东北各地的日本关东军进入紧急状态，准备一旦得知张作霖确切的死亡消息，立刻出兵占领整个东北。

就在国内外各派势力，密切注视东北政局变化的紧张时刻，北京城中却有一个人，听到张作霖专列被炸的消息之后，居然长长地舒了一口气，似乎是在感到庆幸。那么，这个人是谁呢？他就是故宫博物院院长易培基。易培基是湖南省长沙人，曾经留学日本。在日本加入同盟会，回国后参加了武昌起义，民国建立之初，曾经担任中华民国副总统黎元洪的秘书。1925年10月，故宫博物院成立，他是第一任院长。

易培基虽然是革命党人，但是与张作霖之间并没有个人恩怨，当他刚刚听到张作霖专列被炸的消息时，惊得从椅子上一跃而起，冷汗从额头上不断渗出，他一边用手帕擦汗，一边将目光投向墙角的一个保险柜。在后怕中却悄然产生出一种莫名的庆幸。

易培基

那么，保险柜里装的究竟是什么东西，居然能让易培基在得知这场灾难性事件的消息之后，内心却感到庆幸呢？原来，这个保险柜里收藏着一件国宝级的文物，就在"皇姑屯事件"发生的前一天晚上，张作霖在离开北京之前，曾经派秘书刘哲，专门来找易培基，点名索要这件国宝。

作为故宫博物院院长的易培基，深知自己肩上的责任，就是保护好故宫收藏的每一件文物，这些都是历朝历代传下来的宝贝。尤其是张作霖索要的是件国宝，是传世的珍品。可是，面对中华民国的海陆军大元帅，当时的国家元首，权倾一时的奉系军阀头子张作霖，易培基知道不能强硬地拒绝。于是，他告诉刘哲，这件国宝锁在保险柜里，保险柜有三把钥匙，分别由包括冯玉祥将军在内的三个人持有，必须三个人同时在场，才能打开。一听冯玉祥将军的大名，刘哲不敢来硬的。这次张作霖退出北京，就是蒋介石、冯玉祥、阎锡山、李宗仁等人联合起来施加压力的结果。面对易培基的巧妙拒绝，刘哲只好作罢，空着手回去向张作霖复命去了。没想到十几个小时之后张作霖的专列被炸。如果当时把这件国宝交给了张作霖的秘书刘哲，那么，这会儿它肯定被炸得烟消云散了。想到这，易培基不禁长长地舒了一口气。

那么躲过这一劫的究竟是一件什么样的国宝呢？这还得先从故宫说起。故宫西北面有个养心殿，是皇帝平日起居的地方。养心殿西侧的西暖阁有一间8平方米的小屋，屋子的墙上挂着一幅匾额，上面写着三个大字"三希堂"。这是乾隆皇帝亲笔所题。此小屋之所以叫"三希堂"，就是因为它收藏了三件稀世珍宝。这三件稀世珍宝分别是：王羲之的《快雪时晴帖》、王献之的《中秋帖》和王珣的《伯远帖》。由于乾隆皇帝太喜欢这三件宝贝了，于是就在自己住的养心殿西暖阁内专门隔出一间小屋，收藏这三件稀世珍宝，随时欣赏和临摹。那么，这三件书法作品真的有那么珍贵吗？

就让我们先说说王羲之的《快雪时晴帖》吧。说起王羲之，大家耳熟能详。他生活在一千六百多年前的东晋时期。出身贵族，厌倦官场，喜欢纵情山水，渴望回归自然，爱好田园生活。王羲之生活的时代正是中国的书法艺术由隶书向楷书，由楷书向行书发展演变的重要时期。王羲之把一生的大部分精力都用在了书法艺术的探索上，因此，他的楷书和行书成就非常大，成为这种演变过程的标志性作品。尤其是他的《兰亭序》，几乎达到让人顶礼膜拜的程度，被后人称赞为"天下第一行书"。

不过，他的《快雪时晴帖》在形式上就显得过于简单了一些。此帖只有28个字，从字面上看，无非是王羲之在大雪初霁，天色放晴，心情格外舒畅的时候，给家人写的一张便条，但是，就是这张便条却成了千古名作，王羲之这28个字写得实在太精彩了。字体厚实生动，行笔灵动流畅，整篇神采飞扬，被誉为"天下第一法书"，绝对不是夸张。

不过，《快雪时晴帖》的真迹早已不存在了，流传下来的这个帖，是唐代人用勾填法制作的摹本。所谓"勾填法"，就是用半透明的薄纸蒙在原作上，然后用笔勾勒出轮廓，再用墨填充。现存这幅《快雪时晴帖》的描摹技艺很高，基本保持了原作的神韵，我们完全可以通过它，体会王羲之书法艺术的精彩。

虽然不是王羲之的真迹，但也有一千多年的历史了。这一千多年以来，一直为收藏家所珍藏。张作霖派秘书刘哲找易培基索要的就是这幅《快雪时晴帖》。易培基幸好没有将它交给刘哲，否则这件国宝就在爆炸声中永远消失了。

第二件宝贝是《中秋帖》，它是王献之的作品。王献之，字子敬，是王羲之第七个，也是最小的一个儿子。王献之在少年时期，放浪不羁，

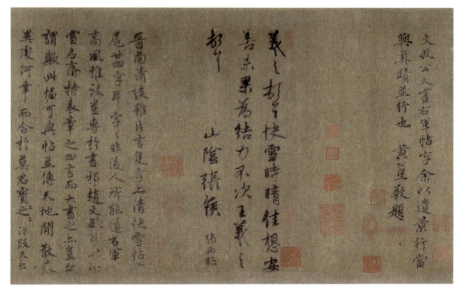

《快雪时晴帖》

喜好自由，表现出一种超人的才华和气度。比如，有一天晚上，王献之在书房里睡着了，一群盗贼悄悄潜入房中，把房内的东西偷了精光。当盗贼们悄悄离开书房时，王献之突然说："偷儿，把那块青毡给我留下，那是我家祖传的遗物。"结果，吓得盗贼们放下手中的东西，惊慌而逃。

王献之虽然胆大而又洒落，可是性格却比较内向。比如，有一天，王献之与五哥王徽之和六哥王操之一起拜访谢安，一位东晋时期著名的政治家、军事家，曾经担任过东晋王朝的尚书仆射（相当于宰相）。两位兄长与谢安一起谈论一些世俗事务，王献之寒暄几句之后就不再吱声，在一旁心不在焉地陪着。王氏兄弟离开谢家之后，其他客人问谢安："你说，王氏兄弟哪个更优秀啊？"谢安回答："当然是最小的更优秀。"客人们问："为什么？"谢安说："大凡杰出者，都少言寡语，因为他不多言，所以我知道他不凡。"

由于王献之排行最小，因此哥哥们都很喜欢他，尤其是五哥王徽之格外疼这个七弟。后来，兄弟二人同时生病了，不久，王献之却先哥哥而去，时年42岁。王徽之几天没有弟弟的消息，就问身边的人："这几天为什么没有子敬的音讯呢？"身边的人都不敢告诉他真相，王徽之立刻猜到了。他说："看来是已经去世了！"哥哥说完这话之后，立刻乘车去奔丧。哥哥来到弟弟的灵堂，坐在灵位前拿起弟弟平常喜欢弹的琴，想给弟弟弹首曲子送行，可是，琴弦怎么也调不准，哥哥生气了，一甩手就把琴扔到地上，悲痛地说："子敬啊，子敬，人和琴都不在了！"说完就昏了过去，过了很久才苏醒过来。一个多月之后，王徽之也去世了。

也难怪弟弟去世，哥哥如此悲痛，因为王献之的确非常优秀。他从小跟随父亲王羲之练习书法，后来立志要超越父亲，所以，他博采众家之长，兼收并蓄，最终自成一体。他以行书和草书闻名，而且隶书、楷书的功底也非常深厚，最终赢得了与父亲王羲之并列的艺术地位和声望。谢安曾经问王献之："你的书法与令尊大人相比，怎么样呢？"王献之回答说："当然不同，各有所长。"谢安说："可是，旁人的评价却不是这样啊！"王献之回答："旁人哪里知道？"看来，王献之对自己非常自信，而且评价也比较准确。南北朝时期，王献之的影响超过了王羲之。比如，梁朝的书画家袁昂曾经做出这样的评价："张芝惊奇，钟繇特绝，逸少鼎能，献之冠世。"（袁昂：《古今书评》）意思是，张芝令人惊奇，钟繇让人叫绝，王羲之能力最强，而王献之统统超过了他们。只是到了唐朝，由于唐太宗喜欢王羲之而不喜欢王献之，因此，王献之的作品传世较少。

不过，这幅《中秋帖》却有些令人不解。有什么不解的呢？因为，它的篇幅更短，只有22个字，可是却不知道究竟说些什么。比如："中秋不复，不得相还，为即甚省，如何然胜人何，庆等大军。"文

《中秋帖》

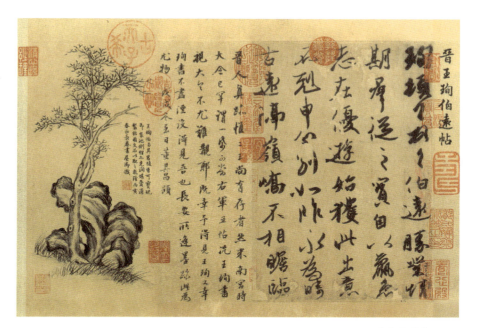

《伯远帖》

字根本读不通。因此有人讥讽说，此帖是作者在意识流支配下的随意涂鸦，进而否定此帖的价值。其实，《中秋帖》并非王献之的创作，而是北宋书法家米芾，根据王献之的《十二月帖》临摹而成。可是，米芾并没有逐字临摹，而是有所选择，米芾经常这样做，并且号称"集古字"。通过将两个帖对比可以看出，这种选择，恰恰是对原作品的提炼，也就是说，米芾在选择他认为最精彩的字加以临摹。米芾也是一位优秀的书法家，他对王献之的临摹，包含着理解和再创作。而这种再创作，更具有书法艺术的特征，它超越了文字表意的实用功能，纯粹为欣赏笔墨线条而创作。米芾是北宋的大书法家，临摹的是东晋大书法家王献之的字，因此，《中秋帖》虽然是摹本，依然是无价之宝。

第三件宝贝是王珣的《伯远帖》。王珣是王羲之的侄子，王献之的堂兄。《伯远帖》只有 47 个字，是王珣对朋友伯远的怀念之作。作者情真意切，书法典雅俊俏，结构灵动自然，的确是一篇上乘之作。更为重要的是，《伯远帖》是东晋著名书法家流传下来的唯一真迹。

这三件珍贵的书法作品，一千多年来，一直在民间流转，最后在康熙年间，被清宫内府收藏。乾隆皇帝非常喜欢这三件宝贝，称它们为"三希宝帖"，将收藏它们的小屋，命名为"三希堂"。由此可见，乾隆皇帝是何其喜欢这三件宝贝。

因此有人说，乾隆皇帝是个真正的收藏家。可是我认为，乾隆皇帝收藏国宝多少有些附庸风雅。而且，他的收藏，有时是对古代珍品的一种破坏。比如，乾隆皇帝有个爱好，喜欢在收藏的字画上盖自己的印章。虽然，这是收藏界的惯例，表明此宝物经过什么人的手，为宝物的流转提供佐证。一般情况下，收藏家在珍品上只盖一个印，但是，乾隆皇帝却没完没了地在他收藏的艺术珍品上盖印。以《伯远帖》为例，他在此帖上盖了 53 个印章，而且他的印章都特别大，实在是对古代字画的破坏。

乾隆皇帝不但喜欢在字画上盖章，而且还喜欢题字。最夸张的是，他在一共只有 28 个字的《快雪时晴帖》上先后题字七十多次。此帖上的题字，密密麻麻，简直到了见缝插针的地步。

乾隆皇帝不仅在书法作品上题字盖章，而且在一些极其珍贵的古代绘画作品上，也题字盖章。比如，他收藏的黄公望的《富春山居图》，几乎所有画面中的留白，都是被他题满了字。人们都知道，古代绘画讲究意境，而这意境往往在不着笔墨的留白之中，让观者展开想象，给人以空灵的审美感受。可是，乾隆皇帝将这些留白都用他的题字填满之后，什么样的意境都被破坏了。这幅本来空灵的山水图卷，被乾隆皇帝的题字挤压得死气沉沉。

不过，乾隆皇帝的确非常喜欢收藏。在乾隆皇帝的"三希堂"里，不仅仅收藏了"三希宝帖"。从乾隆十一年，他将三件宝贝收藏到"三希堂"开始，到乾隆十五年为止，仅仅 4 年间，乾隆皇帝在三希堂收藏了晋以后 134 位历代名家的墨迹 340 件，拓本 495 种。因此，有人吹捧乾隆皇帝是位大收藏家。可是我认为，他这哪里是收藏啊，明明是满足占有欲。为什么这样说呢？因为，民间收藏是需要花重金的，可是皇帝收藏无非是大臣贿赠，民间强抢，无偿占有，从来不会花一分钱的。这三件国宝在"三希堂",直到光绪年间,一直安然无恙,这倒是事实。到了清朝末年,宣统皇帝退位,清王朝灭亡,包括"三希宝帖"在内的许多宫中国宝,不断被盗,散落民间,流失海外。

为什么会发生这种情况呢?因为,民国建立,清帝退位,皇室成员仍然住在紫禁城内,由民国政府每年供给400万大洋的津贴。可是一向挥霍无度、奢侈成性的皇室成员,这么多钱也不够开销。而且,民国政府只允许皇室成员在紫禁城内暂时居住,随时都有可能将他们赶出皇宫。在这种情况之下,上至废帝、太妃,下至宫女、太监,纷纷开始对皇宫收藏进行盗卖。

最大的盗贼,就是废帝溥仪。他为了得到更多的钱财供自己挥霍,居然准备将《快雪时晴帖》抵押给美国花旗银行,抵押金为40万元,溥仪已经出具了抵押证书。就在《快雪时晴帖》即将被盗卖出宫的时候,紫禁城却发生了一件让溥仪意想不到的事儿。

什么事呢? 1924年10月23日,冯玉祥率领西北军在直奉战争的前线突然倒戈,撤兵回到北京,发动了政变,囚禁了民国总统曹锟,成立临时内阁,这就是民国历史上著名的"北京政变"。11月5日,一队全副武装的西北军,在鹿钟麟将军的率领下,突然闯进紫禁城,命令废帝溥仪和清室成员限期搬出皇宫,并且没收了宫中的全部财物。半个月之后,民国政府成立了"清室善后委员会",负责清理紫禁城中的财产,并且将其全部没收归国有。

11月15日,准备搬出皇宫的废帝溥仪,命令御前总管,将《快雪时晴帖》夹入衣物之内,放进木箱,准备偷偷带出紫禁城。结果在神武门,被守门的军警搜了出来。同时还搜出明代画家仇英的《汉宫春晓图》。其实,《快雪时晴帖》被截获纯属侥幸。从1922年起,溥仪利用两个弟弟每天上午陪读的机会,将字画、古籍等珍贵文物藏在包袱里,由他的弟弟每天放学时偷偷带出紫禁城,存放在天津英租界的住宅里。直到溥仪1924年搬出紫禁城为止,两年多的时间,他们弟兄合伙偷窃了宫中收藏将近1200件。显然,《快雪时晴帖》不过是溥仪所盗国宝中的最后一件，幸好没有得逞。

　　搜到《快雪时晴帖》的军人名叫郝成章，他是冯玉祥的部下，一名少校书记官。他当时把宝帖送到刚刚成立的清室善后委员会办公室，向众位专家和委员征求保存此宝帖的意见。这个时候，在场的北京警察总监张璧说：目前清室善后委员会的设备还不齐全，没有人专门负责保管，此帖还是由我带回警察总署，暂时代为保管吧。郝成章委婉地拒绝说：此帖如果由您私人收藏，恐怕日后会有纠葛。为了您的名誉、威望不受影响，还是另想办法才是。结果张璧非常生气，拂袖而去。

　　清室善后委员会的委员和专家们都知道张璧不怀好意，又觉得当时的紫禁城比较混乱，送回宫中收藏更不安全，于是，经过讨论之后一致决定，立刻派人购买一个保险柜，就放在善后委员会的办公室里，专门用来收藏《快雪时晴帖》。保险柜的密码和钥匙由善后委员会委员长李煜瀛亲自掌管。显然，易培基对张作霖的秘书刘哲说，保险柜的钥匙由包括冯玉祥将军在内的3个人同时掌管，纯粹是急中生智的巧妙拒绝。

　　可是不久，这《快雪时晴帖》无论是放在保险柜中，还是收藏在故宫博物院，都不安全了。1931年日本挑起"九一八"事变，不久占领了整个东三省。1933年1月3日，日军攻入山海关。6天之后，故宫博物院召开理事会，正式决定自1月31日起，将国宝分批迁往上海。当时在故宫博物院古物馆担任科长的庄尚严，被指定为第一批文物的押送人之一。临行前，庄尚严接到了老友郭葆昌的邀请，要在家中设宴为他饯行。

　　那天同去赴宴的还有古物馆馆长徐森玉和副馆长马叔平。饭后，郭葆昌取出他所珍藏的几件宝物，供大家观赏。当郭葆昌把他的宝物打开的时候，3位专家惊呆了，呈现在他们面前的居然是《中秋帖》和《伯远帖》。他们知道，1925年故宫博物院成立之前，紫禁城里的大批文物珍宝被盗，损失惨重。"三希宝帖"除了《快雪时晴帖》侥幸被截获之外，《中秋帖》和《伯远帖》一直下落不明。它们怎么会落到郭葆昌的手上呢？

　　说起郭葆昌，可不是一个等闲之辈。他曾经担任过袁世凯总统府的内务总管，是一位著名的收藏家，尤其对古代瓷器颇有研究，故宫博物院成立之初，曾经聘请他担任瓷器鉴定委员。当3位专家质疑这"二希"的来路时，郭葆昌给大家讲述了他得到这"二希"的过程。

有一天，郭葆昌来到一个名叫品古斋的古玩店，店老板打开了一个包袱给他看，郭葆昌一下愣住了，他简直不敢相信自己的眼睛：这不是藏于深宫，大名鼎鼎的《中秋帖》和《伯远帖》吗？作为古玩收藏的老手，怎么可能放过这个机会。他跟店老板进行一番讨价还价之后，花重金把"二希"全买下来了。

那么，这"二希"原来收藏在三希堂，它们究竟是怎么流失到品古斋去的呢？原来啊，在废帝溥仪出宫之前，《伯远帖》和《中秋帖》就已经被同治皇帝的妃子敬懿皇贵妃据为己有，并随时准备将这两件宝贝盗出宫去变卖。可是，她怕卖给大古董商会引起事端，便让太监带出后宫，悄悄卖给不太起眼的店铺。这位太监就选中了品古斋这样的小古玩店。还有一种说法，废帝溥仪与皇室成员搬出紫禁城时，敬懿皇贵妃将此帖随身带出了宫，由她娘家的侄孙卖给古玩商。两种说法哪一种正确已经无关紧要，最为关键的是，"二希"被盗出宫，并且卖给了古董商，一个偶然的机会，郭葆昌收购了这两件国宝，使它们没有流失海外。

因此，3位专家在吃惊之余又感到欣喜。《快雪时晴帖》被侥幸截获，现在又见到《中秋帖》和《伯远帖》，这一下，"三希宝帖"可以重聚一堂了！可是，郭葆昌根本没有出让这"二希"的意思。只是将儿子郭昭俊叫到身边，当着3位好友许下诺言："这三希宝帖是国宝，我能够得到其中两件，是我平生最高兴的事。不过，文物应该归国家所有，我只是暂时收藏。我已经立下遗嘱，将来这两件宝帖和我收藏的所有历代名瓷，全部捐给故宫博物院。"

听到这话，3位专家也不好勉强了。几个月之后，包括《快雪时晴帖》在内的一万三千多箱故宫文物，分批运抵上海，存放在法租界。"七七"事变之后，又辗转运到了川西地区，直到抗战胜利，这些故宫文物才回到南京博物院。不过，《中秋帖》和《伯远帖》却经受了更为复杂的流转和磨难。

1937 年春天，一代收藏名家张伯驹在郭葆昌家中见到《中秋帖》和《伯远帖》。他担心郭葆昌买下"二希"的目的是图利，不是为了收藏，更担心"二希"流落海外。于是，他请惠古斋掌柜柳春农做中间人，与郭葆昌协商，以 20 万大洋的价钱，将郭葆昌手中的"二希"，连同李白的《上阳台帖》等四幅古代名人字画一并收购。首付 6 万元，余款一年内付清。

可是，几个月之后，"七七"事变爆发，日本全面侵华，并且对中国进行金融封锁，张伯驹的银行账户全部被冻结，他全家也辗转迁到西安，躲避战火。张伯驹实在无法在一年内付清欠款，只好将《中秋帖》和《伯远帖》退还给郭葆昌。

抗战胜利后，张伯驹返回北平，委托柳春农询问"二希"的下落，还想继续收购。此时，郭葆昌已经病逝，"二希"传给他的儿子郭昭俊。郭昭俊开出 1000 两黄金的天价。这个价钱当时可以买下两座前清王府，张伯驹难以筹措这么多的钱，只好作罢。

不久，行政院院长宋子文到北平视察，郭昭俊把他父亲收藏的部分古代瓷器，献给了故宫博物院，不但拿到行政院发给的 10 万元美金，还得到中央银行北平分行经理的职务。郭昭俊所捐献的藏瓷价值并不高，为什么会得到如此丰厚的回报呢？张伯驹对此感到不解，有位朋友告诉张伯驹，郭昭俊投靠了宋子文，见面礼就是《中秋帖》和《伯远帖》。张伯驹听到这个消息，义愤填膺，写了一篇文章投给上海《新民晚报》，揭露宋子文占有"二希"的经过。文章见报之后，舆论大哗。宋子文只好将"二希"退还给郭昭俊。

1948 年 9 月，辽沈战役打响，国民党军队节节败退，南京政府决定将故宫文物运往台湾。当时，马叔平担任故宫博物院的院长，抗战胜利后一直留守北平；徐森玉担任故宫博物院副院长，分管南京分院。马叔平托病不出，民国政府只好将遴选文物的重任交给了徐森玉，并且明确指示，尽量将南京的文物全部运往台湾，如果不能全部带走，也要挑最好的带走。不久，庄尚严接到民国政府的命令，将第一批挑选出来的文物押运台湾，这批文物都是宫中精品，其中包括《快雪时晴帖》。

第一批国宝启程前，徐森玉拉着弟子庄尚严的手叮嘱道："现在这些文物要分开了。从今以后，我负责看管一半，你负责看管另一半。你要代我在台湾，看管好这批家当。"庄尚严眼含热泪，点头答应。就这样，包括《快雪时晴帖》在内的二十三万八千多件故宫文物，漂洋过海，运到了台湾。

1951年10月25日，故宫博物院院长马叔平到国家文物局开会。文物局副局长王冶秋向马院长透露："二希宝帖"在香港出现！而且准备公开出售，很有可能会流失海外，情况十分危急。其实，马院长此时已经得知了消息，正准备向有关领导汇报。那么，这究竟是怎么回事？

原来啊，郭昭俊1949年随中央银行北平分行撤退到广州之后，立刻被遣散了。失去了工作的郭昭俊来到了台湾，由于生活所迫想出手"二希"，于是就到台北故宫博物院找副院长庄尚严，要将《中秋帖》和《伯远帖》卖给台北故宫博物院，让"三希"重新团圆。郭昭俊开出一个并不过分的价钱，但是，当时的国民政府焦头烂额，根本无暇顾及这种事情，庄尚严也难以筹措到足够的资金。

郭昭俊只好带着"二希"离开了台湾来到香港做生意，为了筹措资金，将"二希"抵押给一个印度人。这个印度人又将"二希"以十多万港币的价格，抵押给香港汇丰银行。可是，生意失败，抵押期截止1951年11月底，如果到期无力赎回，银行准备将"二希"标价出售，郭昭俊只好找到徐伯郊商量。

徐伯郊立刻给故宫博物院马叔平院长写信，马院长向周恩来总理报告了此事。很快得到周总理的批示：同意收购《中秋帖》和《伯远帖》。但必须派人到香港鉴别真伪，确保两帖能够顺利购回。按照周总理的指示，由王冶秋、马叔平和上海市文物管理委员会主任徐森玉组成"三人专家小组"，赶赴香港鉴定并收购"二希宝帖"。

11月15日，三人专家小组乘火车抵达广州，同徐伯郊会合。徐伯郊是徐森玉的儿子，常驻香港，公开身份是广东省银行香港分行经理，秘密身份是国家文物局"香港秘密收购小组"组长。徐森玉、徐伯郊父子是保护故宫文物的功臣。比如，在故宫文物南迁途中，经过西南地区时，遇到土匪拦截，徐森玉亲自去见西南地区势力最大的"袍哥"，与他展开谈判。对方不提钱字，居然提出要求说："要过路可以，条件很简单，叫你上海的儿子来，我要收个有钱人做徒弟！"徐伯郊当时正在上海兴业银行供职，"袍哥"显然是要他来做人质。为了保护国家珍宝，徐森玉冒险用儿子作抵押。徐伯郊接到父亲的电报之后，立即赶赴贵州安顺，去见这位"袍哥"，按黑社会的规矩拜"老头子"。徐伯郊凭借自己的见识与机智，最终说服"袍哥"，使文物顺利通过土匪控制的地区到达昆明，最后安全运抵四川。

中华人民共和国成立后，徐伯郊赴香港任职。当时大陆很多收藏家的珍品，通过香港流失海外，其中有不少属于国宝级的文物。鉴于这种情况，国家文物局建立"香港秘密收购小组"，专门收购这些国宝，徐伯郊被任命为组长。

三人专家小组与徐伯郊会合之后，并没有直接去香港而是去了澳门。因为当时香港的社会情况十分复杂，为确保人员和国宝万无一失，收购工作安排在了澳门。专家们对抵押在汇丰银行的"二希宝帖"进行了秘密的鉴定，确定是真迹无疑之后，最终以 48 万多港元的天价，赎回了《中秋帖》和《伯远帖》。

1951 年 12 月 3 日，"二希宝帖"回到北京，交给故宫博物院收藏。而《快雪时晴帖》，依然收藏在台北故宫博物院。1980 年，台北故宫博物院副院长庄尚严病逝。临终前对儿子说，此生有两大遗憾：一是没能让"三希宝帖"团圆；二是没有亲自带着从大陆运到台湾的故宫博物院的文物重新回到大陆。不过我相信，在不久的将来，"三希宝帖"一定会团聚，庄先生的愿望也一定会实现！

第 $11$ 讲

《历代帝王图》之谜

绘有中国十三位帝王画像的《历代帝王图》，画面栩栩如生，篇幅宏大，技艺精湛。这样一幅作品，在漫长的历史长河中，几易其主，不仅被许多文化名人收藏，也曾进入南宋和明朝的内府。遗憾的是，它最终却流失海外（现藏于美国波士顿艺术馆）。这件国宝的作者究竟是谁？为什么选取这十三位帝王？它又是怎样流失到大洋彼岸去的呢？

1946 年 6 月 25 日，一个名叫梁鸿志的人，被民国政府以汉奸卖国罪判处死刑。梁鸿志不服判决提出上诉，上诉被驳回，维持原判。11 月 9 日上午执行死刑。临刑前，梁鸿志穿戴整齐被押到监狱刑场，走到事先布置好的桌子旁，从身上摸出一只精美的怀表放在桌上，戴上老花眼镜，一边磨墨一边构思，然后提笔写下一封遗书。遗书写完之后，又给民国政府写了封信，整个过程花了一个多小时。信写完之后，梁鸿志看看桌上的表对法官说："快 12 点了，不敢耽误法官用饭。"转身对法警说："走吧，谢谢你们。"

这个时候，有一位西班牙记者问梁鸿志：枪毙？

梁鸿志回答：枪毙！

记者问：原因？

梁鸿志回答：叛国！

回答完记者的问话之后，梁鸿志直接向执行区走去。

本来，上海提篮桥监狱照惯例为临刑前的囚犯准备了酒菜，可是，梁鸿志这会儿哪有胃口吃饭啊，他直接进入执行区，慢慢地坐在行刑椅上，然后仰天闭目，口中喃喃自语道："快到六十四，行步移法场……"显然，他是想在临死前吟诵一首诗，好让自己死得很风雅，可是，当第二句诗刚刚出口，脑后的枪响了，梁鸿志应声扑倒在椅子前的草坪上。

人们一定会问：这位梁鸿志究竟是什么人，民国政府为什么非要枪毙他，可又让他死得那么体面，而他死时又那么从容呢？说起梁鸿志，当时可是一位知名人物，他在抗战期间担任过汪伪政权的监察院院长、立法院院长，做了许多危害民族和国家的坏事，是一个臭名昭著的大汉奸。不过，这位梁鸿志是个文化人，因此被人称作"汉奸文人"。正是这位"汉奸文人"，因为贪图钱财，将一幅唐代绘画作品《历代帝王图》卖给了美国人，使这件国宝永远流失海外。人们一定会觉得不解：《历代帝王图》是皇宫收藏，怎么会落到这个大汉奸的手中呢？这就得从梁鸿志的身世说起了。

梁鸿志早年曾经在日本读书，后来又在北京的京师学堂就学，他天赋很高又有才华，好写诗也有些名气，因此他以当代苏东坡自居，生前曾经有诗集出版，他的确是个文人。因此，人们称梁鸿志为"汉奸文人"一点不假。梁鸿志还有一个爱好，就是喜欢收藏，在他的藏品中有33封宋朝人的书信，其中包括苏东坡和辛弃疾的亲笔信，这可是稀世珍品。为此，梁鸿志得意地将自己的书斋命名为"三十三宋斋"。很遗憾，梁鸿志的33封宋人书信后来落入戴笠之手，戴笠飞机失事之后，这33封书信便不知所终。

以诗人自诩的梁鸿志喜欢收藏，这主要是受他的外祖父林寿图的影响。林寿图是道光年间的进士，官职最高时担任陕西省布政使，大致相当于现在的省长。林寿图爱好收藏，并且四处高价收购古代珍品和字画。他在西安任职的时候，一个偶然的机会，收购了《历代帝王图》。

那还是同治五年，即公元1866年的事了，那年的九月，林寿图的儿子过生日，林寿图从一位名叫蔡小石的收藏者手上，收购了《历代帝王图》，作为儿子的生日礼物，并且在画上留下了自己的题跋。

照理说，《历代帝王图》是御制作品，必定是皇宫收藏，它怎么会流失到民间，最后又落到蔡小石手上呢？这可说来话长了。这部唐代作品，在唐末和五代十国的分裂和动荡时期，一直不知所终。到了北宋时期，辗转落到北宋名臣富弼的手中，后来又由庐陵王氏家族收藏。北宋灭亡，天下大乱，《历代帝王图》落到周必正的手里。周必正是南宋时期著名的书法家和诗人，也是政府官员，经周必正的手，《历代帝王图》进入南宋的皇宫由内府收藏，《历代帝王图》再次成为宫中藏品。

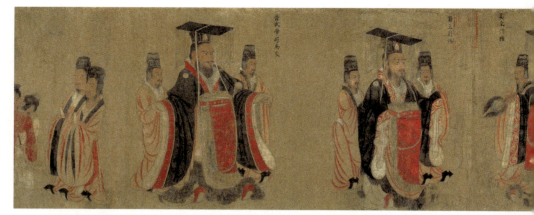

《历代帝王图》

　　1276 年，蒙古军队占领了南宋首都临安，临安军民基本没有抵抗，因此临安城没有受到战争的破坏，皇宫的财产、图书和收藏品保存完好。可是，这些皇宫收藏却被蒙古人全部运到大都（今北京），《历代帝王图》也在其中。

　　1368 年，朱元璋在南京称帝，建立大明王朝，同年，大将军徐达攻陷大都，将蒙古皇帝的宫中收藏系数运回南京，从此《历代帝王图》转由明朝内府收藏。永乐年间，成祖朱棣将首都从南京迁到北京，各种宫中收藏也就一并又迁到了北京，《历代帝王图》也就又回到了北京。

　　明朝末年，后宫疏于管理，大量宫中收藏流落民间，《历代帝王图》从此下落不明。直到清朝的顺治年间，有人在金陵李氏家中发现了它的

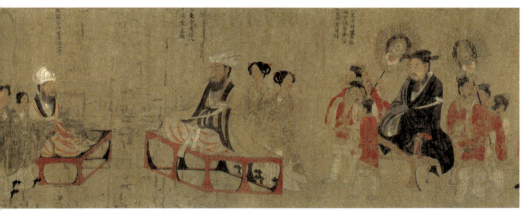

踪影。到了嘉庆年间，《历代帝王图》又落入江宁蔡氏家族之手。清末同治年间，林寿图正是从蔡氏家族后人蔡小石的手中，收购了《历代帝王图》，从此这件国宝成了林寿图的私人收藏。

作为林寿图的外孙，梁鸿志显然继承了林寿图的部分收藏，因此，《历代帝王图》落入梁鸿志之手。1929年，梁鸿志在东京举办"唐宋元明名画展览会"引起轰动，日本各界对《历代帝王图》予以很高的评价，一致认为《历代帝王图》是其中最重要的展品。

展出结束之后，梁鸿志通过一个日本商人做中介，想把《历代帝王图》卖给东京的一家公司。该公司嫌梁鸿志开的价格太高，结果没成交。梁鸿志只好把《历代帝王图》带回中国。一位美国人听说梁鸿志要出手

《历代帝王图》，立刻追到中国找到梁鸿志，从他手里花重金买下了《历代帝王图》，此事让日本人后悔不已。两年之后，这位美国人将《历代帝王图》捐赠给了波士顿艺术馆。从此，《历代帝王图》就永远留在了大洋彼岸的美国。据说，梁鸿志因此获得了30万大洋的收入。人们一定会问：《历代帝王图》究竟是什么样的作品，美国人怎么肯出这么高的价钱收购它呢？

这就得详细地说一说《历代帝王图》了。现藏于美国波士顿艺术馆的《历代帝王图》，是绘在绢上的彩色画。纵51.3厘米，横531厘米。画面上绘制了从汉朝到隋朝的13位帝王。这13位帝王分为13组，每一个帝王身旁有一到两名侍者，加在一起整个画面上有46个人。从古代绘画史的角度看，这种规模的人物画卷是很少见的。

此画不但篇幅宏大，而且技艺精湛。比如，13位帝王有的站有的坐，侍者们有的立在帝王身边，有的穿插在帝王左右。各位帝王的图前都有文字说明，有的还记述了其在位的年代以及对他执政的评价。作者还试图通过各位帝王的相貌、神情、衣着和体态，揭示他们的内心世界和性格特征。可以说，这13位帝王的形象，的确刻画得栩栩如生。

令人遗憾的是，这幅国宝却没有留下作者的名字，千百年来关于它的作者究竟是谁的问题，一直争论不休。最早以个人身份收藏《历代帝王图》的宋代名臣富弼，在此画卷上留下题跋，确认此画是唐代画家阎立本所画，不知其依据是什么，但是，大部分学者都采信了富弼的主张。

富弼之后，这幅画又辗转到了南宋名臣周必正手中，他弟周必大在画上的题字再次强调说："笔势尤奇，绢亦特敞，是阎真迹无疑。"意思是，这幅画用笔奇妙，绢的尺度也特别大，无疑是阎立本的作品。再加上，阎立本生活在初唐，曾经担任右丞相，为唐太宗李世民画过《秦府十八学士》《凌烟阁功臣图》等类似题材的历史人物画，因此人们认为，《历代帝王图》的作者最有可能是阎立本。如果，这幅画真的是阎立本的作品，那么它距今已经有一千三百多年了。

但是，有些学者对此提出质疑，他们认为此画的作者不太可能是阎立本，理由是，在《历代帝王图》描绘的13位帝王中，包括阎立本的外祖父，北周武帝宇文邕。和其他帝王比起来，宇文邕被画得粗野蛮横，上面还题字说："北周武帝宇文邕在位十八年，……毁灭佛法，无道。"用这样的语言评价自己的外公，这有些不太可能。可是，我认为不能仅凭宇文邕的形象和这句评语，就轻易否认《历代帝王图》是阎立本的作品。那么，《历代帝王图》究竟是不是阎立本所画呢？这就得说说阎立本这个人了。

北周武帝宇文邕

阎立本是陕西临潼人，出身名门贵族，他的父亲是北周武帝的驸马。阎立本的哥哥阎立德，擅长书画、工艺以及建筑设计，显然绘画是阎家的家传。阎立本擅长肖像画，尤其是历史人物画。可是，阎立本对于自己的这份工作在内心深处却充满了矛盾甚至是痛苦。

比如，有一天，唐太宗李世民与几位大臣和学士在皇家园林中的湖上划船，突然看到水面上有几只好看的鸟随波飞翔，太宗皇帝立刻下令，坐在周围的人用诗歌描述这几只鸟，同时下令传唤阎立本，让他把这几只鸟画下来。当阎立本听见传唤声时，立刻朝着皇帝游玩的地方狂奔。当时，阎立本已经官居吏部主爵郎中，相当于今天的司局级干部了，可是，听到皇帝的召唤必须及时赶到。当阎立本拼命赶到现场时，已经是汗流浃背，气喘吁吁了。但他顾不上休息，立刻趴在湖岸边的草丛里，悄悄靠近那几只鸟，迅速将它们画了下来。这段故事表明，阎立本绘画是以写生为基础的，而且他的速写技能非常高。当他完成画作之后，回身看见皇上周边的宾客，不禁感到羞愧难当。回到家中，阎立本对儿子说："你们一定要趁年轻好好读书，学会真本事，不要像我一样只会画画，只能干一些侍候人的活，任人指使，真是奇耻大辱。你们一定记住，不要再学绘画这种下贱地技能！"的确如此，宋以前绘画是工匠干的活，身份和地位都很低，这也许就是《历代帝王图》没有留下作者姓名的重要原因。

可是，阎立本除了绘画不会干别的。再说，他已经是御用画师，根本不可能弃笔不画，这真叫欲罢不能啊！因此，阎立本虽然觉得绘画是一件给他带来羞辱的事，他还得继续为皇帝画画。

不过，太宗皇帝却并不这样认为，反而因阎立本的绘画技能精湛而重用和提拔他。最后，阎立本被提拔为右丞相，一个画家仅凭绘画技能而官居宰相，这也是前所未有的。正是由于阎立本的身份和地位，因此人们推测，《历代帝王图》很有可能是阎立本画的。

可是，《历代帝王图》被波士顿艺术馆收藏之后，美国专家对此画进行了科学方法的研究。他们将画中所用的红颜色颜料和绢的材质进行了化学分析，最终得出结论：此画的作者可能不止一个人。为什么呢？因为此画使用的红颜色颜料成分不同，而且此画是由数段绢拼接而成，绢的材质也有差异。这下问题更加复杂了，不仅作者难以确定，而且此画完成的时代也成了问题。为什么这样说呢？

因为，此画并非一整幅绢，而是由几段绢拼接起来的，从纵向上看，整个画卷有 5 处断痕衔接点，也就是说《历代帝王图》是由 6 段绢拼接而成。6 段绢的材质有区别，年代也不同，显然此画不是一个时间完成的。

从材质上分析，此画虽然由 6 段绢构成，但是大致可以分为前 3 段与后 3 段两大部分。前半部分绘有 6 个皇帝，后半部分绘有 7 个皇帝。同时，这两组皇帝的画像在造型与技法方面也有差异。经过仔细比对，美国专家们得出结论：前半部分为北宋时期的作品，或者北宋摹本；后半部分是唐代作品。这个结论，虽然没有能够直接指出真正的作者，但也证明了此画不是阎立本的作品，至少不全是。

20 世纪 80 年代，中国的研究者赴美国认真研究了《历代帝王图》，最终与美国专家达成一致：《历代帝王图》分为前、后两段，应该区别对待。同时，中国专家还发现，在后半段的 7 位皇帝中，陈宣帝画得最精彩。北宋时期的收藏者周必大，正是根据陈宣帝的形象才得出此画作者是阎立本的结论。因此，专家们认为，在没有确凿证据的情况之下，不能轻易否认阎立本是此画的作者。

既然无法否认此画是阎立本所画，那么，作为御用画家的阎立本，唐太宗命他画《历代帝王图》的目的是什么呢？对于这个问题，有人解释说，是李世民在为自己取代哥哥当皇帝提供辩护。我认为此说不成立，为什么呢？因为，画面中的 13 个帝王，没有哪个皇帝像李世民一样，取代自己的哥哥当上皇帝的。

又有人解释说，李世民为自己的儿孙们提供开国之经验和亡国之教训。这个说法显然也很难成立。《历代帝王图》中的 13 位皇帝，只有刘秀、曹丕、司马炎和杨坚 4 个开国之君，陈叔宝和杨广 2 个亡国之君。其他 7 位帝王都与开国和亡国无关。

其实，仔细分析这 13 个帝王的所作所为，就会感到《历代帝王图》的入选标准很奇怪。比如，西汉王朝只有汉昭帝刘弗陵入选，他是汉武帝最小的儿子，宠妃赵婕妤所生。汉武帝最喜欢这个小儿子，觉得他特别像自己，因此迟迟不立太子，就是想把刘弗陵立为太子。可是，汉武帝年事已高，觉得将不久于人世，怕自己死后刘弗陵年纪太小，他的生母赵婕妤会干政，成为第二个吕后，因此将赵婕妤赐死。汉武帝在弥留之际，才立刘弗陵为太子，两天之后就驾崩了。刘弗陵继皇位的时候，年仅 8 岁。仅仅当了 13 年皇帝，21 岁就驾崩了。那么，这位皇帝入选《历代帝王图》的理由是什么呢？有人评价汉昭帝说，他在霍光、金日磾、桑弘羊等人的辅佐下，沿袭武帝后期政策，与民休养生息，加强北方戍防。可是，即位 7 年之后，15 岁的小皇帝，却以谋反罪诛杀桑弘羊，专任霍光。虽然治国措施得当，社会矛盾有所缓解，西汉王朝衰退趋势得以扭转，但这些作为，更让人怀疑是霍光所为，而与汉昭帝无关。而且汉昭帝 21 岁就死了，死得不明不白。整个西汉王朝那么多杰出的皇帝，比如高祖刘邦、武帝刘彻，为什么都不选，偏偏选一个傀儡皇帝刘弗陵呢？

不过，汉光武帝刘秀入选倒是理所应当。刘秀这个人太能干了，虽然他出身布衣，刚起兵的时候，只能骑牛上阵。但他很快就成长为一名

汉光武帝刘秀　　　　　　　　魏文帝曹丕

指挥千军万马的统帅，而且能征善战。比如，公元 23 年，王莽的 42 万大军围攻昆阳城（今河南省叶县），昆阳守军只有 9000 人，众将想弃城退守荆州。刘秀说："合兵尚能取胜，分散势难保全。"因此，说服诸将固守昆阳。就在王莽大军逼近城北的时候，刘秀仅率 13 名骑兵，乘夜出城去搬救兵。王莽军将昆阳城团团包围，然后，挖地道，造云车，对昆阳城发动猛烈的进攻。昆阳守军已经没了退路，只好拼命死守。就在昆阳城万分危急的时候，刘秀率领一万多步骑兵，突然出现在攻城敌军的背后，几次反复地猛冲，斩杀王莽军千余人，解了昆阳之围。随后又带 3000 名勇士，迂回到敌军的侧后，向敌军的大本营发起猛烈攻击。敌军顿时陷入混乱，昆阳守军见刘秀在城外取胜，乘势出击。王莽军大乱，纷纷夺路逃命，互相践踏，尸横遍野。号称百万大军的王莽主力，覆灭于昆阳城下，王莽政权因此土崩瓦解。后来刘秀登基称帝，仍以"汉"为国号，史称"东汉"。可是，整个东汉王朝 195 年，一共有 12 位皇帝，为什么只选汉光武帝刘秀一位皇帝进入《历代帝王图》呢？

　　说起《历代帝王图》的第三位入选者，就更耐人寻味了。为什么呢？

因为他是魏文帝曹丕，曹操的长子。由于他做了曹操想做而不敢做的事，因此，宋以后占主导地位的观点认为，曹丕是弑君篡位。那么曹丕入选《历代帝王图》的依据是什么呢？

与曹丕同时代的刘备，一生以"匡扶汉室"为己任，在《历代帝王图》中却被称为"蜀主"，显然，《历代帝王图》的作者，不承认刘备的皇帝地位，那么为什么还要选他呢？同时，称孙权为"吴主"，地位与刘备一样。这说明，《历代帝王图》的作者，将曹魏视为正统，这显然是宋以前的历史观，说明《历代帝王图》一定是宋代以前的作品。

《历代帝王图》前半段的最后一位入选帝王是司马炎，他是司马懿的孙子。他和曹丕一样，不过他是做了爷爷不敢做的事，就是推翻魏国皇帝，自己取而代之。当了晋朝皇帝的第二年，司马炎就派大军灭了吴国，统一天下。就此功绩而言，司马炎似乎有理由入选《历代帝王图》。

与《历代帝王图》的前半部分相比，后半部分入选的 7 位帝王就更有问题了。最大的问题是，南朝有宋、齐、梁、陈五个朝代，却只选陈朝皇帝，而且并不在意这些皇帝都干了什么。比如，陈文帝陈蒨，在位仅仅 7 年，基本没有什么作为。

而陈伯宗在位仅 2 年，就被他叔叔陈顼给废了，因此被称"废帝"。陈伯宗被废之后不久突然去世，年仅 19 岁。

这位从侄子手里夺权的陈顼就是陈宣帝，在位 13 年，干了一件最大的事，就是对北朝用兵，史称"太建北伐"。而且前后发动了两次。但是，结果却完全不同。第一次北伐，陈朝军队攻打北齐，夺取了淮南地区。四年之后第二次北伐，进攻北周占领的徐州地区，结果全军覆没，主将被俘，将第一次北伐夺取的淮南地区，尽数丧失。为什么两次北伐的结果完全相反呢？因为，第一次北伐是趁北齐内乱而取胜，最终却让北周坐收渔翁之利；第二次北伐，对象是北周，此时的北周已经灭了北齐，统一北方，实力远远超过陈朝，陈宣帝北伐的失败就是必然了。虽然，北伐失败，但是陈宣帝在整个陈朝还算是比较有作为的君主。不过，正是他的这种作为，加速了陈朝的灭亡。

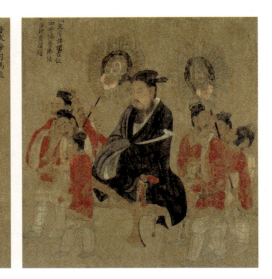

晋武帝司马炎　　　　　　　　陈宣帝陈顼

　　陈宣帝死后，儿子陈叔宝继位。陈叔宝生活奢侈，不理朝政。此时北方不但统一，而且由北周变为隋朝，国力更加强盛。陈叔宝却相信隋文帝的和平承诺，同时自恃长江天险，对隋朝的整军备战不以为然。589 年，隋军跨过长江，攻入建康（今江苏南京），陈朝灭亡，陈叔宝被俘，后来死在洛阳，史称"陈后主"，典型的亡国之君。

　　列举了《历代帝王图》中这几个陈朝皇帝之后，人们觉得更加不可理解。陈朝一共只存在了 32 年，前后有 5 个皇帝，居然有 4 位入选，唯独漏了最有作为的开国之君陈霸先，这究竟是什么标准，让人匪夷所思。

　　更令人不解的是，与南朝对峙了几百年的北朝，出现过许多杰出的帝王，却只有北周武帝宇文邕入选。显然，《历代帝王图》的作者，以南方政权为正统，视北朝所有地方政权都是"五胡乱华"的产物。可是，北周武帝宇文邕，也是鲜卑族，他为什么入选呢？他身边的评语提供了答案。评语说他："……在位十八年，毁灭佛法，无道。"显然，宇文邕是反面教材，因此作者把他画得粗野蛮横。

　　其实，宇文邕灭佛是出于政治、经济和军事三方面的考虑。当时北方佛教盛行，寺院经济非常强大，不但占有大量土地，而且吸引众多青壮男人出家为僧。这些出家人，不纳粮，不完税，不当兵，不支差。更为严重的是，北朝寺院盛行用铜铸造佛像，致使大量铜币退出流通，严重影响国民经济。周武帝通过灭佛，毁佛寺四万多座，强迫三百多万僧人还俗，这相当于当时北周人口的十分之一，这些人重新成为国家编户，为国家纳税和服役，提供了更多的兵源和税源；宇文邕还下令毁佛像以铸造货币，促进了经济的发展。这些措施，对急需兵源和财力的朝廷来讲，意义极其重大。如果没有灭佛之举，北周不可能统一北方，也不可能有后来隋朝的一统天下。可是，这位为日后一统天下奠定基础的年轻有为的君主，却被《历代帝王图》的作者画得凶狠野蛮，被骂为无道。可见，《历代帝王图》的作者，不仅坚持南方政权正统的观念，而且极有可能是一位佛教徒。

入选《历代帝王图》的第十二位皇帝，是隋文帝杨坚。杨坚这皇帝当得有点不地道。怎么个不地道呢？杨坚的女儿是北周宣帝的皇后，那么，杨坚就是周宣帝的岳父了。杨坚在女婿去世，外孙继位的时候，在女儿的支持之下，伪造遗诏，入宫辅政，从而总揽军政大权。后来，这位皇帝的外公，又强迫外孙将皇位禅让给自己，改国号为"隋"，北周就这样灭亡了，杨坚成了隋朝的开国之君。

《历代帝王图》中最后一位皇帝，隋炀帝杨广显然也是一位反面人物。在他手里，隋朝二世而亡，他也是典型的亡国之君。如果，仅从隋朝的两代君主都入选的情况看，《历代帝王图》似乎有入选标准，那就是，开国之君与亡国之君。

可是，将《历代帝王图》中的 13 个皇帝放在一起比较，我们发现入选标准完全混乱了。这种的标准混乱说明什么问题呢？我认为，这说明《历代帝王图》实际上根本没有入选标准。

标准代表目的。如果，《历代帝王图》没有入选标准，那么唐太宗让阎立本画《历代帝王图》究竟意欲何为呢？除非《历代帝王图》与唐太宗无关，如果与唐太宗无关，《历代帝王图》就不可能是阎立本所画。

隋文帝杨坚　　　　　　　　　隋炀帝杨广

如果不否定此画是阎立本的作品，那么，作为一个御用画家，《历代帝王图》一定是秉承帝王意志的结果。

李世民让阎立本画《历代帝王图》，究竟是什么目的呢？在李世民给太子写的《帝范·序》中，为这个问题提供了答案。李世民说："自轩昊以降，迄至周隋，以经天纬地之君，纂业承基之主，兴亡治乱，其道焕焉。所以披镜前踪，博采史籍，聚其要言，以为近诫。"（李世民：《帝范·序》）意思是，自古代轩辕与太昊，到北周和隋朝，所有开国之君，继承基业之主，振兴国家，整治乱世，成就都非常辉煌。要通过梳理和筛选，将其整理出来，以资借鉴。可以说《历代帝王图》就是《帝范》的形象化，这段话显然为绘制《历代帝王图》制定了入选标准。

其实，早在北魏时期，就出现过《历帝图》五卷，描述了从伏羲到晋朝的 16 个王朝，128 位皇帝。可它只是文字描述，并没有绘制出来。到了唐太宗手上，以其雄才大略，似乎要完成这部鸿篇巨制。然而，人们看到的《历代帝王图》，显然与唐太宗的政治目的不符。这是为什么呢？

我认为，《历代帝王图》根本就不是一部完整的作品，充其量只是一个鸿篇巨制的开端，最终半途而废。为什么这样说呢？因为，要画历史中众多的帝王，这不仅是一项浩大的工程，而且是根本不可能完成的任务。艺术创作离不开生活，绘画艺术离不开写生。人物画一旦失去写生基础，必然会千人一面。

这就可以解释，为什么前半段的帝王形象根本没有创造性，从西汉昭帝刘弗陵到晋武帝司马炎，这6位帝王的图像，都是三人一组，依次排列，形式单调，甚至重复。就单个图像特征观察，这6位帝王，姿态和神情很相似，似乎是对后半段中周武帝和隋文帝形象的不断摹仿。

同时也可以解释，为什么陈朝会画4个皇帝，因为《历代帝王图》后半段的作者中，很可能有陈朝的宫廷画家，他不仅经历过陈朝，而且见过这4个皇帝。尤其对陈宣帝画得最生动，这组人物画得也最精彩。这种精彩主要表现在四个方面：其一，人物最多；其二，人物关系的处理准确；其三，人物神情的刻画自然而有变化；其四，人物衣着、器物、饰品等细节绘制得非常细致。以上四点表明，绘画者一定是陈宣帝的御用画家，他不仅在陈宣帝身边待过，而且长期生活在陈朝的宫中，对陈朝的宫廷生活、器物以及人物关系非常熟悉。

虽然自宋朝以降，很多人都认为陈宣帝就是阎立本所画，可是我认为这不太可能。阎立本是北朝人，他没见过陈宣帝，更没有在陈朝的宫中生活过。当然，我并没有因此否认阎立本参与《历代帝王图》的制作。阎立本虽然不大可能画陈宣帝，却极有可能画隋文帝与隋炀帝。阎立本不但见过这对父子，而且他们还是亲戚，彼此熟悉。

说起亲戚，阎立本却不太可能画他的外祖父，北周武帝宇文邕。阎立本出生时，这位外祖父已经去世二十多年了。因此，宇文邕画像的作者，很有可能是陈朝画家，他用想象的方法，将宇文邕画得粗野、凶悍，显然有些夸张。宇文邕是陈朝的敌人，陈宣帝第二次北伐就是被他打败。而且这位画家信仰佛教，对宇文邕灭佛之举深恶痛绝，所以才会骂他"无道"。

虽然，《历代帝王图》名不副实，只是一幅鸿篇巨制的十分之一，而且很有可能是为鸿篇巨制的创作所准备的素材。后来，鸿篇巨制无法完成，只好将素材草草拼凑，就成了现在这个样子。不过，这并不影响它本身的价值。这些素材更贴近当时的现实生活，尤其是它的后半段。我们可以通过这些素材，了解南朝的宫廷生活和初唐时期的绘画水平以及审美追求。因此，这幅《历代帝王图》依然是无价之宝。

只是这幅无价之宝，由于大汉奸梁鸿志的无耻和贪婪，将它卖给了美国人，从而使这件无价之宝永远流失海外，中国人要想看到它，中国学者要想继续研究它，还得漂洋过海，到大洋彼岸去，这不能不令人感到非常痛心！

# 第12讲

## 神秘的太阳神鸟

　　2001 年，成都市西郊金沙村外的建筑工地挖掘过程中，一个村民无意间挖出了一个小铜人，由此发现了属于古蜀文化的"金沙遗址"。"金沙遗址"出土了大量精美的器物，最著名的当属"太阳神鸟"。"太阳神鸟"图案现为中国文化遗产的标志；绣着"太阳神鸟"图案的蜀绣，还被神舟 6 号宇宙飞船载入太空。这个深受人们喜爱的"太阳神鸟"，在三千多年前的古蜀文化中，有什么用途？蕴含着什么意义？它与古蜀人的黄金崇拜又有着什么样的关系呢？

　　2001 年 2 月的一天下午，天下着蒙蒙细雨，成都市西郊金沙村外的建筑工地上，几十个村民跟在一台挖掘机后面，冒雨在挖一条壕沟，准备铺设下水管道。当挖掘机将泥土向壕沟外翻倒时，一个村民突然发现泥土中有亮光在闪，他爬到土堆上，用手在泥土里挖，不一会，居然挖出来一个小铜人儿来。这位村民惊喜地高喊："快来看啊，我挖出来一个铜佛！"周围的村民连忙凑上前观看，果然不假，村民们立即在泥土中翻找，不一会儿，真有人翻出几件精美的文物，有玉器也有青铜器。消息迅速地在工地上传开了，闻讯赶来的人越来越多，纷纷在沟里沟外寻找宝贝，现场一片混乱。终于有人打了 110 报警电话，一队警察很快赶到现场，这才制止了人们哄抢文物。

　　混乱的局面被有效控制之后，警方立刻通知成都市文物管理部门，派人前往现场勘察处理。文物管理部门的人来到金沙工地与警方一道维持秩序，保护现场，并迅速和成都市考古研究所取得联系。考古人员赶到现场时，已经是子夜时分，雨越下越大，现场没有照明设备，伸手不见五指，一切都只能等天亮再说。警察们连夜守护着现场，以防再度发生哄抢。

　　第二天一大早，考古人员再次来到现场时，只见现场一片狼藉。一条用挖掘机挖出的壕沟，沟壁上清晰可见被挖断的古象牙的截面，触目惊心。壕沟内外，到处都是玉石的碎片和象牙的残渣。很明显，这是一处极为重要的古代文化遗迹，居然遭到如此严重的破坏。考古工作人员立刻对现场进行抢救性的发掘和清理，仅仅用了一天的时间，就发掘和清理出各种精美的文物四百多件。

太阳神鸟

由于此遗址在金沙村附近发现，因此，考古人员将这处遗址命名为"金沙文化遗址"。经过初步发掘，考古人员认定，金沙文化遗址属于古蜀文化，年代距今 2500 ~ 3000 年。

当抢救性的发掘工作告一段落，工作人员开始在现场清理出一条道路以方便行走。在清理路面的时候，一位工作人员发现了一团闪着金光的泥巴，他便弯腰捡起交给考古队员。经验丰富的考古队员一眼就看出，里面有宝贝。打开湿漉漉的泥土，发现中间裹着皱巴巴的金箔。当时，人们根本看不出这金箔是什么形象，只觉得如此薄的金箔，唯恐在自己手上再被损坏，于是小心翼翼地将它收好，等待金箔恢复原状之后，再确定它的价值。经过金器修复专家一个多星期的努力，皱巴巴的金箔，终于展现出它精美绝伦的光彩。

整个金箔呈圆形。由镂空的图案构成，整个图案分内外两层，内层为一个圆圈，周围等距分布有 12 条顺时针方向旋转的齿状光芒，空心处像一轮金光灿灿的太阳。外层的图案是 4 只形态相同的鸟，围绕着太阳光芒，首足相接，朝同一方向逆时针飞行。整个图案就像一幅精美的剪纸作品，线条极其简练流畅，富有韵律感和强烈的动感。人们给它起了个美丽的名字，"太阳神鸟"。

国家文物局将"太阳神鸟"图案用作中国文化遗产的标志，绣着"太阳神鸟"图案的蜀绣，被"神舟 6 号"宇宙飞船载入太空。显然，大家都非常喜欢这件"太阳神鸟"。面对这件精美的太阳神鸟，人们不禁产生了一个疑问：三千多年前的金沙古蜀人，打造如此精美的金器干什么用呢？这就得从人类普遍具有的一种精神现象说起了。

什么精神现象呢？就是对黄金的崇拜，这是一种世界范围的现象。似乎在有人的地方，都有这样的崇拜。那么，人们为什么会产生黄金崇拜呢？有人会马上回答说，拜金主义呗！其实，黄金崇拜与拜金主义虽然有关系，但还是有很大差异的，具体表现为以下几点：

第一，黄金保护生命。由于黄金不生锈，不腐朽，不解体，人们将黄金视为可以保护和延续生命的神圣之物。比如，古埃及第十八代法老，脸上就戴着黄金面具，他年仅 9 岁就登上法老宝座，不到 20 岁就去世了。他的身躯被制作成木乃伊，可是他的脸上却戴着黄金面具，目的就是要让这位年轻的法老，青春的容颜永驻。

第二，黄金象征权力。黄金是一种稀有金属，想要获取它非常艰难，能够拥有黄金的人，不是具有超凡的能力，就是掌握了社会公权力。因此，黄金便成了权力的象征。比如，同属于古蜀文化的三星堆，就出土了一根用金箔包裹的权杖。权杖上刻着人的头像，表明持权杖者是古蜀国的国王。

第三，黄金取悦神明。古往今来，人们都喜欢用最珍贵的东西表达自己的情感。因此，用稀缺的黄金献给心中的神明，才能让神明感动，从而保护自己。这样一来，黄金崇拜就与宗教信仰结合起来。比如，虔诚的佛教徒，会给佛像塑金身，甚至干脆用纯金打造佛像。

第四，黄金象征财富。这是黄金崇拜最普遍的特点，也是与拜金主义重合的地方。正如马克思所说："金银天然不是货币，货币天然是金银。"意思就是，黄金的金属特征，决定了它最适合充当货币，所以，黄金就成了财富的象征。当人们因此而膜拜它时，就产生了拜金主义。

第五，人们喜欢金色。俗话说："是金子总会发光的。"人们普遍喜欢金色，金色让人想起天上的太阳，这也许就是金沙古蜀人制作"太阳神鸟"的重要原因。正是黄金有这样绚丽的色彩，古代帝王才喜欢穿金色龙袍，并且将宫殿装饰得金碧辉煌。

通过这件精美的"太阳神鸟"，我们发现，古代中国人虽然也崇拜黄金，但是，与世界普遍存在的黄金崇拜相比，有很大的不同。怎么个不同呢？具体说来，在中国古代社会，人们对黄金的态度一直发生着变化。

比如，从殷商到西周时期，人们虽然非常喜欢黄金，可是只把黄金当成装饰品而不是货币。因为，在安阳的殷墟墓葬中，人们只发现用来装饰的金叶，却没有发现用于流通的金币。显然，殷商时期黄金还不是硬通货。

春秋战国时期，黄金有了多样化的用途。概括起来大致有3种：其一，用来赏赐、送礼、贿赂；其二，用作装饰品；其三，用作货币。可是，春秋战国时期，也只有楚国使用一种叫"爰"的金币，因为楚国的黄金资源比较丰富，而其他诸侯国就没那么幸运了，他们基本上使用青铜货币。

战国末期，黄金货币渐渐普遍起来，所以，秦始皇统一全国以后，颁布了中国最早的货币立法，明文规定："币为二等，黄金以镒名，为上币；铜钱质如周钱，文曰半两，重如其文。"（《汉书·食货志》）。意思是，货币为分两等，黄金被称作"镒"，它也是重量单位，大致二十两，也有人说二十四两，是最上等的货币；铜钱的性质与周代一样，名称是"半两"，重量也是半两。汉承秦制，仍以黄金为上币，只是单位改为"金"子的金。

自东汉以后，流通领域出现了一个很奇怪的现象。人们手中的黄金越来越少，因此也越来越贵重，而且黄金的用途也发生了很大的变化。用黄金支付商品交易少了，皇帝对臣下的赐金少了，臣下给皇上的献金也少了。到了隋朝，黄金基本退出流通，主要用于贮藏和装饰。由于黄金数量稀少，黄金的名称和重量也发生了变化。比如，汉代称一斤重的黄金为"一金"，十六两重；到了晋代，黄金的单位虽然还称"一金"，实际上却只有一两；以后成为习惯，一金黄金，不是一斤而是一两。

盛唐时期，由于黄金在量上有所增加，因此黄金的流通作用有所上升。不过，黄金最大的用途，还是贮藏、赏赐、馈赠和贿赂等。而且，唐代的黄金制作工艺，达到相当高的水平，用黄金打造器具，成了一时之风尚。

两宋时期，由于开始使用纸币，因此，黄金最重要的用途是保值。黄金极少在日常交易中作为流通手段行使，不过，白银的使用越来越广泛和重要，最终超过了黄金，而成为主要的硬通货。

元朝以后，纸币发行量更大，黄金进一步退出流通领域。到了明朝，朝廷明令禁止民间用金银进行交易，黄金的流通功能正式被取消。黄金主要作为财富的象征，起着贮藏作用，并用于装饰品的制造。

当全世界都在拼命地淘金，为了掠夺黄金不惜发动战争的时候，中国人却让黄金退出流通，其原因让人百思不得其解。难道我们中国人真的不拜金吗？其实，黄金退出流通，不是因为中国人不拜金，而是因为在中国市场上流通的大量黄金，神秘地失踪了。

人们怎么发现国内的黄金失踪的呢？据金融史专家研究发现，西汉与东汉皇帝对大臣的赏赐发生了很大的变化。比如，西汉时期，皇帝给大臣们赏赐黄金多达一百多次，到了东汉时期，皇帝只给大臣赏赐了9次黄金。而且，赏赐黄金的总量也有很大差别。东汉皇帝赏赐黄金总额只相当于西汉皇帝赏赐黄金总额的2%。因此，这位专家得出结论，东汉以后，中国流通领域中大量的黄金失踪了。

那么，这些黄金都去哪儿了呢？其实，人们早就发现了这个问题，并且从各个方面进行了分析和探讨，最终给出4种解释：

第一，黄金散入民间，也就是所谓的"藏富于民"。可是有人马上加以反驳说，朝廷与民间的财富状况成正比，也就是说，"民富国亦富"。民间黄金如果十分充裕，朝廷的黄金一定不会少。

第二，黄金被大量贮藏，或者被掩埋在某个神秘的地方。这种说法很容易被人接受，因为人们都希望有一天，突然发现大量黄金的埋藏处，皆大欢喜。这种说法被金融史家嗤之以鼻，他们认为，贮藏的黄金可以随时取出使用，这是金属货币流通的常态。所以，黄金贮藏不是黄金总量巨额减少的主要原因。

第三，黄金被制作成器物，转化了使用功能。面对这种说法，货币史专家反驳说，黄金在中国古代是称量货币，也就是不使用面值，以重量单位进行交易。这就意味着，黄金过多，价格低贱时，人们可能会铸金为器；当黄金稀缺，价格昂贵时，人们必然会毁器为金。所以，用黄金制作器具不可能是黄金大量失踪的原因。

第四，制作佛像。这个说法有一定道理，因为，此举会消耗大量的黄金。而且在佛教信仰的作用之下，黄金一旦制成佛像，就很难再回到流通领域。但是，这个说法忽略了一个问题。佛教在东汉时期才开始在中国传播，大规模塑造佛像是南北朝时期的事，用黄金制造佛像是盛唐时期才有的现象。而黄金逐渐减少，从西汉就开始了。显然，黄金失踪另有原因。

那么，原本在中国流通市场上存在过的大量黄金，究竟到哪儿去了呢？据金融史专家研究发现，中国古代黄金失踪的主要原因，是流失到国外去了。说来原因很简单，自汉武帝派遣张骞出使西域以后，西域商路逐渐通畅，中国的对外贸易迅速增长，中国市场上流通的黄金，开始逐渐地向外流失。

按理说，对外贸易的增长本来应该吸引黄金内流才对，怎么会发生黄金外流的现象呢？这位专家告诉我们，中国和西方之间存在着黄金与白银的比价差异，也就是说，中国的黄金白银比价，比西方低得多。比如，一个商人从罗马带550两白银到中国，可以换取100两黄金，再从中国带这100两黄金回到罗马，就可以换取1440两白银，这一来一往，就是双倍的利润。西方商人发现了中西黄金白银比价的差异之后，就带着银子来，带着金子去，即使不带任何商品，只往返倒卖黄金和白银，就能赚大钱。正是西方商人的这种逐利行为，造成了黄金从中国向西方流动，白银从西方向中国流动，结果使我国黄金大量减少，白银大量增加。

当然，这个过程相当漫长，大约持续了将近一千年，直到中国和西方的黄金白银比价趋于一致为止，中国的黄金才停止向西方流失。黄金流失的结果，是我国黄金价格不断上涨，并且出现了白银货币化的趋势。到了宋代以后，白银就逐步地成为我国主要的流通货币。我认为，这位金融史专家的说法有道理，这的确能够很好地解释，我国流通领域黄金失踪的原因。

虽然，黄金退出流通并不表明中国人不拜金，但是，古代中国人对待黄金的态度真的与世界其他民族有很大的差异。这一点，古蜀文明与中原文明有着相当高的一致性。比如，在发现了"太阳神鸟"的金沙遗址中，出土了大量的象牙，可是，蜀地并不出产大象，象牙只能是交易而来；金沙遗址中还发现与良渚文化几乎一样的玉琮，这说明蜀地与长江下游也有贸易往来。既然有商贸往来，就应该使用货币，而且跨地域的国际贸易，更应该使用硬通货。可是在金沙遗址中，虽然发现精美的太阳神鸟，以及大量的黄金制品，却始终没有发现金币。这说明什么问题呢？

也许，在古蜀文明中，黄金从来就没有进入过流通领域，它有着与西方人完全不同的用途。比如，金沙文化遗址中不仅出土了黄金打造的"太阳神鸟"，而且还发现各种饰品以及一大一小两件金面具。在同属于古蜀文明的三星堆遗址中，也出土了 6 个金面具。显然，古蜀国人有用黄金打造面具的传统。面对这金灿灿的黄金面具，人们不禁要问，古蜀国人制作黄金面具究竟做什么用呢？黄金面具与太阳神鸟之间又有着什么样的联系呢？

说起面具，这是一种世界性的、古老的文化现象，它首先用于祭祀。比如，部落里的祭司，他为了表现自己的与众不同，就戴上面具掩盖自己普通人的形象，以提高权威性和恫吓力。最原始的面具是画在脸上的，后来手工艺制作水平提高，便戴上各种制作的面具。面具的材质、形象和制作工艺，往往代表使用面具的先民们所能达到的文明程度。

面具还用于战争。比如，南北朝时期，北齐有一位著名的将军名叫高肃，被封为兰陵王。这位兰陵王不但武艺高强，而且善于用兵。可是，他最大的特点是长得太帅了！这在战场上，很难对敌人形成震慑力量，敌人不怕你，这可怎么办？因此，兰陵王每次上战场的时候，都要戴一个形象狰狞的面具，以达到威吓敌人的作用。有一回洛阳城被围困，形势非常危险，兰陵王带着人马去救援。勇猛善战的兰陵王，经过一番拼命厮杀，终于冲破重围，击溃敌军，来到洛阳城下，高呼守城将士开门。但城上的兵士被他脸上狰狞的面具吓坏了，拒绝开门。兰陵王只好将面具摘下，守城官兵一看是兰陵王，立刻欢声四起。

显然，无论古今中外，面具就是用来改变容貌的，它自然是戴在脸上的。可是，金沙遗址中出土的这两件金面具显然不是戴在脸上的。比如，与人脸大小差不多的那张大的金面具，虽然外表光洁，反面却很粗糙，根本无法戴在人的脸上。那么，面具无法戴在脸上，金沙古蜀人制作面具干什么用呢？

考古专家经过研究发现，三星堆的黄金面具在制作完成之后，用生漆粘贴在青铜人像的脸上。从造型风格上看，金沙遗址出土的金面具与三星堆出土的金面具极为相似，都显得棱角分明，带有一定夸张意味，这说明金沙遗址与三星堆遗址之间，有着紧密的承袭关系，那么这两个地方出土的黄金面具，用途应该是一样的。

因此，考古专家推测，金沙遗址出土的大的金面具一定是给神像戴的。用黄金给神打造面具，这说明黄金在古蜀国人的心目中是神圣的。显然，古蜀国人对黄金的崇拜不是财富的占有，而是信仰的表达与精神的追求。

可是，金沙遗址中还出土了一枚小号的黄金面具，仅有三四厘米见方，不到一巴掌大，根本遮不住人的脸。那么，这枚小面具是干什么用的呢？

这就得说说金沙文化的特点了。前文我们说到，金沙文化是三星堆文化的延续，它们都属于古蜀文明。学界基本形成共识，三星堆文化消失于商周之际，金沙文化消失于战国末期，二者之间相隔六百多年。在这六百多年里，它们的一致性和继承性十分明显。但是，差异性也同样突出。主要表现为，三星堆出土了大量青铜器，而且规制巨大；金沙遗址只有少量青铜器出土，而且规制很小。与之相应的，就是这件只有三四厘米见方的微型金面具。它不太可能用于祭祀，更像是在手心中把

现代戏剧中脸谱

玩的装饰品。

金沙文化的这种变化与面具本身的变化有着一致性。在远古时期，人们出于对神明和大自然的敬畏，往往会戴模仿动物和妖魔形象的面具，主要是为了保护自己；在战争中戴面具是为了吓唬敌人；在宗教活动中，戴面具是提高权威性。这些面具的设计往往夸张、变形甚至面目狰狞。可是，随着时代的变化，面具原有的鬼神崇拜、宗教信仰、威慑敌人等内涵逐渐淡化，其娱乐性或艺术性的审美价值不断提高，最后演变为戏剧表演中的脸谱，纯粹就是为了观赏。金沙文化的确表现出这种宗教性降低，人的地位上升的特征。这与中原春秋战国时期，百家争鸣，思想解放的人文主义思潮有着一致性。

受这种社会风气的影响，人们对黄金的态度也发生了变化。当黄金自身的神圣性降低，而黄金又不作为货币流通的时候，黄金本身的审美特征就会突显出来。这种变化最典型的代表，就是金沙遗址出土的这件"太阳神鸟"。金沙古蜀人用黄金打造太阳神鸟和供把玩的微型金面具，就是因为黄金能够发出金色耀眼的光芒。

金沙古蜀人用黄金打造太阳神鸟，说明他们也崇拜太阳，太阳崇拜是人类普遍存在的又一种精神现象。人们为什么崇拜太阳呢？因为，太阳能够给人带来光明、温暖和生命能量。因此，太阳神几乎成为各个古老民族都信奉的神明。世界很多地方都流传着绚丽多彩的太阳神话。不过，通过太阳神鸟表达的太阳崇拜，却独具中华文明的特色，与西方完全不同。

比如，古希腊神话中的太阳神叫阿波罗。据说有一天，他看到爱神丘比特拿着弓箭在玩，就警告说："喂！弓箭是很危险的东西，小孩子不要随便拿着玩。"阿波罗哪里知道，丘比特不但善射，而且有两支不同的箭，一只是用黄金制成的利箭，被它射中的人立刻燃起爱情；另一只是用铅做成的钝箭，被它射中的人十分厌恶爱情。丘比特被阿波罗说得不高兴了，于是趁阿波罗不注意，用黄金箭射中了他，阿波罗心中立刻燃起爱情的火焰。正巧，一位名叫达夫妮的美丽少女路过这里，丘比特又用铅箭射中了达夫妮，达夫妮立刻变得十分厌恶爱情。燃烧着爱情火焰的阿波罗对达夫妮却一见钟情，立刻对她表达爱慕。达夫妮却大声说："走开！我讨厌爱情！离我远一点！"说着朝山谷里飞奔而去。阿波罗并不灰心，拿起竖琴弹奏出优美的曲子。达夫妮听到优美的琴声陶醉了。于是就问："哪儿来的如此动人的琴声？我要看看是谁在弹奏。"当达夫妮刚刚走出山谷，躲在一块大石头后面的阿波罗立刻跳了出来，上前就要拥抱达夫妮。达夫妮拔腿就跑，阿波罗在后面苦苦追赶，并且大声喊道："我又不是你的仇人，也不是凶猛的野兽，更不是无理取闹的莽汉，你为什么要躲着我呢？"达夫妮继续向前飞奔，终于筋疲力尽，上气不接下气地倒在地上。眼看阿波罗就要追上了，达夫妮急得大声喊道："救命啊！救命啊！"这时候，河神听见了达夫妮的求救声，立刻把她变成了一颗月桂树。阿波罗懊悔万分，伤心地抱着月桂树哭泣。虽然达夫妮已经变成了月桂树，但是阿波罗依然爱着她。阿波罗凝视着月桂树，痴情的说："你虽然没能成为我的妻子，但是我会永远爱你。我要用你的叶子做我的桂冠，用你的枝桠做我的竖琴，用你的花瓣装饰我的弓箭。我要赐你永远年轻。"变成月桂树的达夫妮听了这番话之后，深受感动。由于受到阿波罗的祝福，月桂树终年常青。

中国古代的太阳神话，与古希腊的太阳神话完全不同，没有浪漫的爱情和海誓山盟，却充满了灾难和斗争。比如，远古时期，10个太阳同时升起，庄稼被烤焦，草木被杀死，民众无法生活下去了。于是，尧帝命令后羿去射日，后羿是一位力大无穷的神箭手。他将10个太阳射下来9个，9个太阳被射下来之后，不再同时出现，而是每天早晨轮流从东方升起，晚上在西边落下。从此，天下太平，风调雨顺。

通过中西方太阳神话的比较，我们可以看出，西方人更注重个人的情感，而中国人更在意人与人之间、人与自然之间的和谐。同时，无论是古希腊太阳神话，还是中国的太阳神话，都离不开一个重要的元素，那就是神树。古希腊是月桂树，古代中国则是扶桑树。

两种树虽然不同，却有几分相似。比如，月桂树是少女达芙妮的化身，让太阳神阿波罗终日守护；扶桑树则是神鸟栖居的地方，而这神鸟也是太阳。通过扶桑树，太阳和神鸟重合在一起。正所谓，"汤谷上有扶木，……一日方至，一日方出，皆载于乌"（《山海经》）汤谷，也叫旸谷，是太阳升起的地方；扶就是扶桑，乌又叫金乌。在中国古代神话传说中，太阳的运行就是这只金乌驮着它飞。这样一来，太阳就与鸟联系在一起，甚至完全重合了。

那么，中国古代的太阳神话为什么会出现鸟的形象呢？因为，在中国古代话语中，太阳代表男性，鸟也代表男性，太阳和鸟是一回事，它是中国古代先民的图腾。而这种图腾又有着特殊的含义。当太阳与鸟结合在一起的时候，人类进入到父系氏族社会，男权制度建立，国家开始形成。因此，太阳、神鸟与祖先崇拜有着密切的关系。

无论在古希腊还是古代中国，太阳代表男性，树代表女性。在古希腊，太阳神守护着月桂树，是大胆而狂热的爱情追求；在古代中国，鸟栖居在树上，暗示两性关系，表达阴阳和谐。因此，太阳、神鸟、神树共同构成了中国古代太阳神崇拜的独特画面，与古希腊太阳神的爱情相比，显得更加含蓄、庄严和神圣！

这种独特的画面，在古蜀文化遗存中有着生动的表现。比如，三星堆出土的青铜神树，树枝分为三层，上面总共栖息着九只神鸟，第十只神鸟此时一定在最顶端，代表那颗升起的太阳。正所谓"居水中，有大木，九日居下枝，一日居上枝。"（《山海经》）可惜的是，这棵青铜神树在出土时顶部已经断裂。那么，在周边同时出土的青铜神鸟中，一定有一只，清晨从东方升起。

青铜神树                                          青铜神鸟

    这些生动奇妙的图像说明，古蜀人不但有太阳崇拜，而且心目中也有一棵供神鸟栖息的神树，就像中原太阳神话中的扶桑树一样，而且还表明，古蜀人也以鸟为图腾。显然，古蜀文明与中华文明有着共同的根源。而且，太阳与神鸟在古蜀人的精神世界中占有特殊的地位。金沙遗址中出土的"太阳神鸟"就是这种精神世界的一个极好例证。

    可是，金沙文化遗址出土的太阳神鸟，为什么不是一只，也不是十只，而是四只呢？这个问题，有人在古代文献中找到了答案。比如，"有葛国，黍食，使四鸟：虎、豹、熊、罴。"（《山海经》）意思是，曾经有个姓葛的方国，以黍也就是糜子为食物，它统治着四个部族，分别以虎、豹、熊、罴为图腾。这显然是中原的神话传说，那么，金沙古蜀人制作的太阳神鸟是这个意思吗？

    我们再仔细地观察这四只神鸟发现，它们无论造型、动作和方向，都完全一致，显然是一个模子刻出来的。这完全一样的四只鸟，只有一个翅膀、一条腿，这是怎么回事呢？这显然不是代表四个部落，或者四种图腾，而是一种写意手法，表现一只鸟的四个位置。金沙古蜀人用四只完全相同的写意鸟，表现静中之动，展示鸟在环绕太阳迅速地飞翔，给人以强烈的动感。这种创意真让人拍案叫绝！

那么，金沙古蜀人为什么会有如此绝妙的创意呢？我们再来整体地观察这件太阳神鸟，它的直径不过才 12.5 厘米，也就是一个巴掌大。金沙古蜀人制作这样规格的太阳神鸟究竟要表现什么，它又放置在什么地方呢？这与放在手掌上那件大小只有三四厘米见方的金面具，面对同样的问题。可惜，由于出土地点遭破坏，这个问题永远无法回答。其实，称它为"太阳神鸟"只是现代人的理解，显然，这件太阳神鸟已经不再是崇拜的偶像，就像放在手心里的金面具不再是面具一样，它们只不过是把玩和观赏的对象而已。因此，考古专家称它为金箔饰品，是很有道理的。通过这两件金器完全可以证明，金沙古蜀人已经从宗教的迷狂中挣扎出来，走向了以观赏为主的审美境界。人类精神的历程告诉我们，审美意识的觉醒就是人的觉醒，是人类文明的巨大进步。

《淳化阁帖》回归之谜

由宋太宗赵光义主持制作的《淳化阁帖》，第一次大规模地将古代书法家的真迹普及，为后人保存了大量历代名家墨迹，并最终确立了王羲之的"书圣"地位，在我国书法艺术史上具有重要的意义。2003 年 4 月，上海博物馆用 450 万美元从美国收藏家手中回购《淳化阁帖》，它真有这么值钱吗？宋太宗在什么样的背景下主持制作了《淳化阁帖》？又是为什么在《阁帖》中独尊"二王"？

2003 年 4 月，上海博物馆花了 450 万美元，从一个美国收藏家手里，收购了几卷古代字帖。按照当年的汇率，那可是 3720 多万元人民币啊！人们一定会感到不解，什么样的字帖啊，居然要花如此天价去购买呢？不过，这几卷字帖可真不一般，它们是宋代《淳化阁帖》最古老的版本。说起《淳化阁帖》大家可能不熟悉，它是中国最早的一部汇集各家书法墨迹的法帖。一共分 10 卷，收录了中国从先秦到唐代一千多年的书法墨迹，包括帝王、名臣和著名书法家等 103 人的 420 件作品，被后世赞誉为中国法帖之冠和"丛帖始祖"，可是它却在战乱之中散失，最后流失海外。这次上海博物馆从美国收购回来的《淳化阁帖》只是其中的 4 卷，也是唯一存世的 4 卷。因此，它的确是无价之宝。

那么，这份无价之宝又是谁主持制作的呢？此帖既然叫《淳化阁帖》，当然是淳化年间的东西了。"淳化"是北宋第二位皇帝宋太宗赵光义的年号，而主持制作《淳化阁帖》的不是别人，正是赵光义本人。人们一定会有疑问，堂堂大宋皇帝，怎么连写字用什么字帖这种事也管呢？这就得说说，赵光义是一位什么样的皇帝了。

说起赵光义，这皇帝当得有些蹊跷。怎么个蹊跷呢？古代帝王基本上是"父死子继"，可是，赵光义却是"兄终弟及"。照理说，历史上也不是没有"兄终弟及"的先例，不过那都是因为哥哥没有子嗣的无奈之举，可是，皇帝赵匡胤有两个儿子，而且在赵匡胤去世的时候，都已经

宋拓《淳化阁帖》书影

长大成人。那么，赵匡胤为什么不把皇位传给儿子，偏偏要传给弟弟呢？这就是令人觉得蹊跷的地方。

据《宋史》记载，开宝九年，即公元976年，赵匡胤"崩于万岁殿，年五十"。50岁正当盛年，没有得病，也没有任何征兆，根本没有来得及交代把皇位传给谁，就突然死了。因此，有人怀疑，赵匡胤可能是被谋杀的。那么，凶手会是谁呢？由于，赵光义继承了皇位，他是赵匡胤死后的最大受益者，因此，一千多年来，人们一直将怀疑的目光投向他。那么，赵光义真的会谋杀自己的亲哥哥吗？

人们产生怀疑的重要依据，是北宋一位名叫文莹的和尚写的《湘山野录》。据文莹和尚描述，赵匡胤有一天与一位道士出外游历，来到一条河边，面对奔流不息的河水，赵匡胤问这位道士："大师，我一直有一件事情要问你，我究竟还能活几年呢？"道士回答："今年十月二十日晚，如果天气晴朗，您就可以再活十二年；否则，您就得立刻安排后事了。"

到了十月二十日那天的晚上，赵匡胤来到太清阁观看天气，只见天气晴朗，星光灿烂，赵匡胤心中不由得大喜，觉得自己至少还能再活十二年。可是，皇帝的喜悦心情没持续多久，天气突然变了，阴云密布，紧接着大雪和冰雹一起落下。赵匡胤立刻离开太清阁，命令太监马上传赵光义来见。

赵光义进宫，兄弟二人开始喝酒，并将太监、宫女统统打发退下，这些人只能远远地看着寝宫的窗户上，烛光映照的两人的身影。只见赵光义一会儿离开酒桌，一会又回来，显然有些不胜酒力。喝完酒，夜已三更，院子里的雪和冰雹积了几寸厚。兄弟二人走出寝宫，赵匡胤摘下门柱上的斧子，在雪和冰雹上使劲戳，一边戳一边对弟弟说："好好干，好好干！"说完这话，哥哥回寝宫就寝，不一会儿就鼾声如雷。当天晚上，赵光义留在宫中过夜。五更时分，后宫突然安静了，雷霆般的鼾声消失，赵匡胤驾崩了。赵光义根据遗诏在皇帝灵柩前即位。天亮时，登上明堂，宣布遗诏之后，赵光义痛哭失声。当赵光义引领近臣向遗体告别的时候发现，赵匡胤就像刚刚洗完澡睡着了一样。显然，赵匡胤死得很安详。

文莹和尚的以上描述，本意是为赵光义当皇帝提供依据，根本没有任何怀疑赵光义是凶手的意思。可是，让文莹和尚万万没有想到的是，正是他的这段描述，引起后人怀疑，赵匡胤是被谋杀的，而凶手很可能就是赵光义。

司马光在《涑水记闻》中却有着一段完全不同的描述：那天夜里四更时分，太祖驾崩，皇后立刻派人去通知太监王继恩，让他去召秦王赵德芳进宫。可是，王继恩没去赵德芳家，却到晋王府找赵光义。当王继恩来到晋王府门口的时候，看见医官程德玄在门口坐着，就问他："你在这里干什么？"程德玄说："昨天半夜二更时分，有人在我家门口喊：'晋王召见。'可是，我出门一看，什么人也没有。如此反复了三回。我怕晋王可能有病，所以就到这儿来了。"王继恩感到非常诧异，于是就把皇帝驾崩的消息告诉了程德玄。二人连忙敲开门，进入晋王府见赵光义，告知皇帝驾崩的消息，同时让赵光义赶紧进宫。赵光义大吃一惊，却犹豫不决，不敢进宫。并且说："我得和家人商量一下。"赵光义进屋和家人商量，好长时间不出来。王继恩对屋内喊道："时间久了，会被他人抢了先。"赵光义听了这话才出了房间和王继恩、程德玄步行来到皇宫门前，高喊开门。当宫门打开时，王继恩说："您在这等一会儿，我先进去禀告一声。"程德玄说："等什么等，直接进去不就得了。"于是，3人一起进宫，直奔寝殿而来。皇后听说王继恩回来了，立刻问道："德芳来了吗？"王继恩回答："是晋王到了。"皇后一见来人是赵光义，惊得一时不知如何是好，连忙叫了一声："官家，我们母子的命，就全托付给官家了。"宋代，皇后称皇帝为"官家"。赵光义见皇嫂称自己为"官家"，等于承认自己是皇上了，立刻哭着说："共保富贵，不用担心。"

通过司马光讲的这段故事可以证明，皇帝死的时候，赵光义不在宫中，他没有作案时间。可是，司马光不小心却透露出另一个秘密。赵匡胤死得突然，根本没有留下遗诏，按照皇后的意愿，要将皇位传给她的二儿子赵德芳。赵光义的突然出现，让皇后一时不知如何是好，急中生智地叫了一声"官家"，只是想求得母子平安。赵光义也就顺水推舟，接受了这个称呼。

这里的关键人物，就是这个太监王继恩，他是揣测先帝意图，还是早有预谋呢？从赵光义当时的反应看，显然不像是有预谋的样子。可是，皇帝身边最信任的太监，在皇帝驾崩之后，皇后让他找皇子，他却偏偏找皇叔，这又说明什么问题呢？司马光解释说，是王继恩通过平日里的观察，觉得太祖有意将皇位传给晋王，因此，自作主张地来到晋王府，叫赵光义进宫，赵光义事先完全没有思想准备。如果司马光的解释是实情的话，那么，赵光义就是不得已才当了这个皇帝。

那么，这位不得已才当了皇帝的赵光义，皇帝究竟当得如何呢？在他继位之初，倒是继承了赵匡胤"先南后北"的统一方略，先后攻灭闽、越和北汉等地方割据政权。可是，当他兴兵北伐时，却表现出作为大宋皇帝，资质不够了。

比如，太平兴国四年，即公元979年，他在攻灭了北汉之后，在军队没有充分休整的情况之下，仓促对契丹用兵。战事初期还算顺利，易州、涿州纷纷归降，但是幽州却久攻不下，攻城的宋军陷入敌人的包围，最终惨遭失败。

七年之后，赵光义兵分两路，再次大举向契丹用兵。太平军节度使曹彬在东线节节胜利，一举攻克涿州；在西线，忠武军节度使潘美及其副将杨业出雁门关，一路攻占寰州。可是，曹彬深入敌境，粮草不继，无法久战。契丹人瞅准这一弱点，在幽州坚守不出。曹彬只得退却，不幸遭遇埋伏，大败而归。东线失利，西线作战也陷入困境，契丹十万大军夺回寰州，杨业在护送迁移的百姓途中遇敌，一番苦战之后，被契丹人俘获，最后撞石碑而死。

显然，宋朝军队的失败，原因在于战略上的失误。每次与辽国交战，敌人都采用了诱敌深入的战略，赵光义却不吸取教训，每次深入敌境，不是陷入重围，就是遭遇埋伏。与辽国这种诱敌深入的战略相反，当辽国大军进攻时，宋朝的军队只是把敌人挡住，不敢让敌人深入。这种僵硬的战略，表明赵光义在军事才干上逊辽国人一筹。

宋朝军队总打败仗，除了赵光义不懂军事之外，还有一个重要原因，就是自宋朝建立以来，一直采取"重文轻武"的国策。那么，赵匡胤为什么制定这种国策呢？因为，他出身武将，又经历了五代时期军阀割据的战乱，深知武将拥兵自重对皇权的威胁，因此，对武将特别地提防。

为了避免在军事上受到武将的威胁，采取了 3 个方面的措施，限制武将的权力：其一，缩小禁军将领的指挥权；其二，禁军分驻京师与外郡，内外轮换，相互牵制；其三，军队由三衙负责训练和管理，发兵权掌握在枢密院。发兵时临时任命统兵将官，从而造成兵不知将，将不识兵的效果。

宋朝统治者对武将军权的限制，虽然避免了军阀的产生，整个宋朝基本上没有出现军阀割据和军事政变，有效地保障了社会的安定和皇位的安全。可是，军队统帅与士兵之间没有个人感情，直接影响军队的士气和战斗力，武将在朝廷中不受重视，挫伤了将军的积极性。以上种种原因，降低了宋朝的军事力量，使得整个宋朝，不是进攻失败，就是被动挨打。

与防范和限制武将权力相反，赵匡胤对读书人极为尊敬和重用。具体表现在 3 个方面：其一，尊崇儒家，重视教育；其二，改革完善科举制度；其三，宣称要"与士大夫共治天下"，并且刻在石碑上，以示庄重和严肃。

在执行"重文轻武"的国策方面，赵光义做得更加极端。比如，他即位的第二年，科举考试录取了五百多名进士和各科人才，相当于赵匡胤时期每年平均录取人数的好几倍。从此，每次科举考试之后的录取人数和所授的官职，基本上保持着这个水平。

那么，赵光义为什么要扩大取士的名额呢？用他自己的话说是为了"兴文教，抑武事"（《续资治通鉴长编》卷一八），其实，他的真实目的是培植自己的势力。因为，他继承皇位缺乏合法性，遭到朝中大臣们的质疑。赵光义通过扩大科举取士名额的方式，破格提拔一些社会地位较低的士人，进入中央和各级地方政府，从而使这些人成为自己的支持力量。

赵光义比赵匡胤更加重文轻武，除了为自己培养亲信，提高自己当皇帝的支持度之外，还有一个重要原因，就是他骨子里的文人气质。这一点从他不会打仗，已经有所表现。不过，赵光义的确对文化建设下了很大的功夫。比如，在他的主持之下，编了《太平广记》、《太平御览》和《文苑英华》等鸿篇巨制。在文化建设方面，宋太宗赵光义，的确功不可没。

说起制作《淳化阁帖》，却是因为一个极其偶然的因素。事情发生在淳化三年的一天，赵光义正在阅读大臣的奏折，其中一位名叫徐铉的大臣呈上的《江南录》引起了他的兴趣，尤其是他的书法，让赵光义特别欣赏。这位徐铉是扬州人，原来是南唐的御史大夫，南唐灭亡后投降宋朝。徐铉精通文辞，工于书法，尤其擅长篆书和隶书。

赵光义看到最后却勃然大怒。徐铉在《江南录》中写了什么，惹得皇帝龙颜不悦呢？原来，徐铉在《江南录》的末尾写道："历数有尽，天命有归。"意思是，南唐灭亡是气数已尽，是不可抗拒的天命。言下之意，与宋朝皇帝的英明勇武无关。而且，在话语中流露出对南唐王朝的怀念之情。这怎能不让赵光义恼火呢？

赵光义本想把这个至今还怀念南唐的徐铉杀掉，可是，一想到太祖皇帝有"不杀士大夫"的训诫，就只能忍了。不过，这心头怒气难消，而且当时像徐铉这样的人，不是一个而是一群。如何化解他们的对立情绪，转移他们的注意力呢？思虑了半天，赵光义终于想出了一个两全其美的办法。

第二天，赵光义把王著唤来，命令他和徐铉等著名书法家一起编纂一套法帖。王著是皇帝的侍书，也就是书法老师。赵光义自从宋朝建立到当皇帝这16年间，闲暇无事之时，总是在练习书法。王著之所以担任侍书有两个原因：其一，他自称是王羲之的后代，写一手王体，几乎以假乱真；其二，赵光义非常喜欢王羲之和王献之的字，因此，就请王著给自己教授书法。这次主持制作法帖的具体工作，自然就交给王著负责。

徐铉等原来南方各王朝的文人们，这下可有事干了。他们每天埋头于法帖的制作，这件工作的量非常大，繁重的工作，既耗费时间，也耗费精力，同时也转移了他们的注意力，并且渐渐地磨掉了他们心中的失意和愤懑的情绪。

人们可能不太相信，编纂一套法帖，至于费这么大的劲吗？这就得说说这套法帖的制作了。制作法帖分两步：第一步，对宋朝皇室秘阁中收藏的从先秦到唐代一千多年的书法墨迹和作品进行筛选，最终有103位历代帝王、名臣和书法名家的420件作品入选；第二步，将选好的这420件作品全部用勾填法，在枣木板上勾勒出轮廓，然后，再由顶级的工匠，用刀将勾勒的字迹雕刻在枣木板上，最终形成一套永久性的法帖。

由于此法帖完成于淳化年间，因此被称作《淳化阁帖》，简称《阁帖》。整个《阁帖》一共分10卷，其中，第一卷收录19位帝王的书法墨迹；第二卷至第四卷收录67位名臣的书法作品；第五卷收录15位著名书法家的作品；第六卷至第八卷为王羲之的作品；第九卷至第十卷为王献之的作品。

法帖的枣木版雕刻好之后，再用上好的徽州贡墨和名贵的澄心堂纸，将法帖拓在纸上，然后将拓本编成卷册。这种拓本被称作"祖刻本"。

拓本制作相当精贵，数量极其有限，因此，拓本编制好之后，宋太宗赵光义只用来赏赐王公贵族和身边的大臣。然后，人们再根据这些拓本进行翻印，于是《淳化阁帖》开始在民间传播，出现了各种各样的翻印本。

可以说，《淳化阁帖》的制作，是有史以来影响最大的一次书法艺术普及运动。因为，《淳化阁帖》为后人保存了大量已经绝迹的历代名家墨迹。众所周知，书法作品都写在纸上，纸制品难以长久保存。因此，自秦汉至今两千多年，书法真迹散失的多，保存下来的少。比如，王羲之的真迹在唐太宗时代，还保存了近千份，到宋太宗赵光义主持制作《淳化阁帖》的时候，只剩下一百五十多件，其中还包含大量的摹仿本。到了 21 世纪的今天，王羲之的真迹已经荡然无存。即使临摹本，也所剩无几，少得可怜。

如果在中国书法史中没有《淳化阁帖》，那么，我们中华民族独有的书法艺术宝库，就会存在着一个巨大的断层，让子孙后代无法目睹书法艺术大师的墨宝。正如赵孟頫所云："书法之不丧，此帖之泽也。"意思是，书法传统能够得到继承而不中断，完全是这部《淳化阁帖》的功劳。正是《淳化阁帖》的制作，第一次大规模地将古代书法家的真迹普及、传播到民间，壮大了书法爱好者的队伍。对促进中国书法艺术的发展起到了极大的推动作用。

更重要的是，宋太宗赵光义，通过制作《淳化阁帖》，最终确立了王羲之"书圣"地位。早在唐代，唐太宗李世民就想确立王羲之的"书圣"地位。为此，他以一国之君的身份，亲自执笔在《晋书》中为王羲之立传。可是，当时民间几乎找不到王羲之的作品，只刻印了一部《集王圣教序》的楷书字帖，既无法达到将王羲之推崇为书圣的目的，也无法满足书法爱好者的需要。虽然唐太宗以皇帝的身份进行推崇和提倡，王羲之的书圣地位实际上已经名存实亡。可以说，在民间确立王羲之书圣地位的作用，完全仰仗《淳化阁帖》的制作和传播。

《淳化阁帖》在制作过程中，采用独尊"二王"的方针，凡与"二王"风格相差太大的作品，一概不得入选。在十卷《淳化阁帖》中第六、七、八卷为王羲之的作品，第九和第十卷，是王献之的作品，"二王"的作品就占了五卷之多。总共入选103人的420个帖，"二王"的作品多达233帖，超过了总帖数的一半。

人们一定会有疑问，宋太宗赵光义为什么采取独尊"二王"的方针呢？我认为，这其中的原因大致有两个：

其一，"二王"的书法水平的确是后人无法超越的巅峰。东晋时期的王羲之，生活在中国的书法艺术由隶书向楷书，由楷书向行书发展演变的重要时期。王羲之把一生的大部分精力都用在了书法艺术的探索上，因此，他的楷书和行书成就都非常大，成为这种演变过程的标志性作品。尤其是他的《兰亭序》，几乎达到让人顶礼膜拜的程度，被后人称赞为"天下第一行书"。同时，他的楷书作为天下的楷模，也是当之无愧的。

再比如王献之，他自幼跟随父亲王羲之练习书法，后来立志要超越父亲，所以，他博采众家之长，兼收并蓄，最终自成一体。他以行书和草书闻名，而且隶书、楷书的功底也非常深厚，最终赢得了与父亲王羲之并列的艺术地位和声望。

其二，二王书法体现了帝王意志。这正是唐太宗、宋太宗二位帝王喜欢二王书法作品的重要原因。当年秦始皇一统天下之后，用秦篆统一文字字体。随着时代的变化，秦篆已经不能作为统一文字的标准，必须有新的符合时代要求和书写规律的字体取而代之。相比之下，这个字体非二王的书法莫属。二王的书法，尤其是王羲之的书法既规范，又不彰显个性，适应了中央集权帝国统治的需要。因此，《淳化阁帖》被称之为法帖。

不幸的是大约在《淳化阁帖》制作好的四十多年之后，一场宫中大火，枣木版的《淳化阁帖》在烈火中被焚毁。原版被毁之后，人们只能拿《淳化阁帖》的祖刻本进行翻刻，用翻刻的拓本再翻刻。从北宋开始直至清代，《淳化阁帖》的各种翻刻本不计其数。由于不断地根据拓本进行翻刻，字迹渐渐变形，离祖刻本越来越远。这也就使得根据枣木版制作的祖刻本，变得格外珍贵。被视为国宝，价值连城。

然而，历经了一千多年的岁月沧桑之后，《淳化阁帖》的祖刻拓本却销声匿迹了，历史上很多书法家也只知其名，未见其物。那么，世上究竟还有没有《淳化阁帖》的祖刻本流传下来呢？谁也说不清楚，最终成为历史之谜。

1994 年，在香港举行的一次中国古代书法拓本的专场拍卖会上，在拍卖的图录中，竟然出现了《淳化阁帖》这件消失已久的珍奇国宝，顿时引起了拍卖界的轰动，人们纷纷参与竞拍。经过激烈竞拍之后，这件国宝却被一个叫安思远的美国人买走了。从此这件国宝流失海外。

安思远

起着一个中国名字的安思远，是英国名门望族的后代，1929 年生于美国纽约。父亲是著名的牙科医生，母亲是一位歌剧演员。安思远钟情于东方艺术，经过多年的钻研和收集，他收藏了很多中国珍贵的古代文物，是美国公认的最具眼光和品位的收藏家之一。

其实，安思远早在 20 世纪 60 年代，就想收购《淳化阁帖》了。当时他在香港结识了一位名叫李启严的古董收藏家。李启严曾经将他的收藏品拿出来给安思远一一过目。也就是在李启严家，安思远第一次看到了《淳化阁帖》的第四卷。李启严又介绍安思远认识了拥有《淳化阁帖》第六、七、八卷的另一位收藏家吴朴新。当时安思远有意购买他们手中的《淳化阁帖》，但是他们都不愿意出让。

1992 年，香港的佳士得拍卖会上出现了李启严的藏品，安思远这才知道李启严先生已经去世，但是这一次的拍品里并没有《淳化阁帖》。1994 年 6 月 1 日，佳士得公司组织中国古代书法拓本拍卖专场，在拍品中出现了李启严所收藏的《淳化阁帖》的第四卷。安思远听说消息之后，立刻赶到现场，成功地将《淳化阁帖》第四卷竞买到手。显然，安思远是有备而来，志在必得。

　　1995年9月19日，在纽约克利斯蒂举办的中国名画拍卖会，收藏家吴朴新的藏品出现在拍卖会上。安思远再次赶到现场，一举竞拍到《淳化阁帖》第六、七、八共三卷。至此，安思远一共花费了将近30万美元，购进了四卷《淳化阁帖》的祖刻本。消息传到国内，人们不禁为这件珍贵的国宝流失海外而扼腕叹息！

　　不久，国家文物局外事处长，赴美参加"中华文明五千年文化艺术展"的谈判。临行前，著名书法大师启功委托这位处长去找一个叫安思远的美国人，启功先生说，他手中收藏有《淳化阁帖》，希望处长能够促成《淳化阁帖》的回归。老人说，如果见不到《淳化阁帖》的宋刻真本，我死不瞑目啊！

　　外事处长费了一番周折，总算找到了安思远。一进安思远的客厅，处长就被安思远的收藏震惊了。只见，客厅的地上铺的是清代有瑞龙图案的宫廷地毯，靠墙的条几上放的是唐代的思维菩萨，墙上嵌的是元代道教壁画，门旁立着的是唐代陶俑，多宝格里摆的是清代单色釉瓷器。书画库里恒温恒湿，收藏条件非常好。不愧是一位世界级的收藏大师。

　　欣赏完安思远的收藏品，处长直接向他表达想看看《淳化阁帖》的愿望。安思远非常热情地向处长介绍他收藏的《淳化阁帖》。经过安思远的介绍，处长了解到，他收藏的《淳化阁帖》只是第四、六、七、八卷。当安思远将这四卷《淳化阁帖》呈现在处长面前时，心情激动的处长，洗了洗手，戴上手套，然后小心翼翼地打开红木盒套封，首先映入眼帘的，是真丝装裱封面上"淳化阁帖"四个字。处长屏住呼吸，打开封面，只见里面的字迹，神采飞扬，满纸灵动。以处长多年鉴定文物的经验判断，这四卷《淳化阁帖》的确是真迹！

　　在处长全神贯注地欣赏《淳化阁帖》的时候，安思远一直在一旁观察着。处长凝神静气地看完最后一页之后，长长地舒了一口气。安思远说："我真没想到你们中国人是如此欣赏此法帖，可是在美国没人重视它，都认为这是印刷品，就像邮票一样，没有什么价值。"处长马上接话说：

"那您能不能将《淳化阁帖》带到中国展出呢？"安思远笑笑说："你这样看重这件法帖，我很高兴，愿意将它带到中国去展览。"同时，安思远先生也透露出可以拿其他文物交换《淳化阁帖》的意思。

1996年9月，安思远先生携带着四卷《淳化阁帖》来到北京。在《淳化阁帖》公开展出之前，故宫博物院名家云集。应安思远的要求，邀请包括启功先生在内的中国一些碑帖、书法大家和研究人员，对4卷《淳化阁帖》进行真伪鉴定。

经过专家们的鉴定，确认安思远收藏的《淳化阁帖》的确是真迹，是现存最早的版本。虽然，只有4卷而不是全部，但是，依然具有深远的历史意义和学术价值。目前海内外能够见到的也仅此4卷，其他6卷下落不明。故宫博物院通过外事处长与安思远沟通，希望能够促成以其他文物交换《淳化阁帖》一事。可是，故宫博物院愿意提供的文物安思远先生不满意，安思远先生想要的文物，又都在典章制度中有记载，不宜拿出交换。因此，用文物交换《淳化阁帖》一事没有办成。

转眼到了2002年，安思远先生年事已高，身体虚弱，据说在房间里走路都很艰难。他没有后代，也没有合法继承人。一旦他离开人世，按照美国法律，他的所有遗产将归美国国家所有；他收藏的包括《淳化阁帖》在内的所有文物，将由美国弗利尔美术馆收藏。那么，这部仅存的《淳化阁帖》的祖刻本，就永远不可能回归祖国了。这可怎么办呢？

就在人们想不出办法的时候，事情突然出现了转机。2002年11月，上海博物馆成功举办了"晋唐以来国宝级书画大展"，一时间轰动海内外。安思远先生看到这则报道之后，立刻从美国传来消息：有意将《淳化阁帖》出让给上海博物馆。他希望在有生之年，让这件中国人的国宝回到它的祖国。与此同时，安思远拒绝了美国大都会博物馆、比利时博物馆以及日本收藏家的收购要求。

上海博物馆得知安思远老人的意愿之后，立刻向有关方面提出收购《淳化阁帖》的申请。申请很快得到批准，专项经费也已经到位，上海博物馆领导立刻委托国家文物局的外事处长，再次去美国完成这项收购任务。

2003 年初春，外事处长飞往美国纽约，秘密地拜会了定居在纽约的安思远先生。二人一见面，处长直奔主题：安思远先生，我这次代表上海博物馆来买《淳化阁帖》，请坦率地告诉我，到底多少钱？安思远先生犹豫了一会儿回答道：正是由于《淳化阁帖》，让我了解到中国文化的博大精深。我只希望《淳化阁帖》回到中国，所以我对日本人开的价是 1100 万美元，对其他中国人开的价是 600 万或者 550 万美元。我知道你是为国家买，我们不讨价还价了，就 450 万美元，这已经是最低的价格了。

处长立即请示了上海博物馆的领导，得到领导认可之后，最终以 450 万美元的价格，从安思远手中将 4 卷《淳化阁帖》祖刻本收购回国。这部在人们的视野中消失了很久，在海外漂泊了 8 年的国宝，终于回到了祖国的怀抱！

第 **14** 讲

浑源牺尊之谜

20 世纪 20 年代，山西省浑源县李峪村的村民无意间发现了一大批近三千年的青铜器，并且发生了哄抢。混乱中，政府只收缴回少量的青铜器，其中就包括"浑源牺尊"。这批青铜器出土之后立刻上演了一出拍卖国宝的闹剧，最终，它们当中的一部分被走私到了海外，幸运的是，"浑源牺尊"等 12 件精品被拦截下来。那么，这件精美的牺尊有着什么样的传奇故事？又是谁在战乱之中保护了这批国宝呢？

2004 年，为纪念中法建交 40 周年，中法两国在法国巴黎举办了中法文化交流年活动，在这次文化交流年活动中，有一项重要的内容，就是上海博物馆和法国吉美博物馆进行文物精品互借展览。作为上海博物馆的镇馆之宝，春秋时期的一件国宝级的文物，在法国吉美博物馆闪亮登场。这件国宝一登场，立刻赢得阵阵喝彩，无论是法国的国家领导人，还是法国的业界人士，以及法国巴黎的普通市民，都对中国这件国宝赞不绝口。那么，这件国宝究竟是件什么宝贝呢？

它的全名叫"浑源牺尊"。所谓"尊"是用来盛酒的器具，"牺"是用来祭祀的纯色牲口。因为，这件尊的外形是一头形象逼真的牛，因此大家就称它为"牺尊"。这头形象逼真的牛，鼻子上有一个铜环，这表明它已经被驯化。显然，两千五百多年前的春秋时期，中国人已经熟练地掌握了牛的驯化技术，同时也证明春秋时期，中原地区已经大量使用牛耕来生产。牛耕在当时是最先进的生产工具，因此，这件牺尊是当时我国生产力水平的一个极好例证。

由于它出土于山西省浑源县，所以人们叫它"浑源牺尊"。这只牺尊的颈、背、臀三处各有一个圆形的洞，并且彼此相通。背上的洞可以放入一个圆桶用来盛酒，前后两个洞可以注入热水用来温酒。这种集盛酒和温酒一体的牺尊，在目前出土的青铜器中，是唯一的一件。

吉美博物馆馆长宣布，他们馆也收藏了十几件浑源县出土的春秋时

浑源牺尊

期的青铜器，将借着上海博物馆的浑源牺尊的到来，一起进行特别的展出。希望通过这次展览，让法国人民充分感受春秋时期中国铸铜工艺的精华。

这样一来，出土于山西省浑源县的牺尊，就和自己的青铜伙伴，在异国他乡的法国巴黎团聚。大家一定会感到奇怪，远在山西省浑源县出土的春秋时期的青铜器，怎么会被法国吉美博物馆收藏呢？这就得从一个法国古董商人说起了。

这个古董商人叫瓦涅克。1924年，他在法国巴黎的东方美术馆，展出他在山西省浑源县收购的15件春秋时期的青铜器。当时，法国国立博物馆的总监，之所以要举办这项活动，就是要募捐。这位总监为什么要募款呢？因为，他想从古董商瓦涅克手中收购这批珍宝，让它们成为法国的国家收藏。这次展出达到了预期目的，一些法国名流和巨商纷纷捐款，法国国立博物馆馆长用这些钱将这15件青铜器全部收购，并且保存于法国卢浮宫，后来转入吉美博物馆收藏至今。

那么，这个法国古董商瓦涅克，怎么会拥有 15 件中国的青铜器，而且还将它们偷运到法国巴黎出售呢？与这些青铜器同时出土的"浑源牺尊"，又如何幸免于难，在这些珍贵的国宝身上究竟发生了什么事情呢？就让我们从它们的出土说起吧。

1923 年正月十五刚过，山西省浑源县李峪村的村民高凤章，带着三个儿子背着背篓给自家的地里送粪。高凤章家的地在一个山坡上，此山坡曾经有过一座"五谷庙"，因此村里人都叫它"庙坡"。从高凤章家走到"庙坡"一路上坡，背篓中的粪压得高凤章汗流浃背，气喘吁吁。高凤章卸掉背篓中的粪，坐在庙坡上缓了口气，准备返回家再送一趟。此时，高凤章的三个儿子在山坡上玩儿。大儿子发现山坡上有一个塌陷的深洞，并且有鸟飞进去。他好奇地跳进洞窟，想抓住这只鸟。可是，却在洞中发现几块木头，他用力将木头拽出，居然带出一个发光的金圈和绿锈斑驳的箭头。他大声呼喊，爸爸，快过来啊！高凤章不知道发生了什么事情，连忙来到洞口，看着儿子从土里挖出来的东西，拿在手中仔细端详了一会儿，随即跳进塌陷的洞中，捡起一块木头放在鼻子前闻了闻，惊喜地对儿子说："咱们发现宝贝了，这儿一定是一位大将军的坟墓，里面肯定有金银财宝，快回家取镢头和铁锹来。"高凤章的话音未落，三个儿子撒腿朝家里飞奔而去。

不一会儿，儿子们就扛着镢头和铁锹上气不接下气地赶了回来。于是，高氏父子抢起镢头、铁锹开始挖宝了。经过一阵挖刨，一件件精美的青铜器，被高氏父子从塌陷的坑里刨了出来。面对这些青铜器，高氏父子并不满意，他们继续在坑里挖着。为什么呢？因为他们要找金子和他们认为更值钱的东西，对青铜器，他们不认识，更不懂，所以并不看重。他们的目的还是达到了，挖出许多金纽扣、金钗、金环、金簪以及金条等等。同时，也挖出来许多青铜器。

夜幕降临时，高氏父子开始将金子和一些较大的青铜器往家里背，而一些小的和他们认为不值钱的青铜器，就随便地扔在了在地里。等到把宝物运回家并且埋藏好之后，天已经大亮。高凤章就打发儿子去告诉村里姓高的亲戚们，他们在庙坡上挖到宝贝了。高家的亲戚们一听说庙坡有宝贝，立刻上山接着挖。

人们可能有些不理解了，一般情况下，人都希望独吞这些地下宝贝，高凤章怎么会将发现宝贝的事儿告诉亲戚们呢？这就是高凤章的聪明之处。他心里很清楚，纸里包不住火，这种事情迟早会被人知道，一旦传扬出去，官府就会找上门来，甚至还会惊动土匪。如果多一些人挖宝贝，一方面法不治众，另一方面，自己可以减少别人的注意，挖到的宝贝和家人也就安全了。

亲戚套亲戚，邻居相互传。很快，庙坡挖出宝物的消息不胫而走，不几天全村人就都知道了，于是，一场大规模的挖宝行动在庙坡展开了。挖宝的人像赶庙会一样川流不息。全村人除了老人和孩子几乎都参与了挖宝。村民们把那块山坡挖了个遍，的确挖到了许多宝贝。可是，这些村民只认金子，不在意青铜器，他们像刨山药似的到处乱挖，许多青铜器被刨烂砸碎，面目全非。

不久，附近的村民也闻讯赶来。整个庙坡一片嘈杂，混乱不堪。有人自己不动手，等着别人挖出宝贝之后，立刻上前抢，时常发生械斗。这种疯狂状态，持续了一个多月。究竟有多少文物被毁，现在已经无从考证。据当事人回忆，刨烂的铜器比挖出的铜器要多得多。根据法国古董商瓦涅克的估计，这批青铜器将近百分之七十在农民的盗掘中被毁。

李峪村出土青铜器的消息终于传到了官府，当时担任浑源县知事也就是县长的谢恩承，下令收缴这些青铜器。可是，时间已经过去几个月，许多宝物早已经出手卖给文物贩子了。一些挖到青铜器的村民，拒绝上缴文物，当官府催逼得紧时，他们就把挖到的青铜器，切割成碎片，当废铜卖。甚至有人把金剑、金盔以及所有的黄金制品，都通过金匠熔化之后按照黄金的价格卖钱。不知多少国宝，毁于当地村民的贪婪和无知。

在县政府的追缴之下，李峪村出土的青铜器最终有 36 件被收缴，其中就有这只珍贵的"浑源牺尊"。人们一定会问，这么大规模的盗掘哄抢文物的行动，浑源县政府为什么反应如此迟钝，几个月之后才出面禁止和追缴呢？如果说是消息闭塞，那么文物贩子们为什么个个捷足先登呢？我们通过这位县知事后来的一系列行动，也许可以找到答案。

谢恩承收缴到这批珍贵的国宝之后，并不想上缴国家，也没有进一步保护的打算，却打出招牌广而告之，要对这批国宝进行公开拍卖。当然，这位县知事虽然贪婪却并不愚蠢，他为了获得公开拍卖国宝的合法性，打出了一个冠冕堂皇的旗号：所得款项用于教育、生产和振兴农村经济。这样一来，他对国宝的公开拍卖，就成了"义卖"了。

县知事此举，恰恰暴露了官府为什么对李峪村盗挖国宝一事反应迟钝。显然，作为一县最高行政长官的谢恩承，不可能不知道李峪村挖出国宝的事，也不可能不知道国家的文物需要保护的道理。可是，他一开始并没有当回事，直到听说这些东西可以卖大钱，当地有村民因为卖文物发了大财的消息之后，才派县衙的警察清查并没收村民们手中的宝物。

当谢恩承把国宝拿出来公开拍卖的时候，正中了文物贩子的下怀，并且也引起外国古董商们的注意。人们纷纷开价，却都不能中标，这是为什么呢？因为，这个时候谢恩承早就在私底下与法国古董商瓦涅克达成协议，以5万元大洋的价格，将这批国宝卖给瓦涅克。

那么，这位法国古董商瓦涅克到底有什么能耐，他怎么这么快得到消息，而且与谢恩承暗中达成交易呢？在此还得再说说这位法国古董商了。当浑源县李峪村发现春秋时期的青铜器时，这个瓦涅克正在鄂尔多斯草原上收购文物。草原上发现了属于"鄂尔多斯文化"的青铜器。他在那里收购了一些青铜兵器，显然，这位瓦涅克对中华文化相当了解。

远在鄂尔多斯草原上的瓦涅克，一听说浑源县李峪村挖出青铜器的消息之后，立刻赶到浑源县。可是，从鄂尔多斯草原到山西省浑源县，大约有八百多华里，这个瓦涅克的消息怎么会这么灵通呢？因为有人给他通风报信。这个人就是浑源县的一位天主教神父，他在浑源县办了9个传教所，其中一个就在李峪村附近，因此，这位神父得到李峪村庙坡挖出青铜器的消息之后，立刻在第一时间写信，通知了远在鄂尔多斯草原上的瓦涅克。

可是，当瓦涅克风尘仆仆地从鄂尔多斯草原赶到山西省浑源县时，迎接他的却是一个坏消息：县知事谢恩承，已经将李峪村出土的青铜器全部收缴了。兴冲冲的瓦涅克，顿时觉得头上泼了一盆凉水，十分沮丧。这个时候，神父又悄悄告诉他了一个好消息：当地村民根本没有把古董全部交给官府，他们手里还有大量的存货。只要到乡下去收购，一定会有收获。

得到这个好消息之后，瓦涅克立刻行动。他先到浑源县政府，对收缴的青铜器进行资料汇集，并且拍照存档，心中盘算着如何将这批珍贵的青铜器全部收购。据瓦涅克统计的资料显示，当时浑源县政府收缴的青铜器包括那只著名的浑源牺尊在内，大小一共 36 件，这些国宝陈列于县图书馆。

整理好这些文物的档案，瓦涅克心里更加清楚这批文物的珍贵价值了。他出发到李峪村，在青铜器的出土地点进行了一次详细的调查，并在当地住了下来，开始明察暗访农民手中收藏的青铜器。大约花了半个多月的时间，瓦涅克从当地农民手中收购了二十几件青铜器。

瓦涅克在乡下收购青铜器的时候，心里依然惦记着被浑源县政府没收的那 36 件国宝，并且密切地注视它们的动向。通过浑源县天主教神父这条眼线，谢恩承的一举一动都在瓦涅克的掌握之中。因此，当谢恩承的拍卖计划刚刚启动，瓦涅克立刻捷足先登，以 5 万元大洋的价格一举中标，并且签订了购买协议。瓦涅克从谢恩承手上收购了浑源县收缴的 36 件青铜器之后，很快又将他在乡下收购的二十几件珍贵青铜器偷运到法国巴黎。

当瓦涅克在法国巴黎成功地将偷运出境的 15 件浑源县的青铜器出手之后，从法国巴黎兴冲冲地回到浑源县。他来到县政府按照购买协议提货，当他打开箱子一看，却大吃一惊。以他多年从事古董生意的经验，瓦涅克一眼就看出，箱子里装的青铜器全都是赝品。这位在世界古董行闯荡多年的老江湖，怎么也没有想到，会在中国这个小县城里翻了船。

作为一个法国人，他很难理解这位谢知事，一个政府官员，竟然会

阎锡山

在双方签订了协议，并且交付货款之后，不顾最基本的商业信誉，用赝品将真品掉了包，以欺诈的方式毁约。瓦涅克一怒之下，来到北京将谢恩承告上了法庭，试图通过法律的方式解决这件事。

这场官司虽然惊动了法国公使和北洋政府的外长，但是，最后还是瓦涅克败诉，他不但没有得到他垂涎已久的36件国宝，而且还损失了预付的5万大洋的货款，以失败的结果抱恨终身。一个外国人，在20世纪30年代的中国，与一个地方县吏打官司居然输了，真有些令人不可思议。这究竟是怎么回事呢？

其实，中方之所以取胜的原因很简单，这事儿惊动了山西省的实力派人物阎锡山，他出面干预此事。他的干预方式很特别，既不调查了解此事的内幕和真相，也不管谁对谁错，只是一味地袒护被告的中国地方官员谢恩承。

面对阎锡山的干预，北洋政府的法官不知如何是好。瓦涅克只好找法国公使馆求助。法国公使对北洋政府官员进行威胁并施加压力。在法国公使的压力之下，北洋政府的内务部、外交部多次过问此案，甚至多次催促阎锡山查办此案。最后，阎长官搬出民国颁布的《保存古物条例》来对付北洋政府的压力，就这样，这场官司不了了之了。瓦涅克被浑源县知事狠狠地涮了一把，他也只能自认倒霉。

可是，县政府收缴的这批青铜器却并没有因此落入谢恩承的手，最终却落在了浑源县绅士田应昌的名下。谢恩承毁约就是因为这个田应昌，就在瓦涅克与谢恩承为了这批青铜器对簿公堂的时候，田应昌仅用4万大洋就得到了这批珍贵的国宝。而且，田应昌只付了定金，余款约定于4年之后的1929年底付清。

这就让人百思不得其解了。为什么谢恩承不惜承担毁约的法律责任，一批货却要卖两家，而且以制造赝品的方式企图蒙混过关呢？难道这个谢恩承与田应昌之间私下里有什么见不得人的交易吗？如果真是这样的话，那么，山西省最高行政长官阎锡山，为什么会出面干预这场官司，并且明显袒护被告谢恩承呢？这就得说说这位阎长官了。

田应璜

阎锡山是中国现代史上大名鼎鼎的人物，被称为"山西土皇帝"，在当时军阀混战的环境中，他在各路军阀中不断更换靠山，甚至暗中勾结日本人。像这样精明狡猾的人物，却顶着内务部、外交部的命令不办，一意孤行地支持浑源县知事谢恩承这个违约的被告，与法国商人和法国公使作对，最终将这场官司不了了之。这种做法，除了证明阎锡山与田应昌之间有着某种特殊的关系之外，很难有别的解释。

那么，作为山西省最高地方长官的阎锡山究竟和田应昌有什么特殊关系呢？要解开这个谜，就得从田应昌的家世说起。在山西省浑源县，田家那可真是赫赫有名啊。清朝出过几任高官，到了民国时期，田家出了一位风云人物，他叫田应璜。他曾经出任过北洋政府的参议院议长和内务部总长，是田家也是浑源县出的最大的一位官员。他和当时的显赫人物张作霖、吴佩孚、阎锡山都私交甚厚，其次子田汝庚还与张作霖之子张学良结拜为兄弟。

田应璜作为山西人，和阎锡山颇有一段渊源。"辛亥革命"后，时任山西都督的阎锡山，雄心勃勃，四处网罗人才。他非常欣赏田应璜的才干，任命田应璜为民政总长，后来又让田应璜担任高等顾问，对田应璜那可真是言听计从。

田应璜的确有才能，而且在关键时刻能够挺身而出，解决棘手问题，回报阎长官的知遇之恩。比如，1921年初，阎锡山为扩充军事实力，通过日本人购置了一大批军火。当这批军火运到奉天（今辽宁沈阳）时，被张作霖全部扣押。对此阎锡山万分焦急，一方面，他的军队急需这批武器，另一方面，张作霖一旦将此事公开，阎锡山将身败名裂。为此，阎锡山找田应璜商量，田应璜表示愿意亲赴奉天，设法说服张作霖归还军火。阎锡山大喜，给田应璜10万元活动经费，让他见机行事。田应璜到达奉天后，以干亲的身份拜访张作霖，二人聊天叙旧很是投契。当田应璜提出归还军火一事时，张作霖心里虽然不痛快，但碍于干亲的面子，还是送了个人情答应了。张作霖说："既然您来为他讲情，一切都好说。看在您的面子上，就把那批东西全数发还给他，我下令车站放行。您就安心在沈阳多住几天，好好玩玩。"事后，张作霖没有食言，将这批军火如数发还给阎锡山。当田应璜返回山西向阎锡山复命时，所带10万元款项分文未用，如数上交，阎锡山因此更加钦佩田应璜的为人。

由此可见，田应璜与阎锡山的关系非同一般，而田应璜就是田应昌的亲哥哥。这样一来，阎锡山敢顶着北洋政府内务部和法国公使馆的压力袒护谢恩承，最后让官司不了了之，田应昌仅用4万大洋就能得到这批珍贵的国宝，甚至还可以赊账4年，这其中的原因，也就不言而喻了。

按理说，有山西土皇帝阎锡山的支持，这批国宝非田应昌莫属了。可是，1927年，田应昌病故，他的哥哥田应璜也于同年病逝于北京。于是，谢恩承将这批青铜器拿出来重新进行拍卖。这就奇怪了，田应昌是国宝的购买者，虽然是赊账，毕竟付了定金。现在人虽然去世了，这些国宝怎么可能由着谢恩承拿出去重新拍卖呢？

根据谢恩承的说法，田应昌去世之后，其子田汝弼对剩余的款项不愿意履行付款义务，因此，谢恩承就把这批国宝再度拿出来拍卖。这种说法很难让人相信，一方面，此时是1927年，距离付清尾款的期限还有两年；另一方面，这些青铜器的价值已经众所周知，田家通过高层关系，费尽千辛万苦，才从法国古董商瓦涅克的手上夺回这批国宝，田汝弼怎么可能轻易将它们拱手相让呢？这就得说说这个田汝弼了。

田汝弼其实是田应璜的儿子，后来过继给田应昌。曾经留学日本学习农业，回国后立志振兴家乡农业。于1915年创办了自己的公司，在山西应县大兴水利工程，利用浑河水将10万亩盐碱滩，改造成为上好的水浇地。

以田汝弼的资质和经济实力怎么会不愿意履行购买这批国宝的付款义务呢？显然，谢恩承在撒谎。那么，他为什么要撒谎呢？因为，田应璜死了，田家的后台没有了，田汝弼只不过是个学者型的实业家，没有任何政治背景。谢恩承自然可以毫无顾忌，为所欲为，要将这批国宝卖给第三家。

谢恩承提出要重新拍卖国宝之后不久，北京的一位古董商和德国的一位古董商，闻讯赶来，争相竞购，出价达到了9万8千元，价格翻了一番。可是，这两家都没有将这批国宝买到手。这是为什么呢？

因为，浑源中学的学生罢课了，他们到处串联，联合浑源县各界人士给政府上书，要求提高这批国宝的售价。学生们一方面选出代表，到太原去告状；另一方面，在县城里召开各界人士的代表会，一致决定："青铜器的价格25万不变，所卖款项必须作为新建高中的经费。"并给谢恩承发出警告电文。

面对这样的压力，谢恩承不能不有所顾忌。更重要的原因是，学生进太原告状起了作用，阎锡山再度出面干预，责成山西省政府下令，不准出售这批青铜器。就这样，这批国宝暂时保住了。

可是，5年之后的1932年，北京的古董商卢丰年花了29万元大洋，将这批青铜器全部买走了。至此，长达10年之久的拍卖国宝的闹剧终于落下了帷幕。浑源县李峪村出土的春秋时期的青铜器的最后一批，全部成了卢丰年的囊中之物。

这位卢丰年花巨款购买到这批国宝之后，先将它们秘密地运到北平，然后想方设法要将这批国宝运出国门。此时已经不是北洋政府时期，南京政府加强了对文物的保护，专门有古物保管委员会，并且电令平津等各海关严加防范。因此，卢丰年想一次性将这批国宝全部卖到海外的图谋，一直未能得逞。就在他攥着这批国宝待价而沽的时候，卢沟桥事变爆发，日本全面侵华，卢丰年只好将这批国宝继续收藏了。

有人说，战争的烽火挡了卢老板的财路，可是，抗战爆发之前有5

年时间，卢丰年为什么没有将这批国宝转手倒卖呢？又有人说，是舆论的压力让卢丰年有所顾忌。因为，瓦涅克将浑源县的青铜器倒卖给法国博物馆之后，在世界考古界引起很大轰动，许多考古学专家发表文章盛赞这批青铜器，并且为中国人盗卖自己的国宝感到羞耻。这些文章引起国内舆论的哗然。人们纷纷撰文，要求加强对出土文物的严格管理，希望海关严禁文物出口。一时间，对盗卖文物形成了一定的舆论压力。

其实，无论是战争的烽火还是舆论的压力，并没阻止卢丰年贩卖这些文物。卢丰年手中的青铜器只是没有全部出手而已。从他获得这些宝物到抗战胜利的十几年里，他已经将其中的三分之二出手了。也就是说，原本 36 件宝物，最后只剩下 12 件。像卢丰年这样的人，不会因为舆论压力而有所顾忌，这种文物贩子是没有廉耻的。他只是将最重要、价值最高的国宝留在最后，等待一个大买家。

抗战胜利之后，南京政府忙于内战，疏于对文物出口的管理。卢丰年认为，向国外倒卖国宝的机会来了，因此他决定铤而走险。不久，他通过自己长年经营的倒卖国宝的秘密渠道，将手中剩下的浑源县出土的最后 12 件青铜器运到了上海，由一家名叫"雪耕斋"的古董店经手，准备走私到美国去。这家古董店的老板叫张雪耕，他准备将自己手头的一批珍贵文物，利用卢丰年的文物走私渠道，与这 12 件青铜器一起偷运出国门，发一笔横财。张雪耕先将所有文物分装成 17 箱，然后贴上"仿古品"的字样。经过精心准备，张雪耕将这批"仿古品"向上海海关申报，居然顺利地通过了海关检验。

为了安全起见，张雪耕将这批"仿古品"交给英国的海运公司代理承运。1948 年 9 月的一天，一艘停泊在上海外滩海关码头的英国商船，即将离开黄浦江驶向美国纽约。此时，张雪耕的 17 箱"仿古品"也已经装上英国商船准备出发。就在这艘英国商船即将起航，张雪耕感到大功将要告成的时候，上海博物馆的有关人员突然出现在码头，正式向海关人员宣布："奉内务部和上海市长之命，对这批'仿古品'进行重新检查。"张雪耕的这 17 个箱子，只好从船上卸下来接受重新查验。

　　一种功败垂成的感觉，让张雪耕非常沮丧。他想不通啊，这批国宝1947 年春就运到上海了，这都一年多过去了，眼看就要顺利出境了，怎么会突然对这批国宝要重新查验呢？张雪耕思来想去，也想不出究竟是哪个环节出问题了，最后只能猜测，一定是有人向政府部门提供了线报。其实，这位张老板光知道偷运文物了，根本不关心时事，不看报纸。就在这批青铜器秘密运到上海的时候，《申报》立刻披露了此事，引起上海文化界的震动，上海博物馆迅速做出反应，正式向市教育局长和上海市长呈文，请求查禁这批文物出口，消息甚至惊动了民国的内务部，上海市长这才下令，对张雪耕的这批"仿古品"，重新进行检查。

　　更让张雪耕想不通的是，卢丰年将这批国宝在北京隐匿了十几年，一直没事，为什么一到上海就走漏了风声，成为人们关注的焦点呢？像卢丰年、张雪耕这样的古董商人哪里想得到，当他们将这批国宝刚刚起运的时候，北京的中共地下党就知道了，立刻将这个消息透露给上海的新闻媒体。新闻媒体立刻将这则消息公之于众，让这次文物走私活动暴露在光天化日之下，这才引起了上海有关方面的严重关注，促成了这次的重新查验。

　　经过上海博物馆和海关工作人员的重新查验，发现在这 17 个箱子里，一共装着 345 件所谓的"仿古品"，其实只有 3 件为仿制品，其他都是珍贵的文物，其中包括"浑源牺尊"，以及其他 11 件李峪村出土的最后一批青铜器。因此，这批文物被上海海关扣下了。张雪耕不死心，他先是通过带有子弹的恐吓信，妄图迫使检查人员放弃查验。可是，博物馆的工作人员没有被子弹吓退。张雪耕只好到国民政府内务部去走关系，请求以"仿古品"的名义准予出口。

　　就在张雪耕一方面在内务部寻找关系走上层路线，另一方面想尽一切办法与上海海关和博物馆周旋的时候，上海市解放了。上海市军管会很快扣押了这批所谓的"仿古品"。张雪耕先后两次向上海市军管会上书，声称这批古玩纯属仿制品，要求重新查验，并准予出口。军管会严词驳回了张雪耕的要求。几个月之后，上海市人民政府做出决定：这批被扣留的文物全部交给上海市文物管理委员会妥善保管。

　　1952 年上海博物馆成立，12 件浑源青铜器移交上海博物馆收藏。后来，其中一件送给中国历史博物馆，也就是今天的中国国家博物馆收藏，上海博物馆现存 11 件。经文物专家鉴定，这 11 件青铜器，是 1923 年浑源县李峪村出土的青铜器中最精华的部分。其中"浑源牺尊"已经成为上海博物馆的镇馆之宝。

第15讲

《虢国夫人游春图》之谜

《虢国夫人游春图》生动地描绘了虢国夫人盛装出游的情景，虽然真迹已不存在，但宋代摹本依然珍贵。在漫长的历史长河中，这幅作品的真迹和摹本数易其主，颠沛流离。1945年，溥仪在沈阳东塔机场候机时，被苏联红军逮捕，随身携带的一批书画被截获，其中就包括《虢国夫人游春图》的宋代摹本。这幅珍贵的作品也带来了许多谜团：画中人物哪一位是虢国夫人？历史上真实的虢国夫人是一个什么样的人，她的人生结局如何？这幅作品又有着怎样坎坷的经历？

杨仁恺

1950年春的一天，时任东北人民政府文化部文物处研究室研究员的杨仁恺先生，来到东北银行的库房，整理、鉴定一批古代书画作品。这批古代书画作品是伪满洲国皇帝溥仪，在逃往日本之前被苏联红军逮捕时截获的。被赞誉为"国眼"的杨仁恺先生，在这一百二十多件古代书画作品中，发现了很多珍品。其中最重要的作品，当属《虢国夫人游春图》的宋代摹本。这幅作品的原作者，是唐代著名画家张萱。此画为绢本，设色，纵51.8厘米，横148厘米。画面上画着行进中的虢国夫人及其眷从盛装出游的场景，表现了唐代上层社会妇女悠闲享乐的生活。然而画中的主人公虢国夫人一定想不到，在这次盛装出游的几年之后，什么样的结局在等着她。那么，在这位贵族夫人身上，究竟发生了什么事呢？这还得从安史之乱说起。

唐天宝十四年，即公元755年的十一月，范阳、平卢、河东三镇节度使安禄山举兵造反了。他打出"奉旨讨伐逆臣杨国忠"的旗号，率15万步骑兵，直奔东京洛阳杀来。十二月，叛军渡过黄河，占领洛阳。第二年，叛军向西进攻，潼关失守，长安告急。唐玄宗听从杨国忠的建议，逃出长安城，奔西蜀（今四川）避难。当玄宗皇帝一行人来到距长安城百里之遥的马嵬坡（今陕西兴平市）的时候，人困马乏，只好进驿站休息。

突然，随行护驾的禁军包围了驿站，士兵们一阵乱箭将杨国忠父子射死。玄宗皇帝拄着拐杖走出驿站，见事已至此，只好说："众位将士辛苦，你们可以收队了。"可是将士们却一动也不动，皇帝突然失去了权威，只好让太监高力士去问个究竟，禁军统率陈玄礼回答说：杨国忠谋反，杨贵妃是他的亲妹妹，不宜继续留在皇上身边，"愿陛下割恩正法"。（司马光：《资治通鉴·唐肃宗》）意思是，希望皇上不要顾及往日情感，将杨贵妃处死。皇帝脚步蹒跚地走进驿站，倚着拐杖低着头，一动不动地站了很久。

这个时候，京兆司隶韦谔来到皇上面前，跪下请求道："如今众怒难犯，这可是决定安危的关键时刻，请陛下速决！"说罢叩头流血。玄宗皇帝说："贵妃一直住在深宫，怎么可能知道杨国忠造反的阴谋呢？"高力士说："贵妃虽然无罪，可是，将士们已经杀了杨国忠父子，而贵妃每天都在陛下身边，他们怎么可能放心呢？愿陛下认真考虑，将士们安心则陛下才安全啊。"听了这番话之后，皇帝终于点了点头。高力士见皇帝同意了，立刻找出一条白绫，来到驿站旁一座佛堂的院子里，将杨贵妃在一棵梨树上吊死了。然后，将杨贵妃的尸体抬到驿站庭院，召陈玄礼等将领进来验证。将士们见杨贵妃已死，这才保护着玄宗皇帝继续向西蜀行进。

与皇帝和杨贵妃一起离开长安逃往四川的还有一个女人，她就是杨贵妃的三姐虢国夫人。当她得知杨国忠父子和杨贵妃相继遇难的消息之后，带着她的儿子和女儿，以及杨国忠的老婆裴柔，一起骑马向陈仓（今陕西宝鸡）方向逃命。陈仓县令听说消息之后，立刻亲自率人追赶。虢国夫人一行人最后无路可逃，只好弃马步入竹林。在竹林里走投无路时，虢国夫人先掐死了自己儿子和女儿，然后，拔剑准备自杀。这个时候，杨国忠的老婆裴柔恳求虢国夫人说："你先杀了我再死，好吗？"虢国夫人刺死了裴柔之后，挥剑自刎，结果血流了一身却没死，被追上来的陈仓县令抓获，关入陈仓县大牢。虢国夫人问县令："要杀我的是朝廷，

《虢国夫人游春图》

还是叛贼？"县令回答说："朝廷和叛贼都要杀你。"不久，虢国夫人因刎伤出血，凝结在喉中窒息而死，死后葬于陈仓东郊。人们不禁要问：虢国夫人不过是个弱女子，为什么朝廷和叛贼都要杀她呢？这就得说说这位虢国夫人的为人了。

这位虢国夫人，是杨贵妃的三姐，人们只知道她姓杨，不知道她叫什么，只知道她死于何日，不知道她生于何时。她曾经嫁于裴氏为妻，后来丈夫去世，年轻守寡。如果不是她的妹妹杨玉环，这位年轻的寡妇也许就默默无闻地在家乡守寡一生了。可是，命运却并没有这样安排。

开元二十四年，即公元 736 年，玄宗皇帝最宠幸的武惠妃去世，皇帝成天闷闷不乐。为了让皇帝高兴，有人推荐杨玉环，说她天生丽质，美貌绝伦，特别适合侍奉皇上。可是，杨玉环这会儿是寿王李瑁的妃子，17 岁时嫁给李瑁，已经整整 10 年了。李瑁是皇帝最宠爱的武惠妃

所生，是他第十八个儿子。玄宗皇帝不管那一套，一听说是美女，立刻下诏让寿王妃进宫来见。玄宗皇帝一见到杨玉环就被迷住了，也许因为见面的意图不同，也许唐玄宗早就对杨玉环有意。向皇帝推荐杨玉环的人，无非是揣摩透了玄宗皇帝的心思。然而，他们之间毕竟有一层公公和媳妇的关系，直接迎娶岂不乱伦？怎么办？还是杨玉环有主意，她说："我先出家，不再是寿王妃，然后陛下再迎娶我。"于是，玄宗皇帝下了一道《度寿王妃为女道士》的敕令，并赐道号"太真"。就这样，杨玉环撇下结婚10年的丈夫出家了。杨玉环出家之后，玄宗皇帝聘韦昭训的女儿为寿王李瑁新的王妃。这样一来，杨玉环就不再是儿媳，玄宗皇帝名正言顺地将这个女道士娶进宫中。杨玉环在寿王府10年，学得能歌善舞，精通音律，因此，深得玄宗皇帝的宠幸，不久就被册封为贵妃，享受和皇后一样的待遇。

杨贵妃得宠于唐玄宗之后，就请求皇上将她的3个姐姐一起迎入京师，以慰思念之情。杨玉环的3个姐姐，个个才貌双全，唐玄宗一见都非常喜欢，居然称杨氏三姐妹为"姨"，并且在京城赐给她们住宅。天宝初年，杨玉环的3个姐姐都被封了头衔。大姐为韩国夫人，三姐为虢国夫人，八姐为秦国夫人。皇上每年赏给3位国夫人上百万钱，用来购买香脂水粉、金银首饰。

　　与此同时，皇上又追赠杨玉环死去的父亲为太尉、齐国公，将最喜欢的太华公主、寿王李瑁的亲妹妹，嫁给杨玉环的族兄杨锜，就是把女儿嫁给大舅哥，瞧这辈分乱的。任命杨玉环的堂兄杨钊，也就是后来的杨国忠，为金吾卫曹参军，就是皇帝的警卫官。在皇帝的恩宠之下，杨氏兄妹，联成一气，势力极为显赫。一些趋炎附势的人，纷纷前来巴结，一天到晚，门庭若市。就连公主、驸马都不敢招惹杨氏兄妹。

　　比如，天宝十年正月十五的晚上，杨氏兄妹几家人一起出来夜游，在西市门口与广宁公主一家相遇，双方谁也不肯相让。杨氏的家奴用鞭子抽公主，虽然只抽到衣服，公主却因受惊吓从马上摔了下来。驸马爷上前搀扶公主，却挨了杨氏家奴好几鞭子。广宁公主向父亲玄宗皇帝哭诉，皇帝下令杀了杨家奴仆，同时停了驸马爷的职。显然皇帝这是各打五十大板。

　　仗着皇帝对杨玉环的宠幸，杨氏兄妹更是有恃无恐，他们居然模仿皇宫的样子，建造自家的豪宅。杨氏兄妹出门都乘坐豪华车驾，在京城中招摇过市，四处炫耀。有人评价说，自开元朝也就是唐玄宗当皇帝以来，任何一家皇亲贵族，在豪华奢侈方面都无法与杨家相比。

　　在杨氏兄妹中，表现最过分的，还属虢国夫人。她长得妖艳风流，很受玄宗皇帝的恩宠，在长安城中赢得盛唐第一贵妇的称号。玄宗皇帝甚至准许虢国夫人随时入宫拜见。当时有诗人这样讥讽道："虢国夫人承主恩，平明骑马入宫门，却嫌脂粉无颜色，淡扫娥眉朝至尊。"（张祜：《集灵台》）意思是，虢国夫人凭借皇帝的恩宠，大白天可以骑马进入皇宫，脸上从来不涂脂抹粉，只淡淡地描一下眉毛，就来见皇帝。这不仅表明虢国夫人自恃美丽，而且暗示她与皇帝的关系非同一般。

正是因为与玄宗皇帝有这种特殊的关系，虢国夫人才有恃无恐，专横跋扈。有一天中午，虢国夫人带着一干人等来到韦家门前，对韦家人说："听说这宅院要卖，要多少钱啊？"韦家人回答说："这宅院是祖上留下来的，我们不会卖的。"还没等韦家人把话说完，呼啦啦涌进来几百号人，纷纷登屋上顶，掀瓦拆房。韦家人没办法，只好将一些日常用品搬出家，站在路中间，眼睁睁地看着这帮子人拆自己家的房子。虢国夫人给韦家只留下十几亩地，没给一分买房的钱。人们会觉得不解，虢国夫人为什么会如此横行霸道呢？

其实，仅仅凭借皇帝的宠幸，虢国夫人未必敢如此胆大妄为。因为韦家毕竟是玄宗皇帝的亲家。这就更令人不解了，虢国夫人怎么敢欺负皇帝的亲家呢？其中的原因，还得从奸臣李林甫说起。

李林甫是皇室宗亲，此人精于权谋，工于心计，与宫中宦官、妃嫔交情深厚，特别能够揣摩皇帝的心思，深得皇帝的赏识。在李林甫刚刚入朝为官的时候，武惠妃正受宠，皇帝因此喜欢武惠妃生的儿子寿王李瑁，对太子李瑛则有所疏远。李林甫就通过宦官对武惠妃表示，愿意尽力保护寿王当太子。武惠妃非常感激，于是，总在皇帝面前说李林甫的好话，暗中帮助他。

正是在武惠妃的暗中帮助下，李林甫最终当上了宰相。李林甫为了回报武惠妃的美言之恩，就故意挑唆皇帝与其他儿子的矛盾，最终玄宗皇帝将太子李瑛、鄂王李瑶、光王李琚同时废为庶人。不久，唐玄宗又将三个皇子赐死。

太子李瑛死后，太子的位置出现空缺，李林甫就多次劝说玄宗皇帝，立寿王李瑁为太子。此时武惠妃已死，玄宗皇帝对李瑁的感情大不如从前，他更想立忠王李玙为太子。他觉得李玙年长，仁孝敦厚，勤奋好学，而且皇帝最信任的大太监高力士，也极力推荐和支持。就这样，李玙最后被立为皇太子，改名为李亨。

李林甫知道自己不是太子李亨的人，在立太子的过程中，自己也没有任何功劳，担心日后太子继位，会对自己不利。于是，就想方设法找太子的茬，动摇太子地位，最终废掉这个太子。直接找不到茬，就在太子周围的人身上找。他先把太子李亨的大舅哥韦坚，放在一个要害的职位上，然后又派人成天在暗中盯着韦坚。有一年的正月十五，李亨出宫游玩，碰巧遇到大舅哥韦坚，这个时候韦坚正在与陇右节度使皇甫惟明在一起。这下让李林甫的人抓住了把柄，他立刻向皇帝揭发说，韦坚身为太子的亲戚，却结交边关大帅。李林甫也趁机诬陷说，韦坚勾结陇右节度使皇甫惟明，准备拥立太子为帝。玄宗皇帝一听大怒，立刻将韦坚和皇甫惟明贬官，并且命令李亨，将太子妃韦氏休了。

太子嫔妃杜良娣的父亲杜有邻与女婿柳勣不和。良娣的地位仅次于太子妃，因此，杜有邻也是太子的岳父。柳勣诬告杜有邻"利用预言，勾结太子，企图夺取皇位"。这下可给李林甫提供了绝佳的机会，他立刻命令杨国忠审理此案。最终，杜有邻、柳勣在刑讯逼供中被活活打死，杜良娣被废为庶人。李林甫和杨国忠，故意将此事扩大化，株连与太子有关的官员几百人，逼得前任宰相服毒自杀，太子妃的哥哥韦坚被皇帝赐死，太子妃韦氏被休，韦家彻底没落。正是在这样的背景之下，虢国夫人才敢强占韦氏宅第，这是典型的乘人之危，不仅霸道而且卑鄙。

宰相李林甫之所以勾结杨国忠打击太子的势力，一方面是利用皇帝对杨家的恩宠，另一方面，在反对太子的问题上，他们的利益是一致的。为什么呢？因为，这种用女人姿色换来的宠幸和荣耀不会长久，一旦太子登基，杨家的荣耀和地位就终止了。因此，在李林甫陷害太子李亨的时候，杨国忠充当打手，并积极参与其活动。从此，杨国忠以及杨氏家族，与太子李亨之间势不两立。

玄宗皇帝之所以信任杨国忠，除了取悦杨贵妃之外，主要是想用他牵制李林甫的专权，同时也准备让杨国忠取代年纪越来越老的李林甫。天宝十一年，李林甫去世。玄宗皇帝任命杨国忠担任右相，掌握了朝廷大权。这位完全靠裙带关系当上右相的杨国忠，在他掌握朝廷大权期间，不但生活骄奢淫逸，而且好大喜功，祸国殃民。比如，他发动了两次攻打南诏的战争，均遭失败，伤亡惨重，暴尸荒野，人神共愤！

天宝十四年，安禄山起兵造反，打出"奉旨讨伐逆臣杨国忠"的旗号。这并非安禄山为民请命，实际上是他与杨国忠之间个人恩怨的总爆发，只不过找了个冠冕堂皇的借口而已。这两个人都受宠于玄宗皇帝，他们会有什么个人恩怨呢？这根源还在杨国忠。安禄山比杨国忠发迹早得多，杨国忠还没入朝为官时，安禄山就已经是节度使，并且被封为东平郡王了。

安禄山对老谋深算的李林甫还算惧怕，对杨国忠则根本瞧不起。杨国忠出任右相之后，见不能制服安禄山，就经常对玄宗皇帝说安禄山要谋反的坏话，想借玄宗皇帝的手除掉安禄山。玄宗皇帝开始不予理睬，可是，架不住杨国忠总在面前挑唆，皇帝也不得不信了，因此，就按照杨国忠的建议，召安禄山入朝试探一下。杨国忠对皇帝说，如果安禄山有谋反之心，他一定不敢进京。

可是，安禄山却大摇大摆地进了长安城，这让杨国忠傻眼了。那么，的确心怀造反之心的安禄山，怎么敢贸然进京呢？因为，他事先得到杨贵妃的通风报信，知道皇帝要试探自己，如果不来，必然露馅。人们一定会感到不解，杨贵妃为什么不帮自己的哥哥却帮助安禄山呢？这就是杨贵妃的愚蠢和安禄山的本事了。安禄山居然拜比自己小16岁的杨贵妃为义母，杨贵妃还当真，时时处处为安禄山说好话，透露消息。

安禄山知道皇帝要试探自己，于是就将计就计，不但进京而且极力在玄宗皇帝面前表忠心，最终使皇帝更加信任他，甚至打算让安禄山入朝当宰相。杨国忠听说之后，立刻劝阻道："安禄山虽然有军功，但是他目不识丁，怎么能当宰相呢？这岂不让周边的四夷轻视朝廷！"玄宗皇帝只好作罢。

安禄山听说之后，对杨国忠更是恨之入骨。再加上杨国忠掌握朝廷大权期间，官吏贪腐，政治黑暗，穷兵黩武，民怨沸腾。安禄山终于找到了起兵造反的借口，于是他发动了以讨伐杨国忠为名，实际上想夺取最高权力的叛乱。

安禄山的叛军攻破潼关，兵锋直指长安，在这种危急时刻，玄宗皇帝觉得自己无力支撑局面，便任命皇太子李亨为"天下兵马元帅，监抚军国事"，意思就是将皇帝的权力交给太子，自己退居二线了。杨国忠非常害怕太子当权，他知道如果这样，杨家的末日就到了。于是，杨氏兄妹聚在一起哭成一团，恳请杨贵妃出面阻止皇帝这样做。杨玉环为了杨家的利益"衔土陈请"，就是嘴里叼着泥土，请求皇帝不要把大权交给太子。在贵妃的苦苦哀求之下，玄宗皇帝终于打消了把皇位禅让给太子的念头。

眼看皇帝大权就要到手，却被贵妃出面阻止了，太子李亨真的是恨死杨家人了。多年的积怨，心中的仇恨，夺取皇权的渴望，战争危难的局面，摆脱杨国忠的专权，各种因素交织在一起，忍无可忍的太子终于出手了。他与禁军统率陈玄礼密谋，诛杀杨国忠父子，然后以兵谏的方式，逼玄宗皇帝杀杨贵妃，并且交出兵权。皇帝在禁军的压力之下，不得已将杨贵妃赐死。就这样，显赫一时的杨氏家族，迅速在历史舞台上消失了。

不过，有人却用画笔为后人留下了杨氏家族显赫一时的瞬间，再现了天宝年间虢国夫人一家在郊外游春的场景。这个人叫张萱，是唐玄宗时代的宫廷画师，他擅长人物画，尤其以画贵族妇女、公子和鞍马著名。张萱笔下的宫廷贵族人物，充分展现出当年豪华的气派和奢侈的场景。比如，表现虢国夫人一家游春场景的作品《虢国夫人游春图》，它是张萱的代表作。此画一问世，就成了收藏家追捧的对象。但唐朝灭亡之后，此画流入民间，一直下落不明。

北宋大观元年，即公元 1107 年的一天，皇帝宋徽宗在御书房里对大臣们训话，大臣们一个个诚惶诚恐地跪地听旨。徽宗皇帝给他们布置了一个任务，去寻找唐代画家张萱的作品。众位大臣领命而去。

转眼一个多月过去了，终于有太监禀报，说找到了一幅张萱的手迹，正在殿外等候。宋徽宗急忙命人把画呈上来。当画卷在案桌上缓缓展开时，宋徽宗立刻被深深地吸引住了。只见这幅画，布局疏密有致，设色绚丽多彩，线条细腻流畅，人物生动鲜活；画中八骑九人，个个衣冠华丽，丰姿绰约；画家通过人物和马匹轻盈的姿态，表现了贵族妇女在阳光明媚的春天,盛装出游时的心情。宋徽宗观赏了一阵之后,喃喃自语道:"这是《虢国夫人游春图》啊!"不愧是"书画皇帝",一眼就认出这幅张萱的代表作。

找到了《虢国夫人游春图》之后,徽宗皇帝满心欢喜,天天独自在御书房里欣赏,甚至数日不理朝政。可是有一天,皇帝犯嘀咕了,珍品就这么一件,万一发生意外怎么办?再说,纸质书画容易破损,很难保存,得想个万全之策!皇帝当即下圣旨,召翰林书画院所有画师,临摹此画。

没过多久,一幅幅临摹本陆续呈到徽宗皇帝手里。可是,皇帝对这些摹本一概不满意。皇帝觉得这些画师们的摹本,没有将原作的神韵和气质临摹下来。

过了几天,宋徽宗又召集画师们重新临摹《虢国夫人游春图》,开始临摹之前,皇帝指出上次失败的原因,并且提出了自己的要求。这一次,在众多的摹本中终于有一幅让徽宗皇帝比较满意了。这幅画把原画中的人物、特别是虢国夫人的神韵、气质都很好地表现出来了。

这位没能留下姓名的画家,精心临摹的《虢国夫人游春图》,不仅保持了原作的面貌和神采,而且糅合了北宋画院的雅致、飘逸和明快的风格,是融合唐、宋两代宫廷绘画技艺的杰作。看完这幅摹本,徽宗皇帝的脸上终于有了一丝笑容,随即命令将摹本和真品一起保存在宣和内府,永久收藏。

靖康元年,即公元 1126 年十月,北宋灭亡了。第二年四月,金兵押着宋徽宗、宋钦宗父子二人,以及皇子、后妃和宫女等四百多人返回金国,无数掠夺来的金银财宝,皇宫里收藏的历代书画珍品,统统被金兵装上马车运往金国,《虢国夫人游春图》的真品和摹本自然难逃被掠夺的命运。

《虢国夫人游春图》被带到当时金国的中都,也就是现在的北京之后,并没有引起人们太多的注意,因为它虽然是稀世名画,可对于不懂文化和艺术的金国皇帝和贵族来说,它只不过是众多战利品中的一件。

直到 1197 年,金国第六位皇帝,章宗完颜璟,在金国皇宫的收藏

金章宗题字

中，居然发现两幅完全一样的《虢国夫人游春图》，他开始感到诧异，但完颜璟毕竟有些艺术素养，他在欣赏和比较一阵之后，挥笔在摹本的卷首题写了"天水摹张萱虢国夫人游春图"12个大字。

"天水"是宋徽宗的郡望，"天水摹"就是宋徽宗临摹。这完全是完颜璟的误判。因为宋徽宗擅长画花鸟，不擅长画人物，因此这幅画不可能是宋徽宗的手笔。写完题跋之后，完颜璟命人好好保管此画，并不时地拿出来欣赏。不久，金国皇室发生内讧，局势动荡，人心惶惶，皇室收藏的珍贵书画开始大量外流，《虢国夫人游春图》也被人偷盗出宫，流落到民间。

公元1225年的一天，南宋宰相贾似道正在府中休息，忽然家丁禀报，有客人来访。贾似道知道是来送礼的，于是吩咐家丁，偏厅等候。访客是一位县官，果真是为送礼而来。贾似道与来人见面，寒暄了几句，这位县官拿出一盒画轴放在桌上。本就无心会客的贾似道随意翻开一看，顿时愣住了，《虢国夫人游春图》！他厉声问道："此画被金人掠去，怎么会在你的手里？"

这位县官解释说，金国内乱，《虢国夫人游春图》被人带出了皇宫，此人一路南下，渡过长江，来到大宋境内。我看到此画，觉得珍贵，便把它买了下来，现在拿来献给大人。贾似道送走客人之后，赶快回到房间关上门，吩咐任何人都不得打扰，细细地端详这幅《虢国夫人游春图》。贾似道根据卷首留下的一行瘦金体字"天水摹张萱虢国夫人游春图"断定，这幅画不是原作，而是宋徽宗时期的摹本，可是真迹却不知哪里去了。贾似道告老还乡时，带着《虢国夫人游春图》回到了福建老家，从此《虢国夫人游春图》的宋代摹本也下落不明。

直到乾隆年间，皇帝下旨搜集民间墨宝，《虢国夫人游春图》的宋代摹本被清宫内府收藏，成为乾隆皇帝最喜欢的收藏品之一。通过画卷上留存的印记我们得知，《虢国夫人游春图》宋代摹本，曾经先后被不少明清鉴赏家珍藏过。

辛亥革命后，包括《虢国夫人游春图》的宋代摹本等一批书画被溥仪偷盗出宫，带到伪满洲国首都新京，抗日战争胜利后，溥仪准备逃往日本。在沈阳东塔机场被苏联红军逮捕。随身携带的一批书画被截获之后，移交给当时的东北银行保管。

1950年春的一天，杨仁恺先生，来到东北银行的库房，整理、鉴定这些古代书画作品。发现了《虢国夫人游春图》的宋代摹本。从此，这件颠沛流离了一千多年的国宝，终于被东北博物馆，也就是现在的辽宁省博物馆收藏，成为镇馆之宝。

可是，当人们仔细观赏这幅画的时候，却产生了一个疑问，什么疑问呢？此画既然被称为《虢国夫人游春图》，那么画面中的人物哪个是虢国夫人呢？对于这个问题，多年来一直有争议。有人认为，是画面中间那位艳妆少妇；有人认为，是队伍最后抱女孩的中年妇人。似乎都有道理，一时谁也说服不了谁，显然，作者张萱给我们留下了一个千古之谜。

我们现在试着用排除法，一步步地分析一下，画面中的所有人物，看看谁最有可能是虢国夫人。

四匹戴踢胸的马

两匹三花马

　　第一步，画面中有9个人，其中有一个是小姑娘，她不可能是虢国夫人，这样一来，9个人就剩下了8个。

　　第二步，这8个人都骑马，有的马戴踢胸，就是胸前红花，有的马不戴。马戴踢胸是马主人身份高贵的表示，因此，不戴踢胸的马的主人不可能是虢国夫人，那么，画面上就只剩下4个人。

　　第三步，这4个人所骑的马只有两匹马的马鬃梳成三花，这是身份更加高贵的表现，那么，就只能在这两个人中确定谁是虢国夫人了。

　　第四步，最后一位抱着小女孩儿的妇人，不可能是虢国夫人，贵族夫人出游不可能自己抱孩子，因此，这位妇人最大的可能是保姆，她骑的马之所以有踢胸，并且梳三花，表明马上的孩子是虢国夫人的女儿。

　　那就剩最后一位身穿男装的骑者了，明明是个男子的样子，怎么可能是虢国夫人呢？许多研究者认为，恰恰是这种男装，证明她就是显赫一时，又极其飞扬跋扈的虢国夫人。为什么这样说呢？人们大致概括出以下五个理由：

理由一，她在画面的首位，这是最突显的位置，作者显然是在突出她的地位。可是，有人反驳说，古代贵族出行，主人公不可能居第一位。这种观点虽然有道理，但是却忽略了一个问题，什么问题呢？艺术与生活的区别。这是画面，不是生活场景。绘画构图可以超越生活，这种超越表现为对生活画面的截取，也就是说，队列前面还有人，只是为了突出虢国夫人而被作者处理到画面之外去了。

理由二，虢国夫人喜欢穿男装。前文我们说到，虢国夫人用剑先刺死了杨国忠的妻子裴柔，然后挥剑自刎，这就说明，她随身带着佩剑。带佩剑者是不太可能身着女装的，这也间接证明她喜欢穿男装。

理由三，从画家用笔和着色上分析，第一位人物，作者最上心、用力最大。与画面中其他人物比较，明显表现出服饰的质感，衣服用料的高贵，都是画面上的其他人物不可比的。

理由四，第一位骑者坐下的罩泥，也就是马鞍下的垫子，比所有人的都长，而且绣着一对鸳鸯，一只猛虎，这种唯一性更加证明，这位女扮男装的骑者，就是虢国夫人。

理由五，我们可以从这位骑者的帽子下，隐隐看到发髻的根部，与

三位男装人物发根比较

其他几位着男装的骑者相比，明显不同。显然，作者在暗示，她是女扮男装。

总之，这样的构图和形象，虽然出人意料，却在情理之中，既准确而典型地表现了虢国夫人的个性，也体现了张萱这位艺术家概括生活、提炼细节的功力。只是，画面上的人物，相貌有些雷同，表明古代社会即使开放得有如唐代，也无法直接面对这些美人去写生，因此，将一群美女画成了一个模样，这也算是美中不足吧。

《蜀素帖》之谜

台北故宫博物院收藏了一幅中国古代书法作品，艺术水平非常高，而且极具观赏性，它就是北宋书法家米芾的《蜀素帖》。这幅被誉为"中华第一美帖"的《蜀素帖》，从蜀素的收藏、装裱到书法创作居然历经48年。那么，它的制作究竟经历了怎样漫长曲折的过程？《蜀素帖》的第一位收藏者林希是一个什么样的人？它的作者，以"癫狂"著称的米芾，又有着怎样的传奇人生？

台北故宫博物院收藏了一幅中国古代书法作品，艺术水平非常高，而且极具观赏性，它就是北宋书法家米芾的《蜀素帖》。此帖创作于北宋元祐三年，即公元 1088 年，至今已经九百多年了。此帖结构均衡，笔法刚健，书体灵活。与米芾同时代的大书法家黄庭坚高度赞扬《蜀素帖》，说它的笔势，"如刀剑出鞘，锐不可当；又如娇羞女子，婀娜多姿"。这个评价很到位，也很形象。因此，《蜀素帖》被人们赞誉为"中华第一美帖"。可是，此帖的最终完成，却经历了一番曲折和漫长的过程。人们不禁要问：不就是一幅书法作品嘛，其创作过程至于曲折漫长吗？那就让我们从元祐三年说起吧。

这一年的夏秋之交，一位名叫林希的湖州郡守，邀请著名书法家米芾到太湖畔的苕溪游玩。苕溪在浙江北部，是太湖流域的重要支流，由于沿

《蜀素帖》

河长满芦苇，进入秋天，芦花飘散，有如飞雪，景色宜人，当地居民称芦花为"苕"，因此这条河就被称作"苕溪"。说起米芾，了解中国书法史的人都知道他，他与苏轼、黄庭坚和蔡襄，共同被称为"宋代四大家"。不过，在这四位书法家中，米芾的艺术成就最高。其他三人视书法为工作之余的闲暇之事，而米芾则以毕生的精力追求书法艺术的最高境界。

作为书法艺术家的米芾，欣然接受了湖州郡守林希的邀请，来到了湖州苕溪游玩。作为东道主的林希，拿出当时最好的酒和极品茶叶款待米芾。面对林希的热情款待和苕溪的宜人景色，米芾诗兴大发，一口气作了许多首诗，送给当时在场的各位朋友，这就是著名的《苕溪诗帖》。其中写给林希的诗中有这样一句："渔歌堪尽处，又有鲁公陪。"意思是，当优美的渔歌唱罢，还有好朋友相陪。

这句诗暗含了一个典故。说的是，唐代有一个名叫张志和的人，3岁能读书，6岁能作文，16岁考取功名，是一个天才式的人物。可是，走上仕途之后，他厌倦官场的倾轧，后来母亲和妻子相继去世，因此心灰意冷，弃官抛家，浪迹江湖。唐肃宗听说之后，怜惜人才，因此赐给张志和一奴一婢，照顾他的生活。张志和就带着奴婢，隐居苕溪一带。当时，唐代大书法家颜真卿担任湖州刺史，张志和经常拜访颜真卿，是颜家的常客，二人常常在太湖边小聚，惺惺相惜，传为一时佳话。显然，米芾把自己比作张志和，把林希比作"鲁公"，也就是颜真卿。因为，颜真卿被封为鲁郡开国公，因此，世人尊称他为"颜鲁公"。

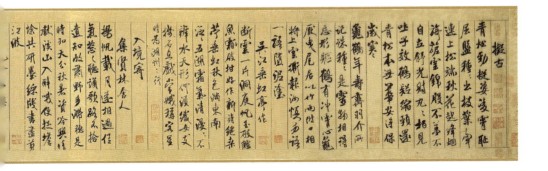

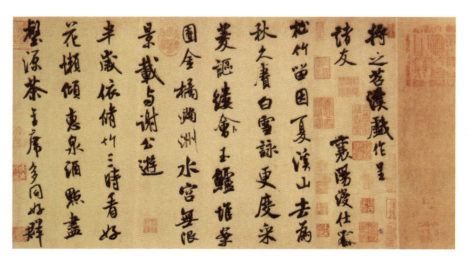

《苕溪诗帖》

　　结束了苕溪的游玩之后，米芾接受邀请来到林希家中做客。酒酣耳热之际，林希取出他家收藏了 44 年并且裱装成长卷的蜀素，请米芾题诗。所谓"蜀素"，是产自北宋时期蜀地（即今四川）的一种质地非常精良的本色绢，号称"天下美绢"。这段蜀素上面，有乌丝织成的黑线，如同白纸上画的格段，显然，这段蜀素是林家专门定制，用来创作书法艺术作品，并且永久收藏的。

　　这段蜀素本来只是一块本色绢，20 年前的一天，林希心血来潮，将这段蜀素装裱成一个长卷，并且在卷尾题写了这样一段话："庆历甲申岁，东川造蜀素一卷，藏余家者二十余年，今既装褫，将属诸善书者题其首。"意思是，庆历四年，即公元 1044 年，我家收藏了一段产自四川东部的蜀素，已经 20 多年了。今天我将这段蜀素裱装成卷，准备等待擅长书法的大家在卷上题诗。落款的时间是熙宁元年，即公元 1068 年。掐指一算，从收藏到装裱整整 24 年过去了。当林希把这幅裱装成长卷的蜀素拿出来让米芾题写诗句的时候，又过去了整整 20 年。

　　那么，为什么这卷蜀素裱装之后过了 20 年，林希始终找不到一位书法家为他题诗呢？人们普遍认为，是因为蜀素这种丝织品着墨非常困难，一般的书法家，功力不够深厚，不敢贸然下笔。因此，整整 20 年

国宝迷踪

过去了，林家要把这卷蜀素制作成传世之宝的愿望就一直没能实现。

可是，我觉得这其中另有原因。什么原因呢？就是林希的人品有问题，没有人愿意给他题字。林希自己的书法水平很高，在他的朋友圈中不乏书法家，比如，苏轼兄弟就曾经是林希的好朋友，苏轼可是宋代四大家之一，为什么没给他题字呢？书写的难度固然存在，但是，我觉得，更重要的原因，除了林希人品有问题之外，似乎没有更好的解释。

比如，林希和苏轼、苏辙兄弟本来交情很深。林希曾经给苏氏兄弟写过这样一副对联：上联是："父子以文章冠世，迈渊云司马之才"，意思是，苏氏父子的文章非常好，超过了汉代的王褒、扬雄和司马迁，这三个人的文章在汉代都是一流的；下联是："兄弟以方正决科，冠晁董公孙之对。"（《宋人轶事汇编》），意思是，苏氏兄弟在殿试时回答皇帝的策问，超过了汉代的晁错、董仲舒和公孙弘，这三个人在殿试时面对皇帝的策问，其对策非常精彩，堪称绝对。可见，林希对"三苏"父子极为推崇，评价也非常高。

可是，后来苏轼兄弟因为在朝廷的政治斗争中失败而被贬，林希当时则受到重用专门负责起草诏书。林希在贬谪苏轼、苏辙兄弟的诏书中却有这样一句话："父子兄弟，挟机权变诈，警愚惑众。"意思是，苏氏父子兄弟，心中暗藏狡诈权谋，用文章欺骗迷惑大众。这显然是恶意的诽谤。因此，苏辙读到这份诏书，当时就哭了，一边哭一边说：我们兄弟二人被你如此诋毁，我们无话可说，可是我去世的父亲又有什么罪呢？林希如此对待朋友，说明他的人品很成问题，必定会被同时代的人所不齿。

有人却说，林希这个人刚刚步入官场的时候挺正直的。比如，林希在太常寺担任同知时，居然敢得罪皇帝。太常寺是朝廷专门掌管礼仪的部门，同知是太常寺的副职，一个没什么权力的闲官，怎么敢得罪皇帝呢？其实，林希的初衷恰恰是想讨好皇帝，没想到事与愿违。那么，究竟是怎么回事呢？说来事情很简单，皇后的父亲去世了，太常寺提议丧事从简，林希立刻上疏表示坚决反对，要求按照古礼治丧，没想到皇帝却不高兴了。照理说，死的是皇帝的岳父，林希要求按照古礼制丧，显然是在拍皇帝的马屁。那么，作为女婿的皇帝为什么会不高兴呢？这就得说说这位皇帝了。

这会儿的皇帝是宋神宗赵顼，他即位时，北宋王朝在政治、经济和军事等方面，弊端非常多。主要表现在三个方面：其一，土地兼并，贫富悬殊，社会矛盾尖锐；其二，冗员太多，机构臃肿，行政效率低下；其三，税源流失，开支巨大，财政陷入困境。总结为四个字："积贫积弱"。

因此，神宗皇帝一即位，就任命王安石为参知政事，就是负责行政事务的宰相，全权负责变法。这次变法，史称"熙宁变法"。通过王安石雷厉风行地推行变法，北宋在经济、军事等方面有了显著的改善。生产发展，财政收入增加，国防力量得到加强，并且从辽和西夏手中收回一些失地。总之，北宋积贫积弱的局面有所改观。

变法必然触犯既得利益者的利益，因此遭到司马光等大臣的激烈反对，也遭到许多地方官员的抵制和破坏。王安石主张："天变不足畏，祖宗不足法，人言不足恤。"（《宋史·王安石列传》）反对变法的人指责王安石变法是"乱祖宗法度"，祸国殃民。朝廷因此形成水火不容的两派，一派是变法派，一派是保守派。

就是在这样的大背景之下，神宗皇帝的岳父死了，太常寺的变法派根据王安石"祖宗之法不足守"的观点，主张丧事从简，可是林希却坚持丧事按照传统礼仪办。林希以为皇上会同意自己的建议，为岳父隆重办丧事。可是没想到，坚决支持变法的神宗皇帝，不但没有采纳林希的建议，反而将林希打发到高丽国当使臣。林希接到命令之后，坚决不干。皇帝一怒之下，将林希贬到杭州担任"楼店务"，管理政府的房产去了。显然，林希入朝没几天就被贬，不是因为正直，而是因为马屁拍到马蹄子上了。

神宗皇帝病逝后赵煦继位，史称"哲宗"。由于赵煦当时年仅十岁，所以神宗皇帝的母亲高氏，也就是赵煦的奶奶，以太皇太后的身份垂帘听政。这位太皇太后反对新政，因此，将司马光等保守派调回京城，让他们将熙宁变法的措施统统废除，变法派大多被驱逐出朝廷，使得保守派在朝廷中占据上风。

太皇太后去世之后，哲宗皇帝亲政，决心继承父亲神宗皇帝的变法事业，于是任命变法派章惇为宰相，变法派重掌朝政，各项新法大体恢复。可是，此时变法派的注意力不在于变法，而在于打击保守派。两派之间，由政见不同演变为朋党之争和官场倾轧。

担任宰相不久的章惇，身边缺个能写文章的笔杆子，于是有人就向章惇推荐了林希。章惇立刻召见了林希，让他跟着自己好好干，许诺会给他更大的权力。本来不属于变法派的林希，因为长期不得志，有了章惇的承诺，于是就投靠了变法派，进京担任了中书舍人，就是宰相府秘书，主管六部的各项文书，并且为皇帝草拟诏令。

在章惇掌权期间，对保守派加大了打击力度，当时所有处置保守派人士的诏书都出自于林希之手。在撰写这些诏书时，林希违背事实，随意诋毁。就连自己曾经的朋友苏氏兄弟，他都用恶毒的语言进行诽谤，目的就是为了讨好章惇。以至于他自己在拟写完诏书之后，将笔扔在地上感叹说："坏了名节矣。"（《宋史·林希传》）不过，正是他的这些作为，得到了章惇的信任，将他提拔为同知枢密院事，大致相当于副总参谋长了。

不久，章惇与枢密使，相当于总参谋长的曾布矛盾激化，当章惇得知曾布派人暗中监视自己时，就派林希在暗中监视曾布。可是，林希却将章惇指使他监视曾布的事告诉了曾布本人。林希此时已经对章惇心怀不满，总觉得自己对章惇忠心耿耿，却没有得到重用，心中滋生抱怨，因此，林希背叛章惇投靠了曾布。不久，章惇被免职，林希在他起草的诏书中有这样一句："勃勃无大臣之节，怏怏非少主之臣。"（《宋人异事汇编》中册）意思是，野心勃勃，不守大臣的规矩；心怀不满，不能辅佐年幼的皇帝。章惇看到诏书之后，托人给林希带话说：你这句话是不是太过分了？林希回答说：我的上司发怒了，我只是奉命挥舞棒子而已，这怪不得我。

通过以上描述，我们可以得出这样的结论：林希的人品和操守都很成问题。他在变法派与保守派之间，首鼠两端，搞政治投机；当变法派内部发生矛盾的时候，他又趋炎附势，落井下石。最后，变法派和保守派都不待见他。面对如此人品和操守的林希，米芾不但欣然接受邀请，来到湖州苕溪游玩，而且在《苕溪诗帖》中还将林希比作颜真卿，将自己比作张志和，引为知己，并且准备在蜀素上题写诗句。那么，究竟是米芾不了解林希，还是米芾的人品也有问题呢？这就得说说米芾这个人了。

米芾是一个非常有个性的人。比如，他特别爱干净，甚至有洁癖。有一天，他平时穿的靴子被别人穿了一下，米芾就觉得特别恶心，于是就一遍一遍地洗，最后洗得不能穿了，只好扔了。这样的洁癖自然会给他自己带来麻烦。

比如，米芾在雍丘（今河南杞县）当县令的时候，有一天，朝廷一位御史来视察。皇帝身边的人来了，这正是巴结的好机会。可是，米芾却不以为然，虽然陪着这位御史大人吃喝，却没给他送礼。这位御史大人有个爱好，喜欢砚台。他在开封时就听说，雍丘县令米芾的书法不错，而且也有收藏砚台的兴趣。于是，就在酒席宴上提出要看一看米芾收藏的砚台。面对御使大人的要求，米芾无法拒绝，只好带着他来到书房。一进书房，御史大人一眼就看中了米芾书案上的一方砚台，立刻走到书案前，把砚台拿在手里，翻过来、掉过去地看。观赏完之后，就想试一试砚台的发墨效果，于是在砚台上吐了一口唾沫，然后拿起案桌上的墨，在砚台里研磨起来。别说有洁癖的米芾了，谁看了都会觉得恶心，米芾的感受就可想而知了。当御史大人回头看米芾时，米芾的脸色极其难看，口气生硬地说："这砚台你拿走吧。"御史大人听出话中有刺儿，不好意思地笑笑说："不敢，不敢。"米芾却再也控制不住自己的情绪，对身边的人说："把这砚台给我扔到窗外去！"还好御史大人有雅量，并没有因此报复米芾。

可是，换个人就不行了。这人是谁呢？他叫杨皓，本来是米芾的朋友，他们经常三五成群，在一起吟诗填词，饮酒作乐。有一天，几个人到开封的一家酒楼小酌，几杯酒下肚，生性放浪的杨皓，让酒楼老板娘邀来了几个歌伎，陪他们喝酒、唱歌。杨皓的酒喝得开心，歌听得高兴，愈发不能把持，把一位歌伎拉着坐在自己怀里，撩起她的长裙，脱下她脚上的绣花鞋把玩。北宋以来女子兴缠足，号称"三寸金莲"，一些男人有品女子小脚的癖好。这位杨皓就是这样的男人。他先将歌伎的鞋捂在鼻子上，深深地吸了一口，然后又把鞋放在酒桌上倒上酒，称为"鞋杯"，要与米芾碰杯。只见米芾脸色大变，掀翻酒桌，从此再也不和杨皓来往。

杨皓面子上下不来，这仇也就记在了心上，一直想报复米芾，苦于没有机会。几年之后，机会来了。有一天，杨皓接到一份状子，状告米芾制作了一幅唐代画家戴嵩《斗牛图》的赝品。杨皓一看诉状，心里那个乐啊，他心想：你个佯狂作颠的米芾，这回落到本大人的手里，我一定让你好看。杨皓请来了几个古代字画的鉴赏家，让他们鉴定《斗牛图》的真假。这几个鉴赏家一致认为，这幅《斗牛图》是赝品，并且出具证明。杨皓立刻派出巡捕，将米芾关进大狱，而且不给他饭吃。直到饿得米芾前胸贴后背了，杨皓这才指使狱卒送来一碗饭。狱卒按照杨皓的指使，用牢房地上的稻草，在米芾的马桶中蘸了蘸，然后在饭里搅了搅，这才端给米芾吃。饥不择食的米芾，也顾不得洁癖了，狼吞虎咽地吃下这碗饭。幸亏有个喜欢书法艺术的徽宗皇帝，要召见米芾，杨皓这才赶紧将米芾释放了。

遭受牢狱之苦的米芾，依然毛病不改，他喜欢砚台，甚至嗜砚如命。有一天，徽宗皇帝召米芾进宫写字，米芾写完字之后，捧着用过的端砚，跪着向徽宗皇帝请求道："皇上，这砚台您已经让臣用过了，现在这砚台皇上就不能再用了，不如赐给臣吧。"徽宗皇帝听了这话之后，哈哈大笑，于是就将这方珍贵的端砚，赏赐给了米芾。米芾捧着端砚，兴高采烈，手舞足蹈，砚上的余墨将米芾的衣服都染黑了，米芾不管不顾。徽宗皇帝见状，对身边的宰相蔡京说："都说米芾癫，真是名不虚传啊！"

人们之所以传说米芾癫，主要因为米芾一生有很多癫狂之举。比如，他在安徽无为当知军的时候，听说河边有一块形状奇特的石头，人们都以为是神仙石，不敢随便搬动。可是，米芾却派人将石头安顿在衙门口。每到去府衙见知府的那天，他都要焚香沐浴，穿戴整齐，面对奇石，纳头便拜，口中念念有词："石兄啊，米芾今日拜你，是因为你一身硬骨，观当今世上，人之为人，哪能和你石兄相比啊！"

对米芾这种近似癫狂的行为，有人给朝廷上奏，说米芾有辱朝廷体面，不宜做地方官。可是，当时无论是皇帝还是朝廷，对米芾的行为早已经见怪不怪了，因此这样的弹劾自然不起什么作用。显然，米芾疯癫是众所周知的事儿。有一次，苏轼与十几个客人在一起饮酒，当时米芾也在场。酒喝到一半，米芾突然站起身，问苏轼："我有事问前辈，世人都说我米芾癫，您怎么看？"苏轼笑笑说："吾从众。"意思是，我和大家的意见一样。在场的人不禁哄堂大笑。

俗话说："不疯不癫不出活儿。"显然，正是由于米芾这种疯癫劲儿，才敢在几十年没有人敢碰的蜀素卷上题写诗句。当然，在蜀素卷上题诗不仅仅是敢不敢的问题，还有一个愿不愿的问题。因为，蜀素卷的主人是林希，人品和操守都有问题，面对这样的人，愿意给他题诗，似乎人品也值得怀疑了。那么，米芾的人品究竟怎么样呢？我们就先说说他对自己老师的态度吧。

有一年苏轼与一群朋友游金山，有人请苏轼题字。苏轼说："米芾在，找他题。"米芾马上说："有先生在，我可不敢。"苏轼抚摸着米芾的后背说："今则青出于蓝矣。"意思是，你现在已经超过我了。米芾曾经向苏轼请教书法，苏轼指导他学习魏晋尤其是王羲之的书法。在苏轼的指导之下，米芾的书法的确有很大提高。显然，苏轼是米芾的书法老师。因此，米芾听了苏轼的评价之后，得意地说："先生才是真正了解我的人。"

面对如此欣赏自己的老师，米芾的做法就有些不地道了。怎么个不地道呢？比如，苏轼曾经从米芾手上借去一方紫金石砚台回家欣赏，可是，一个月之后苏轼就去世了，借去的砚台没有归还。据米芾自己说，苏轼在临死之前嘱咐儿子将这方砚台放进棺材陪葬。米芾听说消息之后，赶到苏家将这方名砚追了回来。此事如果属实，苏东坡的人品似乎也有问题，怎么能借东西不还，而且还要和自己一起陪葬呢？米芾也是的，虽然嗜砚如命，但苏轼毕竟是你的恩师，不就一方砚台吗？送给老师陪葬又能怎么样？

不过，对米芾的评价颇有争议的还是他作伪或者制造赝品。前文我们讲到关于唐代画家戴嵩《斗牛图》造假的指控，估计不会是空穴来风。米芾的作伪分两种情况：

一种是"无意作伪"。就是米芾临摹前人碑帖的墨迹，被人拿去装裱做旧，然后以假充真。比如，米芾曾经临了一幅王献之的作品，送给了一位朋友，可是，这位朋友却将它装裱做旧之后送给北宋著名学者沈括，沈括以为是王献之的真迹就收藏了。有一天，林希与宰相章惇以及米芾等人到甘露寺，交流欣赏各自收藏的字画。沈括将自己收藏的王献之的书法拿给大家看，米芾当场指出，那是他的临摹本。沈括勃然大怒地说："我收藏这幅字很久了，怎么可能是你写的？"米芾笑着说："是我临摹王献之的字，我怎么能不认识呢？"看着别人没面子，米芾特别得意。

米芾作伪的第二种情况，故意造假。那么，人们就会感到不解了，米芾作为书画大师，为什么故意造假呢？米芾故意造假的动机又可分为两种：

第一种，自我炫耀。比如，有一次，一个书画商人拿着一幅唐人的真迹来到米芾家，想把这幅画卖给米芾。米芾觉得价钱有点高，于是对这位商人说："你先把画放这儿，五天后再来，如果我要，你把钱拿走，如果我不要，你把画拿走。"商人把画放在米芾家就走了。第七天，商人来了。米芾说："画我看了，不错，可是价钱太高，你又不让价，还是把画拿走吧。"说着把画打开，并且说："你看好，是不是这张画。"商人客气地答道："没错，就是这幅画。"于是，商人把画拿走了。可是第二天，商人拿着画又回来了。一见面，米芾就笑着对商人说："我就知道你今天准来，有朋友请我，我都没去，在这儿专门等你。"商人马上明白了，不好意思地说："是我眼拙，把您的摹本拿走了，今天特来奉还。"米芾大笑道："你不来找我，我也一定会去找你，你拿走了我的摹本，我心里特别高兴，有一种说不出的愉快，好了，原本你拿走，摹本还给我。"商人取走原本，将摹本还给了米芾。

第二种，以假换真。据说，北宋时期的皇宫里，有很多魏晋时代的书法真迹，米芾得到皇上的赏识之后，就经常从皇帝手上将真迹借出来

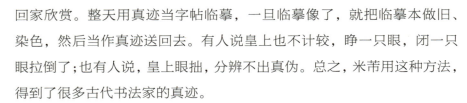

回家欣赏。整天用真迹当字帖临摹，一旦临摹像了，就把临摹本做旧、染色，然后当作真迹送回去。有人说皇上也不计较，睁一只眼，闭一只眼拉倒了；也有人说，皇上眼拙，分辨不出真伪。总之，米芾用这种方法，得到了很多古代书法家的真迹。

米芾在临死的时候，却让家人将他收藏的古代书法家的真迹一把火都烧了。家人不解，问他为什么。米芾回答："不能留给后人，以免后人得到这些真迹之后，通过刻苦学习会超过我米芾。"这就有些太不地道了，显然米芾的人品很成问题！

既然，林希和米芾两个人在人品上都有问题，人以类聚，物以群分，自然谁也不必提防谁，甚至还可以互相吹捧，引为同道。因此，面对林希的请求，米芾没有推辞。他展开蜀素卷，润笔研墨，心中吟诵，准备题写。

其实，在蜀素上题字，难点不仅仅是本色绢难着墨，还有一个更大的挑战是，此绢纵 29.7 厘米，横 284.3 厘米，上面用乌丝织成的格段，字必须写在格段里。整个蜀素一共 100 行格段，除去林希题字占去六行之外，还有 94 行。乌丝格段的宽度只能写中楷，因此，至少要写 900 到 1000 字才能够将整个长卷布满，而且必须是自己的诗作，字体也受到严格的限制。这些困难加在一起，敢不敢在上面题诗，那可就要看题写者的文学水平和书法功底如何了。那么，米芾的文学水平和书法功底究竟怎样呢？

米芾自幼聪颖，6 岁能背百首诗，7 岁开始学书法，10 岁就能写碑文，是个早熟的天才。米芾虽然是个天才，但是他在书法领域中的成就，完全是后天苦练的结果。比如，米芾每天都要练习书法，从不间断，甚至除夕和初一都不例外。米芾写字非常认真。有一次他写一首诗，写了三四次之后，才觉得只有一两个字令他满意，最后他感慨道："信书亦一难事。"（郁逢庆：《书画题跋记》卷二），意思是，我相信书法是一件非常艰难的事。

米芾七八岁的时候，学颜真卿书法；后来觉得颜体与自己性格不合，便转向学习柳公权和欧阳询；学了一段时间之后，又嫌这二位的书体过于死板，便开始学褚遂良。就这样，他几乎学遍了唐代诸位名家的字体。后来，在苏轼的指导下，开始学习魏晋尤其是二王的法帖。经过一段时间的艰苦训练，终于达到博采众家之长、自成一体的境界，用他自己的话说是"不知以何为祖也"（米芾：《海岳名言》），也就是说，看不出他的字像谁。

有一次，宋徽宗为了考察米芾的书法水平，将一幅 6 尺长的绢挂在墙上，令米芾在上面写字，这个难度太大了。皇帝隔着帘子观看，米芾知道皇上在帘子后面看着他，于是褪去袍袖系在身后，在凳子上蹿上跳下、笔走龙蛇，一气呵成。写好之后，米芾大声地对帘子后面的皇上喊道："奇绝，陛下！"意思是，陛下，我这字儿写绝了！没人夸时，只好自己吹，这就是米芾。

还有一回，皇上让米芾将《周官》一文写在一架屏风上。《周官》是《尚书》中的一篇文章，全文六百多字。米芾在屏风上写完《周官》之后，将笔往地上一扔，大声说："一洗二王恶札，照耀皇宋万古。"（汤垕：《书鉴》）意思是，我的字彻底洗去了二王字帖令人厌恶的影响，给大宋王朝争得了万年的荣耀。皇帝一高兴，把写字儿用的物品全赏赐给了米芾。

正是因为米芾书法功底深厚和目中无人的狂妄，他才会有这样的胆量，在收藏 44 年无人敢问津的蜀素上，题写自己的诗作。因为，米芾自有过人之处。一是米芾善用侧锋，笔力强劲，用他自己的话说就是"刷字"，这种笔法对绢的驾驭能力相当强；二是米芾恃才傲物，自认为是天下最牛的书法大师，敢于接受这样的挑战。而且，他才思敏捷，文如泉涌。所以，米芾稍作沉吟之后，一口气在这幅蜀素卷上题写了 8 首自创诗，而且全是即兴之作，整整写了 71 行，共计 658 个字。虽然没有将整个蜀素卷的格段布满，但毕竟一幅传世之作《蜀素帖》诞生了。

《蜀素帖》完成之后，一直由林氏家族收藏，成了他们家的传家之宝。直到明代才流出林家，辗转于各位书画名家和收藏家之手。后来明末书法家董其昌收藏了《蜀素帖》，他在米芾写剩下的蜀素卷的空白之处，接着写了一段题跋。敢在蜀素上题字，而且敢接着米芾的墨迹写，显然，

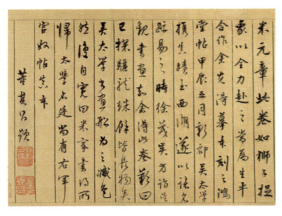

《蜀素帖》董其昌题跋

董其昌对自己的书法水平非常自信，甚至自负。这也难怪，董其昌是明代末年书法大师，他的作品人人争相购买收藏。到了清代，康熙皇帝经常临摹董其昌的书法，而且悬挂于案前，天天观赏。在康熙的倡导之下，董其昌的书法在清代风靡一时。

书法水平以及影响力达到这种程度的人，自然有胆量给《蜀素帖》补白。董其昌在题跋中却有这样一句："此卷如狮子捉象，以全力赴之，当为生平合作。"意思是，这幅字就像狮子与大象搏斗，竭尽全力，是米芾一生的代表作。后人一直不明白"狮子捉大象"是什么意思。其实，这话暗含董其昌对米芾的讥讽。为什么这样说呢？因为，狮子以小搏大，最终吃不掉大象。董其昌的意思是，米芾写这卷蜀素，有些勉为其难，说白了就是，把吃奶的劲都用上了。最后，还剩了那么一大段空白没写完。于是，董其昌就用一段暗含讥讽的评语，补写在这段空白之中。

有人会觉得董其昌比米芾更狂。其实，董其昌为人恰恰相反，极为精明老练。比如，他在明朝末年政治斗争极为复杂的官场上，三进三出，面对朝廷中的朋党，他两面讨好，谁也不得罪，因此，每次都能够在险恶的政治斗争中全身而退。死的时候，朝廷给他封了个"文敏"的谥号，极尽哀荣。

显然，董其昌具有双重人格，因此，我还是更喜欢与米芾同时代的书法家黄庭坚对《蜀素帖》的评价："如刀剑出鞘，锐不可当；又如娇羞女子，婀娜多姿。"这个评价准确地把握了《蜀素帖》刚柔兼济的艺术特征。

第 **17** 讲

妇好鸮尊之谜

20世纪70年代，考古人员在河南安阳小屯村一块高地上发掘了一座商代大墓，从中出土了大量青铜器，其中包括了一对精美的"鸮尊"。研究了该墓出土青铜器上的铭文后，人们惊奇地发现，墓的主人是一位名为"妇好"的女子。这位神秘女子究竟是谁？她有着怎样的传奇故事？又是谁为她制作了精美的鸮尊？这对鸮尊的背后又有着什么样的神奇故事呢？

1975 年，全国各地兴起平整土地、修建梯田的热潮。在这样的大背景之下，河南安阳小屯村西北的一片高地，成了将要被平整的对象。因为，它比四周的农田高出一大截，有关部门决定，铲平这块高地，好让平整的土地连成一片，既有利于机械化耕作，又便于引水灌溉。但当这个决定做出之后，立刻遭到考古专家们的强烈反对。这里是安阳县小屯村，是殷墟所在地。自 1938 年以来，这里已经发现了许多商代的遗迹，这片突兀的高地下面，很有可能埋葬着古墓。

为了保护地下文物，防止它在平整土地的过程中被毁坏，经上级批准，河南省考古工作队开始对这块高地进行发掘。几个月之后，坑里发现了夯土层，这说明此处极有可能埋葬着古墓。可是，当洛阳铲探到 6 米多深的时候，突然坑内有人高喊："不好，冒水了！"发掘古墓的时候地下冒水，是非常危险的情况。古墓一旦进水，文物将会受损甚至被毁，如果对水中文物进行抢救性挖掘，有可能引起古墓塌陷，造成人员伤亡。

面对这种局面，人们都没了主意，便将目光集中在考古队长身上。正在坑旁作记录的考古队长，二话不说下到发掘坑里，随即高喊："快来人！"当人们来到坑边时发现，涌出的地下水，已经形成一坑泥水。队长心里很清楚，这个时候不但不能撤离，而且必须加紧探挖，探明情况之后立刻发掘，否则地下文物有可能泡在水中被毁。

在队长的带领之下，考古队员们继续坚持用洛阳铲探挖，并且加快了速度。就在队员们紧张地在水中作业的时候，突然探铲挖不动了，显

然地下遇到了硬物。根据以
往的经验，地下一定有东西，
但是不是古墓不能保证。如
果是古墓，里面有没有文物，
更是未知数。一切都要等把
洛阳铲提上来之后才能知道。

当洛阳铲往上提的时候，
队员们的心都提到了嗓子眼
儿。洛阳铲终于被提出了水
面，大家看到满铲带着红色
的东西！经过辨认是漆皮。
听到这个消息，在场的人欢
呼起来！红色漆皮意味着探
到了地下埋葬的棺材。当考
古人员进一步清理洛阳铲中

妇好鸮尊

的红色泥土时，发现土里有一个闪亮的东西，用水冲干净一看，竟然是
一块玉坠。红色漆皮加玉坠，这两件东西足以证明，这冒着水的地下，
的确埋葬着一座古墓。

得知地下有古墓，人们的情绪高涨起来，可是考古队长紧绷的神经
并没有放松。她心里很清楚，这地下水会越来越多，必须及时清理地下
文物，尽可能减少地下文物受损，同时还得注意考古队员们的安全。于是，
队长带领着考古队员在坑内，小心翼翼地清理文物。

在大家的共同努力之下，这座大墓终于清理完毕。当所有的地下文
物都从泥水里捞出来之后，考古队员开始对这些完全被泥糊住的文物进
行清洗。人们一开始就瞄准了一个沾满了泥巴的大家伙。谁也不知道它
是什么东西。经过认真仔细的清洗之后，一件精美异常的青铜器出现在
考古队员们的眼前，这家伙太像一只猫头鹰了。以队员们的专业知识，
大家都知道这件青铜器是酒尊，不过大家还是不约而同地称这个酒尊为

妇好铭文

"猫头鹰"。

由于这座古墓保存得比较完整，专家们根据发掘出土的文物，很快就确认这是一座商代的古墓。至于这只"猫头鹰"，专家一致认为它是商代非常有代表性的青铜器，还是称它为"鸮尊"比较典雅而准确，因为"鸮"就是我们平常说的猫头鹰。从此，这件青铜酒尊就被称作"鸮尊"了。

这件鸮尊高 45.9 厘米，以猫头鹰为原型，大气而肃穆，典型的商代青铜器独有的神韵，具有相当高的文物价值和艺术价值。更令人惊叹的是，这精美的青铜鸮尊居然是一对儿，而且两只一模一样，真是青铜史上罕见的极品啊！

在这座古墓中同时出土了大量的青铜器，不少青铜器都带有"妇好"两个字的铭文，因此，专家就命名这座刚刚发掘的古墓为"妇好墓"。至于妇好是什么人，大家一时还不清楚。不过，人们通过"妇好"两个字，完全可以推断，这座墓的主人应该就是妇好，还可以断定，妇好是一位女子。

什么样的女子会有如此多青铜器陪葬，尤其是拥有这么一对儿精美的专门用来盛酒的鸮尊呢？更令人不解的是，很多青铜器上都有妇好的铭文，那么，这个神秘的女子是谁呢？她是这对儿鸮尊的主人吗？又是什么人为她铸造的这对儿青铜鸮尊呢？为了解答这一连串的问题，首先得确定妇好的身份。

为了确定妇好的身份，专家开始检索各种历史材料，最后，在殷商时期的甲骨文中发现了妇好的名字，而且出现的频率极高。据不完全统计，在殷墟出土的甲骨中，有两百多片提到了妇好。显然，妇好是殷商时期一位极其重要的女性。那么她究竟是谁呢？为什么会在甲骨文中有这么高的出现率呢？通过甲骨卜辞，我们了解到，妇好是商王武丁的王后。显然，要进一步了解妇好其人，探寻这对儿青铜鸮尊的秘密，就得先说说商王武丁了。

说起商王武丁，他可是一位英明的君王，是殷商时期的中兴之主，武丁是这位商王的年号。他其实姓子，名昭，是商王朝第二十三任天子。子昭出生于公元前1291年，距今已经三千三百多年了。子昭从小聪明好学，有良好的品德，深得父亲的喜爱。父亲即位之后不久，便立子昭为太子。

父亲对子昭寄予厚望，决心要把他培养成一位有作为的君主。为了实现这个愿望，父亲派子昭到民间去考察和体验百姓的生活，目的是让子昭接近下层社会，体察民情，了解百姓疾苦。同时，也让子昭适应各种环境，磨炼他的意志。

子昭在民间考查时结识了一位颇有才华的先生，他叫"甘盘"，此人不仅上知天文，下知地理，而且精通文武之道。子昭十分敬佩这位先生，便拜他为师，跟他一起习文练武。子昭虽然自幼习武，但武功一直平平，经过甘盘的指点，进步很快，没多久就练就了一身好功夫。

子昭告别了老师之后，一路向东，翻越太行山来到奄城（今山东曲阜）。这里曾经是商王朝的故都，子昭的祖父和父亲都出生在这里，显然，这里是子昭的祖籍地。子昭来到奄城，有一个重要目的，就是想知道，当年商王盘庚为什么要将首都从奄城迁到北蒙（今河南安阳）？

其实，这也是一个历史之谜，不仅子昭感到疑惑，历代学者也有不同的解释，而且彼此争论不休。概括起来大概有如下4种观点：

第一，贵族生活奢侈。这种观点忽略了一个问题，自古以来哪朝哪代的贵族生活不奢侈呢？这是他们的社会地位决定的，通过迁都不可能改变。

第二，躲避洪水灾难。这个说法很难成立。如果躲避洪水，那就应该背水而迁。可是，盘庚却是渡河而上。显然，迁都与洪水泛滥无关。

第三，逃避北方强敌。这个说法忘了一个大背景，商朝北方崛起强大的游牧民族，那是盘庚迁都之后的事，根本不可能是盘庚迁都的原因。

第四，寻找肥沃土地。意思是，奄城一带的土地由于多年种植，地力减退，为了寻找更肥沃的土地，盘庚因此决定迁都。这个观点没有科学依据。地力减退是农耕文明普遍存在的问题，当时地多人少，对于土地肥力递减问题，一直都用轮作的方法加以解决，不需要迁都。

那么，盘庚究竟为什么迁都呢？其实，原因很简单，就是商朝统治集团内部斗争的结果。中国古代，为了争夺最高统治权，统治集团内部往往发生残酷的斗争，这是司空见惯的事情。不过，在盘庚迁都之前，商王朝统治集团内部的斗争特别激烈。这是为什么呢？因为，商王朝最高权力的更迭，在制度上存在着重大的问题。

那么究竟是什么问题，以至于让盘庚用迁都的方式解决呢？就是商王朝的王位继承制度是"兄终弟及"与"父终子及"的两种继承方式并存，而且都合法。权力之争的根源，就在这里。在王权继承法存在双轨制的情况下，直接导致去世先王的弟弟们与他儿子们争夺王权，正所谓"弟子或争相代立"（《史记·殷本纪》），结果从盘庚往上数，9代商王都是在权力争夺的杀戮中完成政权更迭的。

盘庚以兄终弟及的方式继承王位之后，为了避免残酷的王位之争，于是将首都迁到安阳，离开了诸王子的势力范围，在一个新的区域里，就可以逐渐完善并且最终确立"父终子及"的王位更迭制度。从盘庚迁都一直到商朝灭亡，再也没有出现过因争夺王位而引起的王族内部的斗争。子昭通过实地考察，终于明白了这个道理，更加坚定了继承先王事业的决心。

公元前1250年，子昭的父亲去世，按照父终子及的制度，子昭继承王位。子昭即位之后，这商朝的天子当得究竟如何呢？他又是什么时候娶了妇好，又是因为什么原因给妇好打造一对儿青铜鸮尊呢？这就得从商王武丁治国理政的成就说起了。

子昭继承王位之后，立刻将他的老师甘盘请来担任宰相。可是，不久武丁却突然得了一种怪病，不会说话了。无奈之下，武丁只好将朝政大事全权委托给他的老师甘盘，自己隐居于太庙为父亲守丧，不准任何人打搅。

守丧 3 年期满后的一天，武丁做了一个很奇怪的梦，梦见有一个名叫"说"（yuè）的人来到他身边，与他谈论治国理政之道。他醒来之后立刻精神焕发，于是马上临朝，对众位大臣们宣布，天神派了一个名叫"说"的圣人，来辅佐朝政，必须马上找到这个人。武丁先对满朝文武进行辨认，但是，所有的官员中都没有他要找的人。于是，武丁让画工按自己的描述，画出了说的肖像，然后复制成数十份，派官差拿着画像分别到全国各地去寻找这位"圣人"。

过了些日子，有两位官差来到傅岩（今山西平陆），遇到一位跟画像十分相似的人，可是他正在服刑，在士兵的监督下和数百名囚徒一起修筑城墙。两位官差一想，商王武丁有令，不管这个人现在是什么身份，只要他和画像相似，都必须带回宫中。两位差官二话不说，就把这名囚徒押回都城，送进宫中见武丁。武丁一见这位囚徒，立刻满脸喜悦，激动地说："就是他，就是他，他就是我梦中所见到的圣人！"于是，当场赦免了说的一切罪过。因为他曾经在傅岩这个地方服过刑，武丁就赐他姓傅，称他为"傅说"。

人们不禁会有疑问，天下哪有这么巧的事，仅凭做梦就能找到自己需要的圣人？其实，这都是武丁精心导演的一出戏。那么，武丁为什么要导演这出戏呢？因为，五年前武丁考察民情的时候，在傅岩结识了说，和他多次交谈，武丁发现此人虽然身为奴隶，却有治国安邦之才，是天下少有的奇人，从此他便把说记在心里。想着等他即位之后，一定要重用说。

可是，当他即位之后，却发现要让说到朝中做官并不是一件容易的事情。当时商朝的等级制度森严，奴隶不仅不能当官，甚至连进入朝廷的资格都没有。自己刚刚继承王位，如果强行把说调入朝中，既违反了祖宗的规矩，也会遭到全体贵族的反对，对自己和国家都十分不利。武丁心中烦恼，却没有办法，于是装病躲到太庙每日向祖宗祈祷，寻求解决问题的灵感。他苦苦思索了很久，终于想出了假借神的旨意来完成自己心愿的主意。

当武丁终于找到傅说之后，立刻向朝中百官宣布，傅说就是天神派下来的圣人，任何人都不得小看他，否则以大不敬罪论处。在非常迷信天神的殷商时期，大臣们相信了武丁的说法。一年之后，商王武丁任命老师甘盘为右相，傅说为左相。六年之后，右相甘盘去世，武丁任命傅说为相，撤销了左右相的官衔，二者合而为一。从此，傅说是一人之下，万人之上，位高权重。不过，傅说的确没有让武丁失望，在他担任宰相期间，兴利除弊，惩恶扬善，赢得朝中上下的高度赞赏。

武丁在位期间，在傅说的辅佐之下，国势强盛，对内政治清明，百姓安居乐业；对外灭了周边十几个方国，将商朝的疆土扩张了数千里，商王朝进入鼎盛时期。历史学家称赞商王武丁时期为"武丁中兴"。同时，也对傅说给予了极高的评价，认为傅说是中国历史上第一位圣人，武丁中兴，傅说功不可没。

故事讲到这儿，人们一定有疑问，说了这么多武丁中兴的事，这与妇好和那对儿青铜鸮尊有什么关系呢？这就得说说这位傅说了，因为傅说与妇好之间，的确有着某种神秘的联系，当然也就与这对儿青铜鸮尊密切相关了。

关于傅说的身份，战国时期比较流行的说法是夯土筑墙。可是，夯土筑墙只是傅说从事的工作，那么傅说是以什么身份夯土筑墙呢？据《吕氏春秋》记载，傅说的身份是"胥靡"。

所谓"胥靡"是一种徒刑，服这种徒刑的犯人，身上戴着铁链，脸上刺着字，从事各种沉重的体力劳动。一般情况，至少服刑3年，才可能获释。当然，也可以缴纳钱财，赎买徒刑。如果，傅说是个"胥靡"却又无力赎买徒刑，这说明傅说不但是囚犯，而且穷困潦倒。

难道，傅说真的是一名穷困潦倒的囚犯吗？这似乎不太可能。为什么呢？一来，穷困潦倒的囚犯没有文化，怎么可能当宰相；二来，在甲骨文和周代金文中，并没有发现"胥靡"二字，这说明，商周时期并不存在这种刑罚，到了战国时期才出现"胥靡"的字眼。显然，这是战国时期的人，根据自己所处时期的制度，对商代刑罚制度做出的一种推测。

关于傅说服刑的问题，也有不同的说法。据《墨子》记载：傅说在北海的一个孤岛上，穿着囚服带着铁索，"庸筑于傅岩之城"（《墨子》卷二），意思是，傅说在傅岩城，受雇代人服役。那么，傅说为什么要代人服役呢？有人解释说，傅说这个人德行美好，隐居乡间，后来是因为生活所迫，为糊口才受雇代人服役的。按照这个说法，傅说并非真正的刑徒，更不是什么奴隶，而是一位身怀韬略的隐士，只是归隐的方式较为特别罢了。这个解释，与傅说的能力和智慧终于有了一致性。

傅说既然有本事，生活又非常困难，那为什么还要过着隐居的生活，不出来当官呢？有人解释说，"傅说之状，身如植鳍"（《荀子·非相》），意思是，傅说骨瘦如柴，后背清晰可见因弯曲而隆起的脊梁骨，像鱼鳍一样。由此可见，傅说虽然有安邦治国之才，却因为身体羸弱甚至残疾而得不到重用，只好代人服役，勉强糊口。

正是在傅说倍受歧视，连生活都成问题的时候，子昭发现了他。由于商王武丁的赏识和重用，使傅说有了发挥自己才干的机会。也正是由于傅说充分发挥才能，尽力辅佐武丁，才有了商王朝的武丁中兴。

这个君臣完美合作的动人故事，在中国流传了三千多年，令多少怀才不遇的落魄文人心驰神往。可是，我总觉得这个人物不真实，傅说的故事有些像神话传说。担任宰相，治理国家，那是需要专业知识和大智慧的。傅说在没有当宰相之前只是个奴隶。即使从奴隶到将军，也得一仗一仗地打；提拔奴隶当宰相，也得一级一级地升啊。一个奴隶怎么可能直接担任宰相，并且辅佐武丁实现中兴呢？当甲骨文出土之后，人们从这些第一手资料中看到了商朝时的真实情况，终于证实了人们对傅说的怀疑。

甲骨文中记载了很多商王朝的事件和人物，对武丁时期记载得尤其多，但是，却没有任何关于傅说的记载，一个字都没有！这是怎么回事呢？是历史典籍出了错，还是甲骨文遗漏了呢？甲骨文中对商朝各代帝王，以及一些有影响的大臣都有记载，比如，武丁的老师甘盘，他与傅说一起辅佐武丁，一个担任右相，一个担任左相。为什么甘盘有记载，傅说却没有任何记载呢？

与傅说不见任何记载完全相反的是，武丁的王后妇好，在甲骨卜辞中出现过两百多次，可是，在商朝以后的历史典籍中，却从来没有出现过妇好的名字，也是一个字不提！这又是为什么呢？通过甲骨文的记载，我们了解到，妇好不但是武丁的王后，而且是一位能征善战的将军。那么，在武丁朝如此重要的一位人物，在商朝以后的史书中居然没有任何记载，难道这些史书也像甲骨文一样，把一位重要的政治人物遗漏了吗？

这种极不合情理的现象，说明这背后很有可能隐藏着一个天大的错误。那么究竟是什么错误呢？有学者经过分析之后做出大胆推断，历史文献中出现的傅说，与甲骨文中记载的妇好，很有可能是同一个人，也就是说，傅说就是妇好，妇好就是傅说！我完全赞同这个推断，为什么呢？因为它可以解释傅说和妇好身上产生的种种谜团。我们现在具体介绍一下，做出这种推断的几个依据：

第一，二人的任务相同。

据甲骨文记载，武丁时期，商朝对外的重大战争多数都是妇好领兵作战，最多的时候带兵一万三千人。甲骨文中还记载了妇好向其他国家派遣使节、处理国之大事，以及主持祭拜仪式等等。这些重要的事务都应该是宰相傅说干的活儿，怎么会交给武丁的王后妇好去完成呢？合理的解释只能是，傅说和妇好本来就是一个人。

第二，历史典籍不可靠。

为什么这么说呢？因为，最早收录傅说事迹的是春秋时期的《尚书》，几乎所有记载傅说传说的史料都晚于《尚书》，而《尚书》的成书时间，离武丁时代相距八百多年。在这八百多年的时间里，没有任何史料证明傅说的存在。显然，《尚书》的作者是根据传说整理成书，最终成为后代史料的依据。所以，傅说不过是一位传说中的人物。

第三，名字可能是谐音。

"傅说"和"妇好"读音相近。口耳相传的故事，后来记载成文，在从语音转化为文字的过程中，将"妇好"记成"傅说"是完全有可能的。比如，"傅"和"妇"读音完全相同。而"说"字在很多古籍中写作"兑"，

"兑"字更接近古音,因为,中原古音没有"ü"这个元音,所以发不出"悦"这个音来。有人认为"说"读"shuì",这也不太可能,因为中原古音没有翘舌音。而"好"字就是"子"字,"子"和"兑"读音接近。因此,虽然"傅说"和"妇子"在商代究竟读什么音已经不可考,但是,这两个名字谐音的可能性非常大。

既然是谐音,却为什么将妇好记录成一个男人,而且将"妇好"写成"傅说"呢?这就是中华传统中"男尊女卑"的观念在作祟。在男权社会的背景之下,人们不可能想象这位历史上的伟人,天下第一圣人,竟然是一位女子。史书是男人写的,在他们心目中,商代第一位圣人傅说只能是男人。有人可能会反驳说,那为什么在历史的种种描述中,傅说原来是一个服刑的囚犯,或者以囚犯的身份糊口的隐士,这与妇好有什么关系呢?

有学者认为,傅说由身份低贱的奴隶成为宰相的传说,恰恰证明他很有可能就是妇好。为什么这样说呢?因为,妇好原来的身份的确比较低。妇好在武丁时期是一个位高权重、功勋卓著的人物,但她的地位却远远不及另外一个女人。这个女人是谁呢?她叫"妇妌",也是商王武丁的王后,她就是中国历史上最大的青铜鼎——后母戊方鼎的主人。

在妇好的墓中也出土了一件方鼎,根据上面的铭文,人们称其为后母辛方鼎。后母辛方鼎的重量只有后母戊方鼎的六分之一。无论是朝廷中的地位、权力、武丁的器重以及对国家的贡献,妇妌都远在妇好之下,可是,她的鼎为什么比妇好的鼎重5倍之多呢?这只能说明,妇妌虽然没有妇好那么位高权重、功勋卓著,但她的身份和地位却比妇好要高得多。

在那个年代,女人的身份和地位取决于她的出身而不取决于她的功绩。妇妌应该是某个大国的公主,甚至是一个母系方国的女王。妇妌的称号为"母戊",妇好的称号为"母辛",按照天干顺序排列,戊己庚辛,中间相隔两位,既表明妇好的地位低于妇妌,也反映出妇好嫁给武丁的时间晚于妇妌。

那么,妇好究竟什么时候,又是因为什么原因嫁给武丁的呢?这还

后母辛方鼎

得先说说武丁与妇妌的婚事。武丁和妇妌之间是一场政治联姻，在武丁当王的初期，商朝国力较弱，周边的不少方国凭借实力不听商王号令；当时一个实力强大的方国的公主或者是女王嫁给了商王武丁，与这个强大的方国联姻，增强了商朝的实力；商朝开始向外用兵，实行武力征服。显然，妇妌的地位取决于她娘家的实力。

据甲骨文记载，妇妌曾经有过一次带兵出征的经历。就是在这次战斗中，一位年轻美貌、足智多谋、武艺高强的女将表现非常出色，令武丁为之倾倒，她就是妇好。妇好当时究竟是什么身份，甲骨文中没有记载，不过，有一点可以肯定，当时的妇好，没有资格嫁给武丁。

据专家考证，妇好其实姓子，周秦以后的文献逐渐将姓氏中的女字旁省去，所以，好姓就是子姓，武丁也姓子，妇好与武丁同姓。虽然，商朝没有明文规定同姓不能通婚，但是，武丁娶妻都是政治联姻，娶同姓女子，与政治联姻无关，不合规矩，武丁自己也做不了主。

　　虽然，武丁很想娶妇好为妻，但是，不是出于政治和外交目的而娶妻，武丁害怕得罪妇妌，危及商朝与妇妌娘家方国的政治联盟。因此，为了达到娶妇好为妻的目的，武丁只好装病失语，一段时间之后，突然醒过来，然后对大臣说，晚上做梦了，梦见天神赐给他一个圣人，并把圣人的样子画下来，让大臣去找。于是，大臣们找到了妇好。就这样，妇好就以圣人的身份嫁给了武丁，武丁把国家的行政、军事等大权都交给了妇好。显然，那位从奴隶变成宰相的傅说，很有可能就是，从下级军官成为王后的妇好。因为，武丁非常钟爱而且特别信任这位能干的、帮他治国理政的王后妇好。

　　据一些学者统计，武丁的妃子有六十多个，其中法定的王后有 18 位，最后与武丁共享祭祀的王后有 3 位，妇好只是其中之一。那么，在众多的女子中，武丁真的最爱妇好吗？这一点从甲骨卜辞中可以得到证实。比如，妇好的身体其实并不大好，根本不像人们想象的那样，是手持板斧的女汉子。倒有几分弱不禁风的样子。武丁经常通过占卜，求问妇好身体。体弱时问，伤风时问，牙痛了问，打个喷嚏也问。真是无微不至啊！

　　当然，作为商王的武丁，为了自己最钟爱的女人有更加巩固的地位，最希望她能够生个儿子。因此，妇好的怀孕、生育问题，就成了武丁特别关心的事情。在甲骨卜辞中有二十多条，是关于妇好是否怀孕，祈祷母子平安，甚至问产期以及胎儿性别等内容。在问卜过程中，武丁紧张、激动、迫不及待的心情，完全像一个普通丈夫在关心自己心爱的妻子。

　　无论武丁如何钟爱她的妇好，妇好还是先武丁而去。关于妇好的死因，有许多猜测。有人推断是战伤发作，有人猜测是细菌感染。不过，根据甲骨卜辞证实，妇好死于难产，而且母子同赴黄泉。这个打击，对武丁实在是太大了！甲骨卜辞中有这样一句："贞，妇好，其死？"（《甲骨文合集》）意思是，求问神灵，妇好真的死了吗？即使是三千多年后的今天，人们依然会感受到武丁在听到妇好死讯时，既表示怀疑，又万念俱灰的心情！

可以想象，妇好这样的妻子之于武丁而言，是何其难得和重要。如果傅说与妇好真的就是一个人的话，那么，妇好完全是武丁中兴的功臣。她的去世，对武丁的打击是可想而知的。这不仅是中年丧妻之痛，而且是国失栋梁之灾啊！所以，妇好去世之后，武丁一直思念她，我们在甲骨卜辞中读到了这样一句："贞，王梦妇好……"（《甲骨文合集》）意思是，求问神灵，我又梦见了妇好……这种魂牵梦绕的感觉，三千多年过去了，依然令人感动。

武丁为自己心爱的妻子妇好举行了隆重的葬礼，并以丰厚的财物和纪念品陪葬她，其中就包括这对儿精美的青铜鸮尊，似乎只有这样才能表达武丁对亡妻的怀念。现在终于明白了，武丁为什么要制作青铜鸮尊，它们为什么是一对儿，因为它们属于武丁与妇好两个人共有。这对儿青铜鸮尊是武丁和妇好之间夫妻情感的见证和象征。

封好墓室之后，武丁命人在墓上修建了专门祭祀妇好的庙宇，殷商时代墓没有坟丘，所以，在墓上可以修造建筑物。武丁之所以要在自己爱妻的墓顶修建庙宇，只是为了方便祭祀。可是，让武丁没有料到的是，他这样做使得妻子的亡灵千百年来不受骚扰。为什么呢？因为，盗墓者一般挖掘到建筑基址就会收手。这样一来，妇好的长眠之地，就成了商代唯一保存完好的墓葬，我们也因此有幸能够目睹这儿对精美的青铜鸮尊，正是它们见证了这段遥远而温馨的夫妻深情。不过，这对儿青铜鸮尊如今却分居两地，一个现存于中国国家博物馆，一个是河南省博物院的镇院之宝。

# 第18讲

## "昭陵六骏"被盗之谜

贞观年间，唐太宗为自己修建昭陵，同时把随他南征北战的六匹骏马雕刻成石像，即著名的"昭陵六骏"。其中的"四骏"现藏陕西省西安碑林博物馆。但遗憾的是，另外"两骏"却藏于美国宾夕法尼亚大学博物馆。唐太宗为什么要在自己陵前雕刻"昭陵六骏"？位于陕西礼泉县九嵕山上的"昭陵六骏"，是怎么运送下山，其中"两骏"又是怎么漂洋过海到了美国？如此珍贵的国宝，有着怎样惊心动魄的故事呢？

20 世纪 70 年代，一个美国代表团准备访问中国，在准备行程的过程中，却为一件事发愁，究竟是什么事情呢？说来也简单，代表团准备给中国人民送一件礼物，可是送什么礼物好呢？却一时拿不定主意，只好向美国的一些社会名流征求意见。一位美籍华人建议，将费城宾夕法尼亚大学（简称宾大）博物馆收藏的"昭陵六骏"中的"两骏"还给中国，让"昭陵六骏"在离散半个世纪之后回故乡团聚！这对中国人民而言，将是最好的礼物！这位美籍华人为什么会提出这样的建议呢？"昭陵六骏"真的有这么珍贵吗？就让我们先介绍一下什么是"昭陵六骏"吧。

既然叫"昭陵六骏"，那就得先说说昭陵。唐贞观十年，即公元 636 年，唐太宗的皇后长孙氏去世，唐太宗将她葬在陕西礼泉县的九嵕山，长孙皇后的墓就被称作"昭陵"。按照长孙皇后"因山而葬，不需起坟"（《旧唐书》卷五）的遗嘱，昭陵就在九嵕山的山坡上依山而建，形式非常简朴。

眼见爱妻的陵墓太简陋，唐太宗的心中有些过意不去。再说，自己去世之后也要葬在这里，怎么能如此敷衍呢？他决心把昭陵建设得有大唐气势。于是，任命阎立德主持扩建昭陵。阎立德是唐代著名的建筑设计师和工艺大师，他遵照皇帝的旨意，经过十几年的修建，最终将昭陵建造得和长安城的皇宫一样宏伟壮丽。

遗憾的是，九嵕山属于石灰岩质，长期遭受风霜雨雪的剥蚀、山洪的冲刷、烈日的曝晒，一千三百多年后的今天，不仅陵墓的建筑无存，就连原有的山势都有了很大的改变，如今只能依稀可辨当年陵寝构造的痕迹。幸好有"昭陵六骏"在，依然可以让人们感受到当年昭陵宏伟的气势。

所谓"六骏"，本来是李世民的 6 匹坐骑，现在是六座骏马的浮雕像。唐太宗不但给妻子和自己修建陵墓，还为自己在战争中曾经骑过的六匹战马雕刻石像，以资纪念。这些战马不但通人性，像贴心的战友，而且每匹战马的身后，都有一场惨烈的战斗，其结果决定着大唐王朝的成败。这象征着唐太宗戎马一生的骏马雕像，在昭陵北麓祭坛旁两侧的庑殿内，静静地站立了一千三百多年。我们现在就逐一介绍这 6 匹骏马以及它们经历的战斗故事。

东侧第一骏，叫"特勒骠"。此马黄里透白，白喙微黑，所以称"骠"。"特勒"是突厥语，意思是可汗之子。显然，此马是突厥可汗的某个儿子所赠。"特勒骠"体形健壮，腹小腿长，是典型的锡尔河流域的大宛马，即著名的"汗血宝马"。

隋大业十三年，即公元 617 年，割据山西朔县一带的刘武周依附突厥，被封为"定扬可汗"。第二年，刘武周联合突厥，南下侵扰。几天之内就攻陷介州（今山西介休市），并且多次打败唐军。太原守将齐王李元吉，弃城逃回长安。刘武周趁势占据了山西大片土地和军事要地太原。李渊打算放弃河东地区，收兵镇守关中。可是，李世民坚决反对，他认为丢了河东，关中孤立难守，只有消灭刘武周，收复河东失地，才能确保关中无忧。李渊觉得有道理，于是派李世民带兵出战。李世民率军直趋龙门关，渡过黄河，击败刘武周的先头部队，两军随即形成对垒之势。李世民下令加强防御，坚守不战，等待敌人粮草用尽。几个月之后，刘武周的军中果真断粮，军心动摇。李世民亲率大军突然发起进攻，敌军开始败逃。李世民骑着"特勒骠"带着一支骑兵部队乘胜穷追猛打，一天一夜追出二百多里，两天水米未进，三天人不解甲，马不卸鞍，一共交战数十次，终于将敌军彻底击溃。

东侧第二骏，叫"青骓"。"青"不是颜色，而是"秦"的音译，它

石雕特勒骠 石雕青骓

《昭陵六骏》之特勒骠

《昭陵六骏》之青骓

来自"大秦"国，有人说是古罗马，也有人说在高加索一带，总之来自西方。"騧"表示"顶级宝马"。武德三年，620年，李世民在虎牢关与窦建德决战。李世民骑着"青騧"，率领一支精锐骑兵，冲入窦建德的军阵，这军阵长达二十多里，李世民骑着"青騧"左突右奔，横行无阻，"青騧"连中五箭，身负重伤。

李世民只好换上"什伐赤"继续作战。"什伐"在波斯语中是战马，"什伐赤"就是红色战马的意思，它是东侧的第三骏。李世民骑着这匹波斯名马继续冲锋陷阵，战斗中"什伐赤"的臀部被射中五箭。经过一番苦战，终于打垮了窦建德的十几万大军，将窦建德俘获，取得了虎牢关决战的胜利。此役胜利，大唐王朝的统一大业基本完成。

西侧第一骏，叫"飒露紫"。"飒露"是突厥语，意思是勇健，"飒露紫"就是勇健的紫色马。唐武德三年，李世民与盘踞洛阳的王世充发生激战，李世民和随从将士被冲散，身边只剩丘行恭一个人。突然，眼前出现一道长堤，马的速度放慢，敌人一箭射中李世民的坐骑"飒露紫"的前胸，可是飒露紫并没有倒下。危急关头，丘行恭向敌兵连射几箭，然后翻身下马，把坐骑让给李世民，一手牵着受伤的"飒露紫"，一手持刀和李世民一起杀出重围。回到营地之后，丘行恭为"飒露紫"拔出胸前的箭，"飒露紫"倒地身亡。石雕"飒露紫"表现得正是丘行恭为"飒露紫"拔箭的情景。"飒露紫"依偎着丘行恭，眼神低垂，臀部稍微后坐，四肢略显无力，人们似乎可以感受到马在痛苦中颤栗。人与马之间的情感交流，表现得淋漓尽致。

西侧第二骏，叫"拳毛騧"，"騧"是黑嘴黄马，这匹马长了一身黄色的卷毛，因此被唤作"拳毛騧"。武德四年，李世民与河北的割据势力刘黑闼作战，战斗打得相当激烈。李世民骑着"拳毛騧"，亲率大军激战一整天，"拳毛騧"身中九箭，直至战死在两军阵前。

西侧第三骏，叫"白蹄乌"，一般理解为四只白蹄，全身乌黑，其实"白蹄"是突厥语的音译，意思是"少可汗"，"白蹄乌"就是少年可汗的黑色骏马。隋大业十三年四月，薛举、薛仁杲父子在金城郡（今甘肃兰州）

石雕什伐赤

石雕飒露紫

《昭陵六骏》之什伐赤

《昭陵六骏》之飒露紫

石雕卷毛䯄 石雕白蹄乌

《昭陵六骏》之卷毛䯄

《昭陵六骏》之白蹄乌

起兵。七月，薛举称帝，立薛仁杲为太子，国号"秦"。十二月，薛氏父子集中 10 万大军，想趁李渊父子立足未稳，夺取长安。李渊封李世民为西讨元帅，出兵御敌。两军相持两个多月，秦军粮草不济，军心浮动，进退两难。李世民抓住战机，先用少量兵力诱敌，拖住秦军的精锐部队，然后出其不意，骑着"白蹄乌"，亲率劲旅直捣敌后。秦军大乱，兵卒溃逃。李世民带领两千多名骑兵紧紧追赶，一昼夜奔驰二百多里，最终截住薛仁杲的败军，迫使薛仁杲率残部投降。

正是因为这 6 匹战马个个都有感人的故事与赫赫战功，因此，李世民要把它们都雕刻出来，竖立在昭陵之内，让后人记住它们的功劳和自己的戎马一生。于是，唐太宗命令著名画家阎立本绘制画稿，自己亲自题词，著名书法家欧阳询书写，然后选择能工巧匠，将阎立本的画稿雕刻在 6 座巨大的石块上，欧阳询书写的题词镌刻在石块的右上角。这 6 件石雕作品，用简洁的艺术手法，刻画出每匹马的特点，形象栩栩如生，是大唐石刻技艺的绝品。

那位美籍华人向美国代表团建议给中国人民送的礼物，就是昭陵六骏中的"两骏"——"飒露紫"和"拳毛䯄"。这"两骏"于 20 世纪初流失海外，一直收藏在宾夕法尼亚大学的博物馆内。可是，美国代表团并没有采纳这位美籍华人的建议。一方面，两骏当时属于宾夕法尼亚大学博物馆所有，这个代表团没有权力决定将两骏作为礼物送给中国人，除非代表团将这两骏收购；另一方面，这两骏是无价之宝，这个美国代表团根本无力收购它，即使有能力收购，美国人根本舍不得将两骏归还中国。因此，这位美籍华人的良好愿望就只能落空了。

时光一晃到了 1986 年夏，陕西省考古研究所所长到美国考察，与美国哈佛大学人类学系主任，一位华裔考古学家，一起来到宾大博物馆观看"飒露紫"和"拳毛䯄"。宾大博物馆馆长与哈佛大学人类学系主任是好朋友，因此博物馆馆长热情地接待了两位客人。通过人类学系主任的斡旋，博物馆馆长表示，可以考虑将"两骏"还给中国，但是，得用几件文物交换。得知这个消息之后，西安碑林博物馆精心挑选出两尊唐代佛教石雕造像，准备与宾大博物馆交换"飒露紫"和"拳毛騧"，一尊是一米多高的佛像，一尊是两米多高的菩萨像，两件都是国宝级的文物。

卢芹斋

可是，这个时候，宾大博物馆馆长接到朋友的一封来信。这位朋友刚刚从中国访问回来，他在信中说："在西安碑林博物馆参观的时候，发现昭陵六骏的解说牌上写着'昭陵六骏'中的'飒露紫'、'拳毛騧'被美帝国主义分子盗走，现藏美国费城宾夕法尼亚大学博物馆。如果这是真的，我感到羞耻，请您把文物还给中国。如果不是，也请您告诉碑林博物馆，希望能停止这样的谴责。"宾大博物馆馆长读完朋友的这封信之后，非常生气，专门派人拿着当年购买"两骏"的票据来到中国要求修改解说词，碑林博物馆只好将解说词中"被美帝国主义分子盗走"修改成"流失海外"，交换"两骏"的事就不了了之。

显然，宾大博物馆馆长是在找借口，他根本舍不得将"两骏"这无价之宝还给中国人。人们一定会问，"两骏"本来属于中国，可是美国人既不愿意归还，又不承认是盗窃。那么，这两件国宝究竟是怎么落到美国人手里的呢？这事儿还得从一个名叫卢芹斋的人说起。

说起卢芹斋，这是个很有争议的人物，对他有截然相反的两种评价。有些人尤其是外国人认为，他是一位中国文化的传播和宣传者，正是通过他让更多的外国人了解中国古董的价值，并且通过这些古董认识到了中国文化的博大精深。但绝大部分的中国人却认为，卢芹斋是个臭名昭著的文物贩子，应该把他永远钉在历史的耻辱柱上。他将中国许多国宝级的文物贩卖到国外，流失海外的中国文物，有一半是经过他的手倒卖出境的。人们不禁要问，卢芹斋怎么会有这么大的本事呢？有人居然吹嘘他是商界奇才，可是我认为，这完全与他的身世、偶然的机遇和旧中国的政局有关。

卢芹斋出生于浙江湖州卢家渡，原名卢焕文。他出身贫寒，幼年丧父，被远房堂叔收养。少年时期曾经在浙江湖州南浔富甲一方的张家当仆人，专门服侍比他仅大 3 岁的张家大少爷。1902 年，张家大少爷的父亲花了 10 万两银子，给大少爷捐了个候补官，第二年，大少爷出任清朝政府驻法国的商务参赞。大少爷赴法国任职，将仆人卢焕文带在身边，一起到了巴黎。大少爷借职务之便用父亲投资的 30 万两银子，在法国巴黎开设了"运通"公司，专门经营中国的茶叶、瓷器和字画。

跟随张家大少爷一起来到法国的卢焕文，就在大少爷开的运通公司当学徒，一边帮大少爷打点生意，一边跟大少爷的叔叔学习鉴赏古玩。很快，卢焕文不但掌握了经商之道，而且学会了一口流利的法语和英语，更加受到大少爷的赏识，将法国巴黎的商务全部交给卢焕文打理。

有人说卢焕文有语言天赋。可是我觉得，卢焕文有语言天赋固然不假，但更重要的是，他得到了一个学习语言的好机会。什么机会呢？就是和巴黎一家帽子店的女老板相爱了，谈恋爱可是学习语言的绝好机会。这个女老板名叫奥尔佳，是带着一个女儿的未婚母亲。一个偶然的机会，卢焕文与比自己大四岁的奥尔佳相识，立刻坠入情网，很快就到了谈婚论嫁的程度。可是，奥尔佳既不愿失去送给自己帽子店的旧情人，又不想放弃风流倜傥的卢焕文，于是，她就将自己 15 岁的女儿嫁给了卢焕文，充当起岳母兼情人的角色，并且一直掌握着卢焕文店里保险柜的密码。

卢焕文与法国女人的这场轰轰烈烈的恋爱，最终又组成这种关系复杂的家庭，不但解决了语言交流的问题，而且使卢焕文基本西化了。他一直生活在国外，穿西服、喝咖啡、看赛马，并且越来越适应和享受法国的文化、风尚和品位。这一切，为他在欧美从事古董生意，奠定了基础。当然，要想成功还需要大环境的变化。

对于卢焕文而言，这个大环境的变化，就是 1911 年辛亥革命的爆发。自 1905 年，张家大少爷就开始投身孙中山领导的革命，并且一直为革命事业捐助经费。辛亥革命爆发之后，张家大少爷回国，结束了运通公司的业务，从此卢焕文自立门户。新店开张时，他给自己换了个新名字——卢芹斋。成立自己的公司之后，卢芹斋返回中国寻找商机。此时清政府垮台，北洋政府人心不稳，故宫收藏纷纷被盗并散落民间。卢芹斋凭借自己鉴别文物的本事，趁着当时的混乱，低价收购不少珍品，转手销往欧洲市场，由此淘得他的"第一桶金"。

"第一桶金"的成功，奠定了卢芹斋以后的经营模式，就是在上海、北京收购珍宝，然后回到巴黎转手出售。为了扩大生意，卢芹斋一方面根据欧洲人的口味寻找宝贝，另一方面，又宣传中国古董的价值，引起欧洲人对中国文化的兴趣，从而扩大经营范围。渐渐地，卢芹斋成为欧洲首屈一指的中国古董鉴赏家和营销商。当时，欧洲正是繁荣时期，东方热是一种时髦，玩中国古董成为有身份、有教养的象征。因此，卢芹斋公司的利润非常丰厚。

然而好景不长，1914 年，第一次世界大战爆发，战争使得人们对收藏古董的兴趣骤减。而且，乘火车经西伯利亚回欧洲的路也不通了，卢芹斋只好乘船绕道美国。到了美国之后，卢芹斋发现，纽约的经济正在蓬勃发展，美国已经成为世界古董市场的中心，他立刻决定在纽约开一间美国最大的古董店。由于他在欧洲古董市场上的名气和人脉，很快成为美国许多私人博物馆的供应商和顾问，生意也越做越大。

卢芹斋向海外大量走私中国古董，之所以能够顺利进行，有一个最为关键的因素，就是他曾经服侍过的那位张家大少爷。由于他与民国政府的上层关系密切，无论是北洋军阀统治时期，还是国民党统治时期，都对卢芹斋的公司向海外走私珍贵文物，睁一只眼，闭一只眼。而且卢芹斋有恃无恐，根本不把国家禁止文物出口的法规放在眼里。据有关部门调查，卢芹斋公司从国内走私出境的文物多达八千余件，而且都是珍品，有的品种在国内已经绝迹。

就在卢芹斋的公司如日中天的时候，刚刚落成不久的宾大博物馆需要展品，于是馆长给卢芹斋写了一封信。馆长在信中说："上星期六，我参观了大都会仓库，见到了两匹石骏，并且知道这两件著名的雕刻在美国已经有一段时间了。我会从博物馆角度提出一个最佳方案，与我的同仁商讨购买这两匹石骏的可能性。"信中说的"两匹石骏",就是"飒露紫"和"拳毛骗"。

此时,这"两骏"在卢芹斋的库房里已经存放了 3 年,一直没找到合适的买主。因此,卢芹斋一接到宾大博物馆的邀请,立即做出回应,表示愿意将"两骏"免费提供给宾大博物馆展览,他希望能够借展览之机将这两件宝贝出手。

人们不禁感到诧异,昭陵六骏远在陕西礼泉县九嵕山上,其中的"两骏"是怎么运下山,又是怎么漂洋过海到了美国,最后落到卢芹斋手上的呢?这就不能不提一个关键人物,他的名字叫赵鹤舫,北京琉璃厂延古斋的老板。此人心术不正,胆子特大,敢做冒险的文物生意,在古董界素有赵大胆之称。

1915 年春的一个黄昏,一位法国文物贩子来到延古斋找赵鹤舫,拿出一组照片让赵鹤舫过目。赵鹤舫一看是"昭陵六骏",心中一惊,却不动声色地问:"你疯了?这东西谁搞得到?"法国文物贩子打开一只木匣子,里面装着满满一匣黄金。然后指着"六骏"的图片说:"先搞到'两骏'也成,现在,美国人和德国人都在打'六骏'的主意,只要你抢在他们之前,我就让你发一笔横财。"人们一定会问,这个法国文物贩子怎么对我们的"昭陵六骏"这么清楚呢?

原来,早在 3 年前,这位法国文物贩子,就派人悄悄潜入昭陵盗窃六骏。可是,这六骏每块高 170 厘米,长 207 厘米,厚 40 厘米,重 4.7 吨,这么大这么重的石头,盗贼根本搬不动。怎么办?可恶的法国文物贩子,居然雇石匠将两骏切割成几块。当他们将切割成几块的"飒露紫"和"拳毛骗"往山下运的时候,附近村民得知消息,立刻向当地官府报告,同时拥上山来拦截盗贼。面对人多势众,怒气冲冲的村民,盗贼将两骏推下山崖,落荒而逃。两骏被摔成一堆残块。后来,这些残破的"两骏"落到了陕西督军,袁世凯的亲信陆建章之手。

盗窃"两骏"失败的法国人,来到北京想办法。因此,找到了赵鹤舫。一听说"两骏"在陆建章手上,赵鹤舫心中就有了主意,于是对法国文物贩子说："这样吧，你先把黄金收起来，我赵鹤舫一不要定钱，二不定买主，等到这'两骏'运到北京城之后，谁出的价钱高我就卖给谁，这样做还算公平吧？"

打发走了法国人之后，赵鹤舫来到一座正在修建的府第门口，赵鹤舫到这儿来干什么，他来找袁家二少爷袁克文。因为这里是袁家的花园，袁克文正负责修建。袁克文号称当代孟尝君，什么"鸡鸣狗盗之徒"都结交。也不知是什么时候，这两个人拜了把子，这也正是赵鹤舫有恃无恐，胆大妄为的原因。法国人找他帮忙，估计是打听到了这层关系。

这会儿的袁克文正在为他家的园子没有镇园之宝发愁呢，家人来报，赵老板来访。袁克文一听连忙大声说："快请！"二人一见面，袁克文就将自己发愁的事告诉了赵鹤舫，这正中赵鹤舫的下怀，立刻建议袁克文向陆建章要他手上的"两骏"。袁克文马上找他父亲要手令，委托赵鹤舫亲自督办。赵鹤舫拿着袁世凯的手令和袁府的封条，来到西安。见到陆建章亮出袁世凯的手令，陆建章立刻把"两骏"装箱贴上袁府的封条，派手下的士兵一路押送到了北京。

可是，当两骏送到袁家花园的时候，袁克文见古董商人居然将著名的"两骏"凿成了几块，把这珍贵的国宝毁成一堆碎石，非常生气，拒不接受。赵鹤舫这才将两骏卖给了卢芹斋。卢芹斋通过他的渠道将两骏运到了美国，收藏在他的仓库里。那么，美国人又是怎么盯上这两骏的呢？

其实，早在1914年的时候，美国人就惦记上昭陵六骏了。那年秋天，一位名叫毕士博的美国古董商人，以考古学家的名义来到中国。他看过19世纪80年代欧洲人编辑出版的《世界名马图》，那里面收录了昭陵六骏之一的"飒露紫"，他一看见这匹石刻骏马的照片就非常喜欢，志在必得。

早在法国人之前，毕士博就找到了赵鹤舫。毕士博隔三岔五送来一些贵重的礼物，两个古董商人很快打得热火，毕士博经常请赵鹤舫出入青楼酒肆，花天酒地。有一天，毕士博对赵鹤舫说起他想要昭陵六骏，赵鹤舫一时也不知道如何下手。就在他们为难的时候，法国文物贩子提供了线索，得知两骏在陕西督军陆建章手里。于是，赵鹤舫和毕士博一起来到西安，利用袁世凯的力量，找陆建章讨到了两骏。当两骏运到北京之后，袁克文拒绝接收，毕士博当时又没有能力把两骏弄出中国。不久，赵鹤舫就高价将两骏转手卖给了卢芹斋。

宾大博物馆馆长正是通过毕士博才知道飒露紫、拳毛䯄在卢芹斋手上，于是就给卢芹斋写了封亲笔信，想动员卢芹斋将两骏拿出来，在宾大博物馆免费展出，同时表达了要出资购买两骏的意向。

显然，宾大博物馆馆长是以购买两骏为由，请卢芹斋把他的藏品拿到宾大博物馆免费参展。其实卢芹斋的心里很着急，因为这两骏在他手里已经压了好几年了，一直没有买家，现在宾大博物馆有购买意向，卢芹斋立刻将两骏运到宾大博物馆让他们无偿展出。可是，这一展出就是半年多，宾大博物馆却一直不提购买两骏的事儿了。

这让卢芹斋很恼火，如何才能催促宾大博物馆立刻买下这两骏呢？他想了一个办法，上门找博物馆馆长借钱，企图借了不还，然后用两骏抵债。卢芹斋的要求被宾大博物馆馆长拒绝了。这可怎么办？就这样拖下去，这两骏岂不让宾大博物馆白白占便宜？就在这个时候，波士顿艺术馆找到了卢芹斋，向他提出要买两骏的意向，让他找宾大博物馆商量，买其中一个也行，即使那款没有人只有马，也就是拳毛䯄也可以。这下子，卢芹斋就像抓到了救命稻草一样，立刻找到宾大博物馆馆长，向他转达了波士顿艺术馆购买两骏的要求。

得知波士顿艺术馆要买两骏的意向之后，宾大博物馆馆长非常着急。其实，宾大博物馆馆长并没有食言，他一方面着手安排"两骏"的展览事宜，另一方面努力游说宾大董事会，买下这两件艺术品。这位馆长的确是一位学养深厚的学者，他一眼便发现了"两骏"的非凡之处。当馆长终于说服宾大校董事会，同意收购两骏的时候，卢芹斋却开出了15万美元价格，这在当时可是天价了。虽然，宾大博物馆馆长觉得卢芹斋的要价太高，但依然答应了卢芹斋，为了凑足这15万美元，宾大博物馆馆长四处募捐。

直到 1920 年底，宾大博物馆终于收到一位名叫艾尔德里奇·约翰逊捐赠的 15 万美元。宾大博物馆方面与卢芹斋经过一番讨价还价之后，最终以 12.5 万美元的价格成交，买下了昭陵二骏。显然，就宾大博物馆而言，他们是从一个古董商人手里，花了 12.5 万美元购买的"两骏"，手续合法，因此，我们根本没有办法将这两骏讨还回国了。

就在宾大博物馆四处筹钱要买"两骏"的时候，毕士博再一次来到中国，他还惦记着另外"四骏"。他希望中国的"昭陵六骏"能够在美国宾大博物馆团聚。此时袁世凯已死，陕西的督军更换为陈树藩。毕士博再一次和赵鹤舫联手，设法买通了陈树藩的父亲，由他出面打通各种关节，好让"四骏"走私出境。

一天夜里，四驾马车载着"四骏"，急匆匆离开昭陵奔西安而来。礼泉县的士绅和民众们听说消息之后，立刻在后面追赶。可是，为时已晚，毕士博等人已经赶着马车来到西安的草滩码头，并且将"四骏"凿成数块，分别装在 4 个箱子里，准备通过水路运往潼关。陈树藩的父亲早已安排好人手在潼关接应。

当运送四骏的船靠近潼关码头的时候，一艘补给船靠了过来，将给养搬上货船之后，迅速离开。当补给船离开之后，运送四骏的船在潼关码头靠岸，两省的士兵交接木箱。毕士博此时却不在船上，他不敢坐船走水路，而是骑着马走陆路，并且一直观察着船上的动静，恐怕出半点差池。

船离开潼关抵达洛阳，4 只木箱由洛阳装上火车运到上海。到了上海之后，毕士博亲自办理了出境的手续，然后便开始了漫长的远洋航程。先由上海到日本横滨，再由日本横滨进入太平洋，两个月之后，终于到达了美国费城。可是，到了美国之后，毕士博打开木箱一看，却傻眼了，木箱里装的不是"四骏"，而是一堆烂墓碑。

毕士博无论如何也不明白，究竟在哪个环节上出了问题，这到底是怎么回事呢？原来，就在运送"四骏"的货船将要在潼关码头靠岸时，一艘补给船靠了过来，"四骏"就在这时候被调了包。那么，调包的又是什么人呢？当然是陕西的爱国人士了。

其实，"四骏"一到西安草滩码头，就被当地的居民盯上了。为首的是西安城一家古董店的老板。为了阻止"四骏"出陕西，古董店老板提前来到潼关，联络了一批爱国船工，在乱坟岗里拣了许多破碎碑块，分别装进四个大木箱，利用补充给养的机会，将装着烂石碑的木箱搬上船，然后把装着四骏的木箱推下水，神不知鬼不觉地将"四骏"截获了。直到1920年，冯玉祥将军赶走了陕西督军陈树藩，古董店老板才对冯将军讲出了"四骏"沉水的秘密。冯玉祥将军派人从河底捞出这4只木箱，然后把"四骏"运回到西安图书馆保存。

可是，我总觉得这个说法太像民间传说，而且有很多疑点。疑点一，这四骏每块重达4.7吨，没有吊车根本无法将它们装运上船，因此不仅不可能在船上掉包，甚至毕士博在西安草滩码头也很难将四骏装上船；疑点二，如果真有掉包之事，那么毕士博在上海通过海关开箱检验时为什么没有发现呢？

因此，我更相信另外一种说法，1918年初夏的一个夜晚，装着四骏的四驾马车匆匆地离开了昭陵奔西安而来。礼泉县的民众听说消息之后，跟在他们后面追赶，当他们追到西安草滩码头时，发现四骏有士兵看守，于是就去找陕西靖国军求助。所谓"靖国军"，是受孙中山先生委托，由陕西革命党人组建，配合北伐的一支革命武装。在靖国军的压力之下，陈树藩只好下令将四骏追回，运往陕西图书馆保存。以上两种说法，虽然相差很大，但是它们有一点是共同的，那就是，这四骏被陕西的爱国人士成功截获，最终没有流失海外。

1949年，中华人民共和国成立，昭陵六骏中的"四骏"移交给陕西省西安碑林博物馆永久收藏。1953年，西安碑林博物馆对这四件石刻进行了拼合修复。1961年，石刻工艺大师根据照片和拓片，复制了飒露紫和拳毛䯄，连同现有的四骏陈列在西安碑林博物馆。

第 $19$ 讲

《韩熙载夜宴图》之谜

20世纪50年代，张大千先生将自己收藏的部分珍贵文物，半卖半送地留在了祖国，其中就包括他以五百两黄金购得的《韩熙载夜宴图》。这幅珍贵的作品，被历代藏家争相竞购，画卷上居然留下二百三十多枚收藏印鉴，可谓宝中之宝。但它也一直饱受争议：它究竟创作于何时？作者的创作动机是什么？画中的韩熙载又是怎样一个人呢？

1945年初冬的一天，北京琉璃厂的一家古玩店挂出一幅古画儿，开价500两黄金，而且是一口价。以当时的购买力，500两黄金可以买一座前清王府。消息很快传开了，人们纷纷前来观看，都想瞧一瞧，这到底是一幅什么画儿，居然开出如此天价！看过画儿的人都说好，可就是太贵了，想买买不起。当古玩店老板准备把这幅画收起来时，一位身材魁伟的中年人走了进来，将这幅画仔细鉴赏一番之后，立马掏出500两黄金的汇票，将这幅画买了下来。周围的人都惊呆了，心中不禁暗暗赞叹：这是什么人，既有眼光，又有钱啊！此人叫张大千，著名的绘画艺术大师，擅长山水、花鸟、人物画，而且还是一位古代书画的鉴赏和收藏家。可是，500两黄金不是个小数目，当时抗战刚结束，张大千远在老家四川，他难道会提前得知消息，揣着500两黄金的汇票，专程从四川赶到北京来购买这幅画？其实，张大千买画纯属偶然。抗战胜利后，张大千从成都来到北京，打算买房定居。恰好有一座前清王府要出售，要价500两黄金。张大千筹措好黄金，决心买下这座前清王府。交了定金之后，张大千来到琉璃厂闲逛，恰巧遇到了这幅画，也要价500两黄金。一边是前清王府，一边是古代名画，究竟选择哪个好呢？毕竟是艺术大师，又是鉴赏、收藏家，张大千毫不犹豫地舍弃前清王府，买下了这幅古代名画。

张大千买下这幅名画之后，很长时间不出门，躲在书房里，不接待客人也不会见朋友，对这幅名画看了一遍又一遍，真是废寝忘食，百看不厌啊！一天上午，大雪初霁，腊梅盛开，景色宜人，张大千的心情格外好，于是请几位挚友，来家中饮酒赏梅，说是要给大家一个惊喜。宾朋落座，酒过三巡，张大千把不久前花 500 两黄金买来的这幅画，缓缓地展开，让大家欣赏。

张大千

在座的宾朋都是些鉴赏家，几乎同时叫出声来：天啊！《韩熙载夜宴图》！一位朋友感慨地说："这可是国宝中的至宝，精品中的极品啊！"另一位好友连忙去洗了洗手，然后轻轻地抚摸画卷的一角，感慨道："无价之宝啊！那位掌柜的目光短浅，大千，这幅画，别说是 500 两黄金，就是 5 万两也值啊！"张大千听了这话之后，真是心花怒放啊！

就在众位朋友盛赞《韩熙载夜宴图》的时候，张大千的夫人匆匆而来，贴着张大千的耳朵说了几句话，张大千连连点头，忙把《韩熙载夜宴图》小心翼翼地卷好交给夫人。夫人拿着画匆匆而去。大家一见这种情况，知道不便久留，纷纷起身告辞。那么，张夫人对张大千说了什么话，让气氛一下变得紧张起来呢？原来，张大千购买《韩熙载夜宴图》的消息迅速传开了，惊动了国外一些古董商，尤其是美国人和日本人，他们携带重金来到中国，发誓不得此画决不罢休！张大千在海外的好友得知消息之后，立即设法通知了张大千的夫人，要张大千多加小心，不要张扬。

人们一定会问：《韩熙载夜宴图》究竟是一幅什么样的作品，它真的有这么珍贵吗？以至于让张大千舍弃前清王府收藏它，让美国和日本古董商人携重金飞往中国，势在必得呢？要想说清楚这幅画的价值，我们还得从它的作者和创作过程说起。

《韩熙载夜宴图》是五代十国时期的作品，它的作者叫顾闳中，生卒年代不详，是五代十国时期南唐画院的待诏，也就是宫廷御用画师。我们通过《韩熙载夜宴图》不仅知道了顾闳中的存在，也知道他是当时水平最高的绘画艺术大师。虽然是大师，却是御用的，那就意味着要做一些非常不情愿的事。那么，这位艺术家究竟做了什么不情愿的事儿呢？

《韩熙载夜宴图》

　　有一天，顾闳中突然接到南唐后主李煜的圣旨，让他设法潜入韩熙载的府中，将所见所闻记住，然后画下来交给皇上看。这让顾闳中很为难，这显然是让顾闳中到韩熙载家刺探隐私，这可是一位艺术家所不耻的事。可是没办法，皇帝的圣旨不能不执行。

　　人们一定会感到不解，后主李煜为什么对韩熙载的私生活这么感兴趣，居然派宫廷画师去刺探呢？对此，人们的解释是，韩熙载有能力、有抱负，甚至有野心。后主李煜对他不放心，怕他威胁到自己的地位，处处对他提防。韩熙载为了不让后主怀疑自己，就佯装生活放荡，家中养着40多位艺伎，每天在府上宴请宾客，玩闹的方式很不检点。后主李煜想知道韩熙载的真实面目，于是就派顾闳中前去刺探。

　　顾闳中奉旨来到韩府，刺探韩熙载家夜宴的具体情况。至于，他是趁夜色悄悄潜入韩府，偷偷窥视；还是作为宾客堂而皇之地参加夜宴，

从容观赏，就不得而知了。顾闳中从韩熙载家的夜宴现场回来之后，根据记忆画出了《韩熙载夜宴图》。可是，让顾闳中没有料到的是，他这次奉旨刺探别人的隐私，却创作出一幅传世之作。

　　这幅《韩熙载夜宴图》，纵 28.7 厘米，横 335.5 厘米，画面上一共出现了四十多个人物，神态各异，无一雷同。他们有聚有散，有动有静，音容笑貌，栩栩如生。更为巧妙的是，顾闳中用屏风和床榻，既作为人物活动的道具，又将整个画面分隔成五个部分。这五个部分又构成整个夜宴的五个阶段。每个部分或阶段独立成章，同时又连成一气，共同构成一次完整的夜宴和一幅统一的画面。在这五个部分或者五个段落中，主人公韩熙载贯穿始终，同时在服饰、动作和表情等方面又各不相同。综合整幅画面，他的神态又惊人一致。顾闳中通过《韩熙载夜宴图》五个场景的描绘，向人们展示了韩熙载的生活。

《韩熙载夜宴图》第一部分

　　夜宴的第一个阶段，是一场小型音乐会。韩熙载与宾客们听教坊司副使李家明的妹妹弹奏琵琶。画面中留着美髯的男子就是主人公韩熙载，他的左手松弛自然地垂在膝上，眼神专注，注意力全在琵琶的弹奏上。坐在卧榻的另一头，穿着大红衣服的是当朝状元郎粲，只见他左手抚着膝盖，右手支着上身，身体自然地向前倾，一副全神贯注的样子。一位客人正面朝前，侧对琵琶女，两手交叉，全身心沉浸在音乐的世界中。屏风后有一女子，手扶屏风在偷偷地笑，她显然没有听音乐，像是个局外人，在观察现场的听众。她的身份显然是韩熙载家的艺伎。

　　夜宴的第二个阶段，是一场舞蹈演出，舞者叫王屋山，是韩熙载最喜欢的艺伎，当时只有 15 岁。她身着窄袖绿色长裙，随着鼓声跳起唐代著名的舞蹈《绿腰》。韩熙载亲自为王屋山击鼓，他的门生舒雅，也是一位状元，和恩师一起为艺伎打节拍。画面中还有一位和尚，他是韩熙载的好友德明法师。他不敢正视舞者，却又不愿回避，表情有些尴尬，准确地表现了一个出家人的神态。

　　夜宴的第三个阶段，是音乐舞蹈晚会的中场休息。韩熙载在 4 位侍女的簇拥之下，倚靠在内室的卧榻上，一个侍女捧着水盆伺候。韩熙载在洗手，显然有些心不在焉。此时夜宴并没有结束，宾客们却不见了。

顾闳中在暗示，其他宾客们此时分别和韩熙载家的艺伎，相约到隐秘的地方玩乐去了。

夜宴的第四个阶段，韩熙载独自欣赏器乐合奏。此时的韩熙载换上了一件宽松的白色睡袍，袒胸露腹，手摇绢扇，盘腿坐在一张胡椅上，典型的放浪形骸。身边站着三位女侍者，对面有五位艺伎在吹奏箫笛，坐成一排的艺伎，方向不同，姿势各异，极富动感。教坊司副使李家明，端坐一旁打板。画面的一角有一位男宾站在屏风旁，屏风外有一位女子正与他相约。

最后是夜宴的结束，宾客们与艺伎告别。韩熙载换上夜宴开始时穿的黄色衣衫，以 90° 角侧立于画面正中，神情与姿态都显得有些怅然若失。潜入韩府窥探的顾闳中，用他的画笔准确地把握和再现了韩熙载夜宴的五个阶段和场景，因此这幅《韩熙载夜宴图》是韩熙载放荡生活的真实写照，既为后主李煜提供了情报，也为后人留下了难得的历史瞬间。

那么，后主李煜看了此画之后，做何反应呢？李煜虽然是一代帝王，同时又是一位水平很高的艺术家，有敏锐的观察力和细腻的感受力。因此，当他看了这幅画之后，发现韩熙载虽然纵情享乐，却在眉宇之间隐隐有一丝忧郁。显然，韩熙载不是用放荡掩盖自己的政治野心，而是发

《韩熙载夜宴图》第二部分

《韩熙载夜宴图》第四部分

自内心的自我放纵。看来顾闳中的确非常高明，不仅再现了韩熙载家夜宴的场景，而且准确地捕捉到了韩熙载的内心世界。面对这幅《韩熙载夜宴图》，后主李煜感到深深的惋惜和遗憾。为什么呢？因为，后主李煜根本不是担心韩熙载的野心，恰恰相反，是想对他委以重任，让他当宰相，以挽救南唐的颓势。因为，无论是在后主李煜的心目中，还是在现实中，韩熙载都曾经志向远大，才华横溢。

韩熙载，字叔言，山东北海（今山东潍坊）人。他自幼勤学苦读，后唐同光四年，即公元926年，24岁的韩熙载考取进士。正在他踌躇满志之时，父亲却由于卷入一场权力之争被杀，韩熙载为了躲避追杀，化装成商人，在好友的帮助之下，穿过后唐国境，渡过淮河进入吴国境内。分手时韩熙载和好友把酒话别。韩熙载说："江淮用吾为相，当长驱以定中原。"（马令《南唐书》卷一三）意思是，吴国君主如果任命我当宰相，我一定会长驱直入，平定中原。显然，年轻的韩熙载志向远大。

经过长途跋涉，韩熙载终于来到吴国的都城广陵（今江苏扬州）。为了让吴国君主接见并且重用自己，韩熙载给吴国皇帝杨溥上了一道《行止状》，在介绍自己的籍贯、出身和投奔吴国的原因之后，表达了自己平生的志愿。虽然是在请求对方接纳自己，却没有表现出丝毫乞求之意。

这就是韩熙载的个性。

他在《行止状》中有这样一句："运陈平之六奇，飞鲁连之一箭。"所谓"陈平之六奇"，说的是汉代名臣陈平给刘邦出的 6 个金点子，直接决定着大汉江山的成败，与君主刘邦的生死。那么，陈平都出了哪 6 个金点子呢？第一，用离间计，挑拨楚霸王的君臣关系，最终导致项羽集团分崩离析；第二，李代桃僵，用大将纪信作替身，帮助刘邦从楚军的包围中逃脱；第三，及时提醒刘邦封韩信为齐王，避免自己阵营的分裂；第四，让刘邦假装巡视，趁韩信不备将其擒获；第五，刘邦陷入匈奴重围，陈平通过走夫人路线，说服匈奴单于的老婆，让单于撤兵，解了刘邦之围；第六，用行贿的方式收买叛将陈豨的部下，迅速平定了陈豨的叛乱。

所谓"飞鲁连之一箭"，说是的战国时代，齐国名士鲁仲连。有一年，燕国攻占齐国的聊城。齐王派田单收复聊城，却久攻不下，双方损兵折将，死伤惨重。鲁仲连听说消息之后赶到了聊城，他写了一封义正词严的书信，一箭射入城中，燕国守将读完鲁仲连的信之后，既忧虑又惧怕，居然拔剑自刎，于是齐军轻而易举地夺回了聊城。

韩熙载用这两个典故，无非是向吴国君主表白，自己既有陈平一样的智谋，又有鲁仲连一样的才华。由此可见，年轻的韩熙载，不但志向远大、抱负宏伟，而且自视甚高。

遗憾的是，当时吴国的大权不在皇帝杨溥手里，一切都在辅臣徐知诰的掌控之下。徐知诰虽然很欣赏韩熙载的才华，却不喜欢他的个性，因此留用他却不重用他，只让他当了个地方小官。

937 年，徐知诰推翻吴国皇帝，自己取而代之，自称是唐玄宗的后代，改名为李昪，改国号为唐，南唐国从此建立，史称"唐前主"。李昪当了皇帝之后，把韩熙载从外州召回南唐的都城金陵（今江苏南京）。由于李昪欣赏韩熙载的才华，因此给他一个秘书郎的职务，让他每天在东宫陪太子李璟谈天说地，叙古论今，抚琴绘画，吟诗作文，倒也生活得自在，并且深得太子李璟的赏识。

唐前主李昪驾崩之后，太子李璟即位，韩熙载终于得到重用，被任命为中书舍人，也就是宰相府秘书。中书省有六个舍人，韩熙载专门负责起草诏书敕令，是其中最重要的一位。韩熙载能担任此职务，表明皇帝李璟对他非常信任。可是，韩熙载与他的顶头上司，中书令宋齐丘和宰相冯延巳的矛盾却越来越尖锐。这是为什么呢？事情的起因是一次战争的失败。

946年八月，枢密使陈觉擅自发兵进攻福州，结果大败，损失惨重。皇帝李璟下诏要诛杀陈觉。可是，中书令宋齐丘、宰相冯延巳却极力为陈觉说好话，并以辞去自己官职的方式力保陈觉。韩熙载立刻上疏弹劾宋齐丘和冯延巳，指控他们二人与陈觉结为朋党，祸乱国事，并坚决请求诛杀陈觉，以正国法。可是，皇帝李璟没有接受韩熙载的上疏，却接受了宋齐丘和冯延巳的辞呈，免了他们俩的职务，也免了陈觉一死。同时，任命韩熙载担任中书令。

这一下，韩熙载和宋齐丘、冯延巳等人之间就结下了梁子。这些人本来就对韩熙载不满，现在他们的仇恨就更深了。几天之后，宋齐丘在皇帝李璟面前诬告韩熙载，说他嗜酒猖狂。其实，韩熙载虽然经常举办家宴，可是自己并不善饮酒。没想到，皇帝李璟居然听信了宋齐丘的诬告，免了韩熙载的中书令，将他外放到地方任职。从此，韩熙载与宋齐丘等人，势不两立，形同水火。

说来令人不可思议的是，宋齐丘和韩熙载矛盾虽然很深，却并不影响宋齐丘对韩熙载书法的喜好。比如，宋齐丘自以文章写得好，盖世无双，好给人撰写碑文。可是，他起草完碑文之后，总是请韩熙载誉写，然后镌刻在石碑上。韩熙载每次也不拒绝，只是在写字的时候，用纸把鼻孔塞住，有人问他为什么，他回答说："文臭而秽。"（马令:《南唐书》本传）意思是，文章写得又臭又脏。

几年之后，韩熙载终于官复原职。不久，后周大军进攻淮南，连败南唐军队，皇帝李璟多次派使者到后周去求和，都没有达到目的。皇帝李璟只好任命他的弟弟齐王李景达担任兵马元帅，率大军抵御后周军队的进攻，同时又指派陈觉为监军使。对这样的安排韩熙载上疏表示坚决反对。他说："齐王是陛下的亲兄弟，军队最高指挥只能是元帅，何必再任命一个监军呢？"从军事角度讲，韩熙载的建议是正确的。孙武说："得主专制者胜。"(《孙子兵法》)意思是，得到君主绝对的信任，将军才有可能取得战争的胜利。

那么，皇帝李璟为什么派监军呢？因为，前主李昪在世的时候，曾一度有意立李景达为太子，此事虽然未能实施，但毕竟在李璟心中形成了阴影，把兵权交给李景达，李璟不放心，所以才派陈觉进行牵制。在这种情况下，韩熙载的劝谏自然不会被采纳。结果，李璟的固执己见，造成南唐军事上的惨败。为了求得和平，南唐只好将淮南十四州割让给后周。

南唐保大十六年，即958年的五月，在后周的威胁和压力之下，皇帝李璟下令取消帝号，改称国主，史称"南唐中主"。使用后周年号，对后周纳贡称臣。可是，后周并未因此终止对南唐的进攻。为了躲避中原王朝的军事威胁，中主李璟被迫迁都洪州（今江西南昌），从此郁郁寡欢，终于一病而亡。

李璟死后，李煜即位，他就是著名的南唐后主。李煜开始挺信任韩熙载，毕竟是三朝元老了。任命韩熙载为吏部侍郎。可是，上任之后不久，因为改铸钱币之事，韩熙载与宰相严续在后主面前大声争吵，言辞激烈，声音震耳。后主认为韩熙载失礼，于是将他降职。不到一年，后主又再次任命他为兵部尚书。显然，后主李煜并没有失去对韩熙载的信任。

可是，这个时候有人弹劾韩熙载，说他蓄养很多艺伎，每天晚上宴请宾客在他家狂欢，并且让艺伎和宾客在一起厮混，很不检点。后主李煜觉得韩熙载太不像话，于是就将他贬为地方官。韩熙载被贬之后，将蓄养的艺伎统统遣散，似乎要改邪归正了。然后，恳求后主不要将他贬到地方为官，后主答应了他的要求，让他继续在朝为官。可是，几天之后，那些被遣散的艺伎又都回到韩府，每天继续夜宴如故。后主李煜听说之后感叹道：我真拿他没办法！

那么，人们不禁要问，韩熙载本来很有抱负，曾经志向远大，才华横溢，颇有谋略，为什么会放荡到如此地步呢？这不能不引起人们的种种猜测。有人解释说：后主李煜继位之后，由于和中原的后周处于敌对状态，因此对北方人特别不信任，很多北方人都被害死了。韩熙载是北方人，因此感到恐惧，所以用这种放浪形骸、纵情声色的生活，以求自保。

其实，韩熙载之所以如此放荡，是因为他对南唐国彻底绝望了。比如，韩熙载曾经说过这样的话："中原王朝一直对江南虎视眈眈，一旦真命天子出现，南下进攻，南唐根本无力抵抗。在这种情况下，让我接任宰相，岂不成为千古笑谈？"言下之意，就是不想当一个亡国的宰相。韩熙载这样说，的确有道理。中主李璟取消帝号，对后周纳贡称臣，这对任何一位有志向的臣子而言，都会感到心灰意冷。到了后主李煜时代，北方的后周已成为大宋，力量和雄心远远超过后周。南唐小国别说北上平定中原，就是自保都已经相当困难，早晚都会成为大宋王朝的囊中之物。

不过，虽然有种种不同的解释，但是，韩熙载放浪不羁、纵情声色却是不可否认的事实。后主李煜对韩熙载的行为非常不满，因此，派画家顾闳中潜入韩家，仔细观察韩熙载的行为举止，然后画出来给自己看。顾闳中奉旨来到韩府，刺探韩熙载家夜宴的具体情况，然后根据现场的记忆，画出了《韩熙载夜宴图》。

具有敏锐观察力的后主李煜，看了顾闳中的《夜宴图》之后，发现了韩熙载的内心世界，明白他放浪形骸是假，内心彻底绝望是真。处于这样状态的韩熙载，自然不堪大任。于是，后主李煜决定将韩熙载驱逐出都城，以示惩罚。此时的韩熙载年事已高，只得上表请罪，请求留在金陵养老。后主见他确实老迈，心中便有些不忍，只好打消了驱逐韩熙载的想法。韩熙载却因此受了惊吓，大病一场，不久就去世了。

后主李煜没想到韩熙载因此而死，心中非常痛惜和懊悔，于是下诏赠韩熙载左仆射、同平章事，相当于宰相的头衔，赐谥号"文靖"，意思是用才华保国。古代封谥号是对死者一生的评价，韩熙载能够得到"文靖"这个谥号，可以说后主对他赞誉极高。韩熙载死时家已败光，因此他的棺椁衣衾，都由后主所赐。后主命人在南唐国选择有最好景色的地方，作为韩熙载的墓地。后主还令南唐著名文士徐铉为韩熙载撰写墓志铭，责成徐锴收集韩熙载的文稿，编集成册。这种待遇，对于死去的大臣来说，可谓荣耀之至了。

韩熙载死后 5 年，南唐就灭亡了，从而使韩熙载的绝望成了先见之明。后主李煜这位亡国之君，作了北宋皇帝的俘虏，屈辱地苟活了 3 年之后，也含恨而去。《韩熙载夜宴图》作为北宋皇帝的战利品，收藏在皇宫，后来由宋徽宗编入《宣和画谱》。

北宋灭亡之后，由于《韩熙载夜宴图》价值连城，历代藏家争相竞购，使得此画的流转过程极为复杂，画卷上居然留下二百三十多枚收藏印鉴。光阴荏苒，岁月如梭，时间一转眼就到了清朝。此画先由四川总督年羹尧收藏，年羹尧被雍正皇帝赐死之后，家产被没收，《韩熙载夜宴图》便进入清宫内府。

辛亥革命之后，退位的废帝溥仪在被赶出紫禁城前，偷窃宫中收藏将近一千二百件，其中就包括这幅《韩熙载夜宴图》。

伪满洲国建立，溥仪随身将盗窃的宫中藏品带到东北。伪满洲国覆灭，伪皇宫被苏军占领，财产全部被没收。可是，宫中收藏的古代字画全部被盗，并且流散于民间。几个月之后，《韩熙载夜宴图》出现在长春的古玩市场，很快就被闻讯而来的北京古玩商廉价收购。不久，在北京琉璃厂的古玩店，店老板以 500 两黄金的天价抛售，恰巧被张大千遇见，张大千毫不犹豫地将此画购买。有人对张大千舍弃前清王府，购买此画的行为表示不解，张大千解释说："那座王府不一定立刻有主顾，而《韩熙载夜宴图》却可能稍纵即逝，永不再返。所以我把买房子的金条用来买画了。"

可是，1951 年的一天，张大千在香港却做出了一个惊人的决定：出售《韩熙载夜宴图》等珍贵的古代字画！张大千决定移居海外，他不想将这些珍宝带到国外去。张大千先生深知《韩熙载夜宴图》等古代字画的珍贵，一旦国宝流失海外，他将成为千古罪人。所以，他决定这批珍贵的古字画，既不卖给古玩商，也不委托拍卖行，而是希望以一种合适的方式，留在祖国。

消息很快传到了北京，立刻引起有关方面的关注。可是，1951 年，刚刚成立的新中国百废待兴，最紧缺的就是资金。然而，在周恩来总理的亲自部署下，国家从非常紧张的财政资金中挤出一部分钱专门用于收购文物。经过一番协商，张大千最终将自己心爱的《韩熙载夜宴图》《潇湘图》《万壑松风图》以及敦煌密卷等一批国宝，以 2 万美元的价格，半卖半送地留给了祖国。从此，《韩熙载夜宴图》由故宫博物院收藏。

当《韩熙载夜宴图》成为国家收藏之后，对它的研究得以充分开展。随着研究的深入，人们开始对此画产生了一些质疑。首先，人们质疑此画的作者。有人认为，《韩熙载夜宴图》不可能是五代时期南唐画师顾闳中的作品。其理由有三：

第一，在整幅画卷中，几乎所有男子均穿绿色衣服。根据北宋的法令，南唐官吏，投降宋朝之后，不管品级高下一律穿绿色衣服。质疑者因此认定，此画只能是北宋的作品。我认为这个观点很难成立，我有几个理由：其一，韩熙载换了几身衣服都不是绿色，出席夜宴的状元郎粲，身穿大红衣服；其二，宋朝和唐朝一样，六至七品官穿绿色衣服，南唐以唐朝继承者自居，自然按照唐朝的规矩办，所以，《韩熙载夜宴图》中出现穿绿色衣服的宾客并不奇怪，这只能说明，他们的级别不超过六品。其三，南唐保大十六年，迫于后周的威胁和压力，皇帝李璟下令取消帝号改称国主，对后周纳贡称臣，使用后周年号，南唐官员只能穿绿色衣服的规定也许此时已经开始，而《韩熙载夜宴图》的创作时间是 15 年之后。因此，在《韩熙载夜宴图》中，南唐官员穿绿衣服实属正常。

第二，画面上所有闲着的人都叉着手以示敬意，而叉手示敬是两宋的制度，所以此画只能是北宋画家的作品。我认为这个理由也很牵强。在辽代壁画中也出现这样的手势，显然这种手势不仅仅属于北宋；其次，叉手的意思各不相同，比如，整个画面中叉手者只有三个人，一个是韩熙载的门生舒雅，他在恩师面前叉手可以理解为示敬；另外一位是坐在几案旁的宾客，他叉手只能表示全神贯注；第三位是僧人德明，他叉手表示什么，难道出家人也恪守俗世的规矩不成？显然，叉手这种动作，既内容复杂，也不可能仅属于两宋。

第三，画面中的桌椅等家具是宋代款式，几案上的器皿是宋代常见之物，因此推断，这幅画只能是宋代作品。这种说法就更成问题了。北宋继承后周，后周延续大唐，南唐以大唐继承者自居，因此这几个王朝和周边地方政权之间不可能存在根本性差异。所以，宋代的典型用法，未必就不是南唐的用法。从五代十国到北宋，这是中原汉族的桌椅款式发生根本性变化的时代。这是一个在北方游牧民族习惯影响下，从席地而跪，到垂足而坐，低坐具向高坐具的过渡阶段。所以，南唐与北宋在家具款式和器皿风格方面呈现一致和相似性极有可能。

虽然无法否认《韩熙载夜宴图》是顾闳中所作，但是，又有人认为故宫博物院收藏的《韩熙载夜宴图》不是真迹，而是北宋的摹本。怀疑者的理由是，此画表现出北宋风格。比如，一位在韩熙载面前手持长扇的侍女，衣服背部有六只仙鹤，展翅飞翔。这个图案与宋徽宗的《瑞鹤图》有异曲同工之妙。因此，认定故宫博物院收藏的《韩熙载夜宴图》是北宋摹本。我认为，这个理由值得商榷。用绘画表现鹤，早在仰韶文化的彩陶中就出现过。东汉以后，鹤成为道教绘画的重要题材。宋徽宗笃信

《瑞鹤图》局部　　　　　　　　　　　　　　侍女后背

道教，并且封自己为教主。他以鹤为题材作画，是在表达他的道教信仰。至于，韩熙载身边侍女的衣服上出现鹤，似乎与韩熙载晚年的精神状态有关，他的放浪形骸、纵情声色与魏晋风度何其相似，而魏晋士人大多信奉道教。

总之，无论是否认《韩熙载夜宴图》是顾闳中的作品，还是否认故宫博物院收藏的《韩熙载夜宴图》是真迹，这些观点都站不住脚。因此，张大千用500两黄金将这幅《韩熙载夜宴图》买下，既物有所值，又避免这件无价之宝流失海外，的确功在千秋！

# 第20讲

## 散氏盘真伪之谜

　　20 世纪 20 年代，故宫博物院院长马衡在清点紫禁城的财产时，发现了散氏盘。这件西周时期的青铜器，不仅制作工艺精湛，盘底还刻着一篇珍贵的铭文。可是，这个散氏盘却真伪难辨，清内务府的官员一口咬定它是赝品。那么，这个散氏盘究竟是真是伪？散氏盘的铭文记载了什么内容？这件国宝的背后有着什么样的历史故事呢？

　　1924 年 11 月 5 日，一队全副武装的西北军，突然闯进紫禁城，将退位的废帝溥仪和清室成员统统赶出皇宫，并且没收了宫中的所有财物。半个月之后，民国政府宣布将紫禁城的财产没收归国有，并且成立了"清室善后委员会"，它的重要使命，就是清理紫禁城中的全部财产。

　　为了使清理工作顺利进行，委员会制定了相当严密的清点规则，清点的范围并不仅限于文物，凡是宫中物品，无论有无价值，都要清点登记。只有这样，委员会才能对全国人民有所交代。清理工作的重中之重，就是历代皇帝的收藏品，为此，委员会请来许多这方面的专家，以准确评估皇宫收藏的价值。

　　清理工作刚刚开始，就遇到了一件麻烦事。有一天，一位名叫马衡的清室善后委员会委员，一大早来到紫禁城，准备开始清点工作。这位马衡，字叔平，是中国著名的金石学家、考古学家、书法篆刻家，被誉为中国近代考古学的先驱，后来故宫博物院成立，他担任院长。正是因为他的学术地位，才被聘为清室善后委员会委员，专门负责皇帝收藏品的鉴定和清点。当马衡戴上手套，打开一个箱子，小心翼翼地从里面抱出一个青铜盘时，这位考古专家却发出一声惊呼："天啊！散氏盘！"周围的工作人员听到马衡委员的惊呼，立刻围了上来。

　　人们一定会感到不解：散氏盘究竟是什么宝贝，至于让这位著名的考古专家看到之后发出惊呼呢？这就得说说这件散氏盘了。所谓"散氏盘"，是西周时期的青铜器，造型精美别致，器型为圆形，浅腹，双耳，

高圈足 腹部饰有夔纹。这件散氏盘不但被考古界视为珍宝，而且具有重大的历史意义。

散氏盘除了它的制作工艺精湛之外，在盘底铸着350个字的铭文，这篇铭文非常珍贵。它记载了其中也就是现在陕西境内的两个诸侯国之间发生的一场外交事件。这两个诸侯国，一个叫矢国，一个叫散国。两国之间曾经爆发战争，只好寻找周天子出面调停。在周天子的调解之下，两国签订了和平协定，矢国人以两块土地作为赔偿，以求得和平。这篇铭文详尽地叙述了这两块田地的区域、疆界，并由两国共同派官吏勘定后交接，周天子也派官员到现场作证。矢国人发誓，将土地交付给散国人之后，决不毁约，否则愿意按照土地价格付罚金，并让周天子诏告天下断绝与矢国人的交往。交接完毕之后，周天子的代表，将新界地图交给矢国人，散国人则把两国之间的契约铸造在青铜盘上，作为永久的证据。

马衡

显然，散氏盘上的铭文是两千多年前一段历史的见证。那么，这是两个什么样的诸侯国，它们之间为什么要打仗，战争结束之后，为什么还要将两国的协议铸在一个青铜盘上呢？为了解开这些谜团，就得分别说说这两个诸侯国了。

先说矢国。"矢"的含义是天、大、乾和震慑。那么，矢国究竟是什么样的国家，居然会用这么夸张的名字呢？矢国的地理位置大致在今天的陕西省眉县至县和武功县一带。这一带是周国的军事基地，是周国主力部队驻扎的地方，有军队自然有震慑之威，因此在这里建立诸侯国，就被称为"矢国"。那么，又是哪位诸侯被分封到此，敢以"矢"字为国名呢？这位诸侯名叫"南宫适"，是周文王和周武王时期的三军统帅，在灭商的过程中，立下了汗马功劳。矢地又是他的祖籍地，因此，周武王灭商之后，分封天下，就将南宫适分封到矢地，建立了矢国。从此南宫氏的后代，一直掌握着周朝的军政大权，直到西周末年地位才逐渐下

散氏盘

散氏盘铭文拓片局部

降，不再担任军事职务而转为文职官员，一直到西周灭亡。

散国姓姞，源自于渭水与汧水的交汇处。到了周朝时期，散国逐渐扩张到今宝鸡市西南的大散关一带。由于这一带曾经是周朝散国的疆域，大散岭和大散关因此而得名。

散国位于矢国的西南，两国是邻居，因此，矢国一直与散国之间有联姻的关系，可是，矢国却经常对散国发动战争。尤其是西周中后期，矢国不断扩张，势力越来越大，并且一度称"王"。西周时期，只有周天子才能称"王"，其他诸侯分别称公、侯、伯、子、男。春秋时期，诸侯称霸，最多也就称"公"，比如，春秋五霸的齐桓公、晋文公等；到了战国时期，天子地位下降，诸侯们开始称"王"，比如，齐宣王、梁惠王等。因此，哪位诸侯敢称王，表明他与周天子分庭抗礼，甚至根本不把天子放在眼里。与这样的国家为邻，真的没有安全感。正是这个原因，周天子才会不支持矢国，支持散国。再加上朝中南宫氏的地位下降，成了一些文职官员，因此周天子才可能主持公道，支持散国。

散国虽然与周天子不是一个姓，祖先也不是什么著名的功臣，作为周王朝的分封之国，始终听命于周天子。可是，矢国和散国边界相连，矢国人屡次侵犯散国的边界，掠夺土地和财物，散国人终于忍无可忍，奋起反抗，并寻求周天子的支持。

有人说，矢国和散国之间并没有爆发战争，只是矢国侵犯散国，散国人找周天子做主，在周天子的调停之下，矢国认错，并且做出赔偿。如果这种说法属实的话，那么，一向霸道的矢国，怎么会向比自己弱小的散国低头，承认错误和失败呢？显然，是周天子主持公道，并且对矢国人施加了压力。可是，此时的周天子是周厉王，他可是历史上著名的暴君，因为过于残暴引起国人暴动被推翻之后逃出镐京，后来客死他乡。这样一个被国人推翻的暴君怎么可能主持公道呢？也许，历史记载有误，那么真相究竟如何呢？这就得说说这位周厉王了。

周厉王，姓姬名胡，是西周第十位天子，"厉"是他的谥号，意思是凶险、残暴，这个谥号是后人对他一生的评价。那么，后人为什么用这样恶毒的词评价一位先王呢？就是因为，姬胡在位 37 年，暴虐□道。据《史记》记载，姬胡在位期间，任用荣夷公为卿士，实行"专利"□策，就是将周王朝境内的山林湖泽直接控制在天子或者朝廷手里，不□国人进入谋生。

所谓"国人"，是指当时居住在国都内的人，成分比较复杂，主要包括贵族、平民、商人、手工业者等等。周朝时期的国都通常有两道□墙，内者曰城，外者曰郭。一般情况下，城方圆三里，郭方圆七里，□和郭共同构成周代的"国"。因此，居住在城郭之内的居民，就被称作"国□"，而居住在郊外的居民，被称作"野人"，住在乡下的居民被称作"鄙人"。野人和鄙人统称为"庶人"。

显然，国人的社会地位比较高。西周时期，国人有参政甚至□政的传统，国人的力量和作用不可小觑。可是，周厉王却接受荣夷公的建议，将国内的山林湖泽由天子直接控制，不准国人进入谋生。这显然是犯众怒的事，使周天子与国人陷入尖锐的矛盾之中。周朝首都镐京的国人，因不满周厉王的政策，怨声载道。这个时候，有一位大臣进谏说："民不堪命矣！"意思是，百姓已经受不了了，都在议论纷纷。周厉王于是任命一个姓卫的巫师监督国人，发现有国人敢说周天子的坏话，格杀勿论。这就是著名的"厉王止谤"的故事。

在周厉王的高压政策下，国人不敢在公开场合议论朝政。人们在路上碰到熟人，也不敢交谈，甚至不敢打招呼，只用眼色示意一下，然后匆匆走开，这就是典故"道路以目"的出处。周厉王得知后十分满意，对大臣召穆公说："我有能力制止人们的非议，他们再也不敢议论我了！"召穆公劝谏周厉王说："你这是用强制的手段来堵民众的嘴，这可比堵一条河可怕。河一旦决口，要造成灭顶之灾；人们的嘴被堵住了，带来的危害远甚于河水！因此，治水要用疏导的办法，治民要让天下人畅所欲言，否则会出大事。"周厉王对此话却置若罔闻。

公元前 841 年，忍无可忍的国人暴动了，他们包围了王宫，周厉王仓皇逃到彘城（今山西霍县）。周厉王出逃之后，太子姬静被召穆公藏在自己家里，国人得知消息，把召穆公的家包围起来。召穆公用自己的儿子代替太子姬静，交给了愤怒的国人，国人杀害了召穆公的儿子，太子姬静幸免于难。

周厉王出逃后，召穆公和周定公两位周天子的辅相，共同管理朝政，因此国号为"共和"，公元前 841 为共和元年，从此中国历史有了明确的纪年。共和十四年，即公元前 828 年，周厉王死在彘城。太子姬静已经在召穆公家长大成人，召穆公和周定公二位辅相，一起拥立姬静为天子，他就是周宣王。显然，周厉王是一位被国人推翻的暴虐的君主。

这不禁令人产生疑问，如此暴虐的周厉王，怎么可能会出面在道义上支持散国人，让矢国人认错并且赔偿，而且还作为监督人，迫使矢国与散国签订和约，并且将和约铸在散氏盘上呢？显然，《史记》对周厉王的记载与评价，与散氏盘中周厉王的形象并不一致。那么，究竟谁更准确地记载了周厉王的所作所为呢？

我们不妨再仔细分析一下史料记载周厉王做的坏事。通过分析我们发现，后人们对周厉王的指责集中在两点：其一，是"专利"，也就是把过去属于贵族和国人的利益，控制在了朝廷手里；其二，是"止谤"，就是用杀戮的方式禁止人们诽谤他。止谤的原因在于国人诽谤天子，国人诽谤天子的原因在于天子宣布将山林湖泊都归属朝廷，不让国人进入。显然，矛盾的根源是周天子与国人争利。那么，周厉王为什么要这样做呢？这就得说说周厉王的动机了。

西周发展到厉王的父亲周夷王的时候，开始出现"王室微，诸侯或不朝，相伐"（《史记·楚世家》）的局面，意思是，周王朝力量衰落，诸侯都不朝贡天子，而且彼此之间相互进攻。周王朝的共主地位受到挑战，经济也开始走向崩溃。到周厉王即位的时候，周王朝的根基已经动摇，大厦将倾了。

面对这种局面，周厉王只有两条路可选：要么任由周王朝就这样继续地衰败下去，以至于灭亡；要么革除弊政，打击与中央抗衡的诸侯的势力，恢复政治、经济上的共主地位。周厉王选择了后者，他要革除弊政，振兴周王朝。他采取的具体措施有两条：

其一，重用荣夷公，改善王室的财政状况。荣夷公姓姬，是荣国第六代国君，他的封地在陕西户县一带，荣氏自文王时期，就是朝廷重臣，一直受到周天子的信任。可是，周厉王重用荣夷公却引起统治集团内部的尖锐矛盾。贵族们认为荣夷公"好利而不知大难"（《史记·周本纪》），意思是，一味追逐利益，而不知道大难即将降临。其实，善于理财的荣夷公，在经济上帮助周厉王振兴残破的王室经济。但是，他的举措触犯了贵族以至于国人的利益，因而引起强烈反对。周厉王所谓的"专利"，实际上是由国家政权控制经济资源。荣夷公帮助厉王在经济上打击贵族势力，以加强王室实力，直接导致了中央与地方在经济利益上矛盾的激化。

其二，任命虢公长父担任卿士，抵御外敌。这是周厉王在军事上的一项重大决策。因为，周边非华夏族的方国屡次入侵周朝国境，打得周朝军队节节败退，大片国土沦于敌手。周厉王即位3年，淮夷进逼到洛邑，已经成为周王朝的大患。周厉王力图改变这种状况，以解决积弱之弊。于是，周厉王派虢公长父到南方与入侵者作战。但由于国力不强，虢公长父未能取胜。周厉王知道，弱与贫总是联系在一起的，于是下决心改变周王朝积贫积弱的状态。经过周厉王几年的革除弊政之后，经济有所振作，国力有所提升，终于取得了一些军事胜利。可是，周厉王对虢公长父的任命却遭到贵族集团的坚决反对。虢公长父的身份比较低微，周厉王破格提拔和重用虢公长父，一改周王朝"世为卿士"的惯例，打破了社会层级的固化和贵族对高层职位的垄断，遭到贵族们的强烈反对。

面对朝野上下对自己重大措施的反对和议论，周厉王不是耐心解释和设法化解矛盾，而是使用了高压手段。任命一个姓卫的巫师，专门监督诽谤者，只要有人告发谁在背后议论天子，格杀勿论，从而将周厉王的暴政推到了极端，激化了社会矛盾。面对周厉王的暴政，国人造反了，周厉王被推翻，只好在外流亡。

有人称这次国人暴动是平民起义，通过以上分析，显然不准确。这次推翻周厉王的暴动，是国中的居民，他们的成分很复杂。国人之所以造反，是因为周厉王的一些举措，触犯了他们的利益。其实，用今天的观点评价周厉王，他显然是一个改革家，面对周王朝积重难返的困难局面，他在政治、经济、军事等方面都进行了改革。但是，他的对立面是包括贵族在内的全体国人，改革触犯了太多人的利益，当反对他的人越来越多的时候，他又采取激化矛盾的"止谤"手段，最终他失败了。

散氏盘的铭文，真实地见证了这段历史，让后人对周厉王的评价更接近历史事实。为什么这么说呢？因为，通过散氏盘的铭文可以证实如下几点史实：

其一，诸侯相互征伐。我们前文引用《史记》中的话："王室微，诸侯或不朝，相伐。"意思是，周王朝衰落了，各地的诸侯都不来朝见天子，他们之间一直在相互进攻，战争不断。通过散氏盘的铭文，我们可以清楚地看到，矢国就是这种诸侯的典型，矢国与散国之间的战争，就是诸侯相互征伐的例证。

其二，诸侯敢于称王。矢国的君主在西周早期还是伯爵，可是通过散氏盘的铭文我们发现，这个矢国的国君居然敢称"矢王"，这只能说明周王朝天子地位的下降，诸侯敢于僭越礼制，典型的"礼崩乐坏"！

其三，土地国有制开始瓦解。根据散氏盘的铭文记载，在周天子的调停下，矢国决定给散国人赔偿土地。周王朝的土地是国家所有，诸侯的土地，都是天子分封的，他们只有土地使用权而没有所有权。没有所有权的土地如何用来赔偿呢？这说明，矢国拥有属于自己的土地。有人考证出，矢国用来赔偿的土地是通过战争掠夺的。这正好说明，矢国这样的诸侯不断通过战争扩张自己的实力，从而形成与周王朝抗衡的力量。

最后，周天子的地位有所上升。在两国达成和平协议之后，周厉王派官员监督执行。矢国派出官员带着绘制好的地图来交割田地，散国方面也派出官员来接收矢国赔偿的土地。双方在周厉王的调解之下，订立契约，举行盟誓。这说明，周王室在周厉王的改革之后，国力有所恢复，这才对桀骜不驯的矢国形成威慑，逼着它不得不与散国订下盟约，赔偿土地。散国人为了约束矢国人，就将两国之间的契约铸在青铜盘上。由此可见，这只散氏盘的确非常珍贵和重要。

面对如此重要的散氏盘，马衡自然会情不自禁地发出惊呼，可是，围在马衡身边的一位工作人员却怀疑地问道："这只散氏盘是真的吗？听说散氏盘的真品在圆明园的大火中被烧毁了！"这句话说中了马衡心头的疑问，这也是他之所以会发出惊呼的原因。因为，散氏盘的真品失踪了很久，都说它在大火中被烧毁了，那么，眼前的这只散氏盘到底是存世的真器，还是仿制的赝品呢？于是，马衡立刻找内务府的官员询问，得到的答复是："真的散氏盘早就没啦，只有仿铸的那件了！"

难道这只散氏盘是赝品？马衡身为善后委员会的专家，感到肩上的责任重大，清理皇室的收藏品，首先必须得鉴定清楚收藏品的真伪。无论是把真器当成赝品，或者把赝品当成真器，都将是失职的行为啊！马衡端详着这件青铜盘，心中疑窦丛生，这到底是不是传说中的散氏盘呢？

马衡不太相信内务府官员的话，为什么呢？因为，马衡是考古专家，古物见得多了，他观察这件青铜器，怎么看都觉得它不像赝品，因为它铜质精粹，厚重光莹。如此精美的器物，无论是材质还是制作，都堪称完美，怎么可能是赝品呢？可是，内务府的官员，言之凿凿，确信它是赝品。怎么办？按照赝品登记？万一是真器呢？这可马虎不得。

事关重大，一定要确定此盘的真伪，否则有什么资格担任清室善后委员会的委员！要想确定此盘的真伪，就必须全面了解散氏盘的来龙去脉。马衡决定以散氏盘出土的年代为线索，查阅所有相关史料，从中找出辨别真假的依据。

据资料记载，大约是乾隆年间，散氏盘从陕西凤翔出土，这里正是当年散国的境内。散氏盘出土以后，一直在民间收藏，并且不断更换藏主。由于时间的久远和收藏的隐秘，其中的曲折历程已经无从考证，也无法判断眼前这只散氏盘的真伪。显然，通过史料鉴定散氏盘真伪的方法行不通，那么，下一步该怎么办？怎么才能证明眼前这件散氏盘的真伪呢？

经过一番思考之后，马衡决定换一个思路，从散氏盘入宫的经历查起，看在哪一个环节最可能出问题。改变了调查思路之后，马衡立刻寻访几位对清宫收藏颇有研究的老专家，寻问这只散氏盘，究竟是什么时候进宫的。老专家们一致认定，散氏盘进宫是嘉庆年间的事。具体说来是嘉庆十四年，即公元 1809 年。

这一年的冬天，嘉庆皇帝 50 岁寿辰。皇帝过生日，那可是向天下敛财的最好借口，也是臣子献媚邀宠的好机会。可是，嘉庆皇帝却颁发诏令，不准任何人借机搜刮民财、进献金玉珠宝之类的寿礼，这可难坏了想巴结皇帝的大臣。怎么才能既表达臣子的忠心，又能够让皇上接受礼物呢？于是，满朝文武、封疆大吏都在挖空心思寻找皇帝可以接受的寿礼。

一位名叫阿林保的江南盐运使，成天为这事发愁。一时想不出什么好主意，还得说他府中的师爷聪明，给阿林保提了一个建议。师爷说："皇上虽然不让送金银财宝，可是没有说不让送文物古董啊。你设法收购一件珍贵的古董献给皇上，既没有违规，也能够讨皇上欢心，岂不两全其美？"阿林保说："这个时候，你让我到哪儿找珍贵的古董呢？"师爷说："本地有一位盐商收藏了一件西周的青铜盘，都说是稀世珍宝，那盘上的铭文，是开一代先河的'草篆'，世上仅此一件。你设法把这个青铜盘搞到手，献给皇帝不就行了吗？"

阿林保虽然是满族人，对汉文化了解不多，但是他知道什么是"稀世"珍宝，也懂得世上仅此一件的意义。于是，阿林保立即到这位盐商家登门拜访。这位官居从三品的阿林保，是朝廷派到地方的盐运使，专门负责征收盐业税，对当地盐商拥有监督和管辖权。因此，阿林保对这位盐商经过一番威逼利诱，盐商只好将这只宝盘拱手相让。

宝物到手之后，阿林保又犯难了，就在准备给皇上献宝的前夕，阿林保的师爷对他说，凡是稀世珍宝，都是有来历的，而且有真假之分，大人给皇上献宝之前，一定要将手中的宝盘来历搞清楚，而且必须找一个内行鉴定真伪。否则，给皇上献一个赝品，那可是欺君之罪。阿林保觉得有道理，于是决定请人鉴定宝盘。

可是究竟请谁呢？师爷说，此人非阮元不可。阮元是清朝中期著名的金石学家，知识广博，在经史、天算、训诂、校勘等方面都有极高的造诣，被尊称为"一代文宗"，尤其是著有多部研究青铜器的论著。阿林保要找他，算是找对人了。

但是，让阿林保没料到的是，他几次登门造访，结果都碰了钉子。这位阮元根本不把阿林保这个满族人和盐运使放在眼里，阮元是乾隆年间的进士，先后在乾隆、嘉庆、道光三朝为官，号称"三朝阁老"，并且先后在山东、浙江、江西、河南、湖广、两广、云贵等省担任总督，号称"九省疆臣"。阿林保不过是区区盐运使，一个从三品官，阮元怎么可能把他放在眼里？

这可怎么办？还是师爷有主意，建议阿林保就别摆谱了，放下架子，虚心求教。阿林保听从建议，不乘车马、不带仆人，步行来到阮家门口，亲手递上帖子，请求见阮先生一面。阿林保这才获准在门房里等着召见。阿林保在阮府的门房足足等了半个多时辰，阮府的家人才终于将他引入了客厅。

阮元根据盘上的铭文确定，这是西周时期的稀世宝盘，并根据铭文中多次出现"散氏"二字，将此宝物定名为"散氏盘"，还拓了一幅盘上的铭文收藏。通过古董专家确认，这只青铜盘果真是稀世珍宝，阿林保欣喜若狂，他立即收拾行装，进京献宝。虽然，嘉庆皇帝说不收礼物，却还是收下了这件散氏盘，阿林保也因此成了两江总督。

就这样，这只珍贵的西周时期的青铜"散氏盘"进了紫禁城。可惜的是，嘉庆皇帝并不像乾隆皇帝那样酷爱古玩字画，因此，散氏盘进入内务府之后，历经嘉庆、道光、咸丰等朝，没有人欣赏它，以至于无人知道它收藏在什么地方。直到咸丰十年，即公元1861年，圆明园被烧毁之后，传出消息说，散氏盘在大火中被烧毁了。

又经过光绪、同治、宣统三朝，直到退位皇帝溥仪出宫之前，内务府核查养心殿的陈设，才发现了散氏盘存放在库房之中。溥仪听说之后大喜，下令制作五十份拓片，分赠给身边的人。溥仪被逐出宫后，清室善后委员会接管了紫禁城所有收藏，最后在马衡委员鉴定皇室收藏的时候，再次发现了散氏盘。

马衡虽然搞清楚了散氏盘进宫的线索，可是依然难以确定眼前的这只散氏盘究竟是真是假。清宫内务府的官员一口咬定，散氏盘的真品在圆明园的大火中被毁，眼前这只散氏盘是赝品。那么，如果这只散氏盘是赝品，究竟是谁制造的呢？当然不会是阿林保，制造这样的赝品，技术与文化含量太高。因此，有人怀疑是研究金石的专家阮元。可是，在当时的情况下，如果献给皇上的寿礼是赝品，那可是欺君之罪。作为三朝阁老、九省疆臣的阮元会在嘉庆皇帝 50 大寿的时候在礼物上造假吗？马衡觉得不太可能。如果阮元造假，那么当初献给嘉庆皇帝的散氏盘本身就是赝品，所以，真盘被大火烧毁的说法就根本不成立了。显然，真盘被烧毁的说法恰恰证明阿林保和阮元都没有造假。那么，眼前这个散氏盘是不是当初进贡的那个盘呢？如果能够确定这一点，散氏盘的真伪问题不就迎刃而解了吗？可是，阮元早已不在人世，此盘究竟是不是最初进贡的盘，很难说清楚了。

马衡觉得在阮元这儿找线索是个死胡同，必须再换个思路。于是，马衡来到了北京和平门外的琉璃厂大街，寻找业内的老朋友，让他们出出主意。马衡来到琉璃厂之后，直奔尊古斋找老板黄伯川。黄伯川告诉马衡说：关于散氏盘，内务府有内务府的说法，民间有民间的传闻。很早以前就听说，散氏盘被一位名叫江翰林的人收藏，后来他在苏州仿铸了两件，一件卖给了日本人，另一件不知去向。散氏盘的真品，在嘉庆年间被人献给了皇上，后来传说在圆明园被烧毁了。因此，散氏盘目前没真货，遇见它要格外仔细，小心上当！

老朋友黄伯川的这个说法，不由得让马衡心头一紧，他觉得问题更加严重了。如果散氏盘的真品已经被烧毁，而且的确有赝品在世，那么眼下皇宫中保存的散氏盘就很有可能是赝品！怎么才能识别真伪呢？马衡继续请教这位老朋友。黄伯川说，真品虽然听说在圆明园被毁，可是，皇宫中应该藏有一幅真品散氏盘最初进宫时的拓片，找到这幅拓片，然后与手中的散氏盘对照，岂不立刻识别出真伪？

太妙了，真是高手在民间啊！马衡立刻告别好友，赶回故宫寻找那幅散氏盘真品的拓片。可是，一连几天，他翻阅了所有清理出来的铭文拓片，却一无所获。就在马衡几乎绝望的时候，在皇宫的古籍库里，终于翻到了深藏在箱底的散氏盘的拓片。

马衡拿到这幅拓片的时候，双手都有些颤抖了，因为这张拓片太重要了，根据它完全可以判断眼前这只散氏盘是真是假。马衡立刻将拓本与散氏盘仔细进行对照，连铭文上的笔划粗细都清楚地做了记录和对比。经过反复对比，马衡发现，盘上的铭文与拓片上的字迹一模一样！马衡最终得出结论，这只散氏盘是真品！马衡悬着的心放下了，关于散氏盘真伪的问题终于有了答案！

当散氏盘的真伪问题尘埃落定之后，作为金石学家和书法家的马衡，这才有心思仔细欣赏散氏盘上的铭文。这篇铭文是典型的西周晚期的"草篆"风格，是一幅完美的书法艺术作品。它的艺术特点主要表现在以下3个方面：

其一，拙朴。散氏盘铭文的拙朴，主要表现在，自然浑成。线条之间，不呈现均称、排比的规则，于不规则中表现出错落摇曳，自由活泼的趣味。

其二，粗犷。散氏盘铭文虽然用笔粗犷，同时却给人一种凝重含蓄的感觉，将粗犷与内敛极为完美和谐地结合在一起。

其三，灵动。散氏盘的铭文，在方中带圆，圆中带方，既自然洒落又变化莫测，给人以妙趣横生的感觉。

总之，散氏盘是一件在内容和形式上都臻于完美的国宝。这只宝盘现藏于台北故宫博物院，在其十大镇院之宝中，散氏盘排名第一。

武王征商簋之谜

　　20世纪70年代，陕西省西安市临潼县零口镇南罗村的几位村民打井时，意外发现了一个地窖，从中出土了许多周代的青铜器。其中最引人注意的是一件青铜簋。青铜簋上短短32个字的铭文，专家学者们各有不同的解读。铭文记载了什么样风云激荡的历史故事？它为我们解读武王征商的历史带来了什么新线索？这件青铜簋又为什么会被埋藏在地下呢？

　　1976年3月的一天，西安市临潼县零口镇南罗村的几位村民，在大田里打井。当井打到一定深度的时候，井底突然发生塌陷，不但没有打出地下水，反而连打井的工具也掉进地洞里，差一点造成人员伤亡。面对眼前这深不见底的地洞，村民们一时不知道如何是好。这时有人提议，这洞有可能是古墓，还是向政府部门报告吧，让他们想办法。大家一致赞同这个建议，于是派人向有关部门汇报了情况。考古专家闻讯赶来，立即对这个地洞进行考察。经过一番勘察之后专家们断定，这个地洞不是古墓而是一个埋藏宝物的地窖。经过仔细认真的勘察和清理，考古队员们从这个地窖里发掘出各种青铜器151件。从青铜器的样式和造型上看，专家们估计这些青铜器是商周时期的作品。可是，具体是什么年代的，一时还说不清楚，必须得寻找更加准确的证据。

　　考古人员将这些青铜器运回去之后，开始对每一件宝物进行清理。在清理的过程中，考古人员在一件精美的青铜器上发现了线索。这是一件青铜簋。所谓"簋"，最早是古人用来盛装主食的器皿，流行于中国商周时期。相当于现代人使用的大饭碗或者钵。直到今天，广东民间仍然有"九大簋"之说。广东人的"九大簋"是指用九个大碗盛装美味佳肴。后来，也就不管几个碗了，只要是举行盛宴就叫"九大簋"。

　　陕西临潼县零口镇南罗村地窖里出土的这件青铜簋上半部为圆形，下半部是个方形底座，两侧有兽形的耳朵，上面还有垂珥，造型庄重沉稳。显然，这么大的簋肯定不是用来吃饭的，那么它是干什么用的呢？

利簋

簋本来是盛放食物用的，到了商朝末期，逐渐演化为贵族祭祀时使用的礼器。到了周代，使用簋就更加讲究了，必须与鼎相互配合，具体方式是，鼎为单数，簋为双数，间隔摆放。总的数量不同，表示不同的等级。比如，按照周礼规定，在祭祀天地和祖先的时候，天子用九鼎八簋，诸侯用七鼎六簋，大夫用五鼎四簋，士用三鼎二簋。这样的规定是不能违反的，少了是失礼，对祖先不敬；多了是僭越，有杀身之祸。

据说周礼是由周公旦制订的，使用簋和鼎的严格规矩是周王朝鼎盛时期的事，显然，这只孤零零的簋，不太可能是周王朝鼎盛时期的器物。那么，它究竟是何年何月制造的呢？当考古人员将这件青铜器内部厚厚的铜锈清除干净之后，在簋内的底部发现了 4 列共 32 个字的铭文。铭

利簋铭文拓片

文的内容是："珷征商，唯甲子朝，岁鼎克昏，夙有商。辛未，王在阑师，锡右史利金，用作檀公宝尊彝。"

大概意思是，王用武力征伐商朝。在木星中天的甲子日清晨起兵，当天就推翻了商朝。7天之后，王在阑师这个地方论功行赏，赐给名叫利的右史许多金，也就是青铜。这位右史利，将王赐给他的金，制作成这件青铜簋，专门用来祭祀他的祖先檀公。考古学家根据右史的名字"利"，将这件带有珍贵铭文的簋，称为"利簋"。可是，赐金给右史利的王，究竟是谁呢？这是确定利簋时代的重要线索。

根据相关史料考证，许多考古学家和历史学家都认为，这个"王"就是周武王姬发，这场"征商"之战，就是武王姬发推翻商朝的牧野之战。如果这个说法成立，那么这件利簋就有三千多年的历史了。可是，有学者却提出不同的观点，他认为铭文中的王不可能是周武王。他的理由有二：

其一，铭文中第一个字写作"珷"，不是武王，而且，"王"在第二次出现时，不再有"武"字，说明此处的"珷"不是周武王。

其二，"武"是周王姬发的谥号，谥号是用来称呼死者的。"武王"这一称呼是姬发死后，儿子姬诵对自己父亲的评价。怎么可能在姬发活着的时候，就用武王称呼姬发呢？

这位学者的观点很有道理，君主活着的时候的确不可能用谥号称呼。不过，在利簋铭文中出现的"珷"与谥号无关。其实，整个铭文中根本没有出现武王的谥号。因为，铭文中的"珷"实际上是两个字，即"王"、"武"。王在前，武在后，所以这个"武"字不是周王姬发的谥号而是武力或者战争。所以，"王武征商"，就是周武王用战争的方式征讨商朝。那么，根据什么说铭文中的王就是周武王呢？因为，发动战争推翻商王朝的王，只能是周武王姬发。

证明此王是周武王还有一个证据，就是："甲子日，纣兵败。"（司马迁《史记·殷本纪》）意思是，在甲子这一天，商纣王的军队被打败了。利簋铭文中有"唯甲子朝"一语，意思是甲子日的清晨，这恰恰与历史文献的记载形成相互印证。

与铭文相互印证的历史文献还有《韩非子》的记载："战，一日而破纣之国。"（《韩非子》卷一）意思是，战争爆发之后，一天就攻破了商朝首都朝歌。利簋铭文中的"夙有商"与这条史料完全吻合。

通过利簋铭文与文献材料相互印证，我们可以得出结论，历史上的确发生了这场商周之间权力更迭的战争，它就是著名的"牧野之战"。此战是周王姬发亲自指挥，所以，利簋铭文中"王武征商"中的"王"，就是周武王。明确了王的身份之后，这件利簋的时代也就明确了，它制造于商周之际，距今已经有三千多年的历史了。

明确了铭文中王的身份以及这件青铜簋的制造年代之后，新的疑问又产生了。什么疑问呢？就是铭文中的"夙有商"，意思是，周王征商的战争，只用一天时间就击溃商朝大军，取得了决定性胜利。最后，商纣王兵败自杀，周武王占领朝歌，立国六百多年的商朝灭亡了。这的确有些匪夷所思，周国不过是商朝西部的一个地方政权，仅一仗就打败了商王朝的十几万大军，仅一天就灭亡了立国六百多年的商王朝，这怎么可能呢？如果历史真的如此，那么这其中的原因究竟是什么呢？

传统的说法是，商纣王宠幸美女妲己，沉湎于女色，不理朝政，最后导致商朝灭亡。这种"女色祸国"的肤浅之论，根本不值一驳。所以，周武王"夙有商"，一定另有原因。那么，究竟是什么原因造成商王朝一天之内灭亡呢？这就得从商朝的政治、经济和军事情况说起了。

商王朝虽然曾经非常强盛，但是到了商王朝的末期，社会制度非常腐朽、黑暗。这种腐朽和黑暗，首先表现为奴隶制。也就是说，整个商朝，在田野间劳动的主要是奴隶。他们是会说话的牲口，只在生物学意义上区别于牛和马，根本没有任何法律和道德意义上人的权利。奴隶主为了防止奴隶们逃跑，平日都给他们戴着脚镣手铐。如果逃跑被抓住，或者违反了奴隶主制订的规矩，不是砍断腿脚，就是被处死。

商王朝社会制度腐朽和黑暗的第二个表现，贵族的生活非常奢侈。比如，贵族祭祀时使用牺牲品的数目相当惊人，他们用猪、羊、犬的最大数目为100，用牛的数目可达300至1000。即使商代的畜牧业再发达，也经不起如此毫无节制地浪费社会资源。

商王朝社会制度腐朽和黑暗的第三个表现是，商朝天子非常残酷冷血。比如，据甲骨卜辞记载，商朝天子杀戮奴隶进行的祭祀活动，多达13000多次，其中有一次，杀戮了500个奴隶。在殷墟洹水北岸的商朝王室的墓区中，有一大片祭祀祖先的场地，其中发现祭祀坑1433个，坑中有几千具无头的躯体和被砍下用于祭祀的人头。

不仅商王如此残暴，商朝的贵族也一样的凶残。在贵族的坟墓中，也发现大量的人殉的遗骸。比如，殷墟侯家庄1001号墓的墓道中，埋葬头颅76个，无头躯骨60具。他们是在封埋墓坑时，被砍杀后埋入夯土中的。杀戮奴隶作为牺牲，充分显示了商代贵族的残暴，也表现出奴隶制的野蛮和腐朽。显然，奴隶制是人类历史上最黑暗、最腐朽的社会制度。

在分析了商王朝社会制度的腐朽和黑暗之后，我们再来分析一下商朝的亡国之君商纣王，商王朝一天之内灭亡，他有着不可推卸的责任。商纣王，姓子，名辛，人称帝辛，"纣"是他的谥号，意思是，粗俗野蛮，残害忠良。那么，后人的这种评价是否准确呢？就让我们看看商纣王的具体表现了。

据说，商纣王很能干而且勇猛过人，敢于徒手与猛兽格斗。商纣王不但勇猛而且还很聪明，中国人使用的筷子就是他发明的。商纣王觉得自己勇猛无比，又聪明过人，因此，自视甚高，好大喜功。他不断对外用兵，先征讨西北的黎，然后又平定东南的夷。虽然战争都取得了胜利，但是，穷兵黩武的结果加剧了社会冲突，也激化了商王朝与周边方国的矛盾。

在残酷和冷血方面，商纣王表现得更为突出。比如，他发明了一种非常残酷的肉刑叫"炮烙之刑"，就是将铜柱涂上油，中间装满燃烧的木炭，然后逼着受害者在上面走。他在受害者的惨叫中获得快感。这已经不是残酷和冷血了，而是近乎疯狂的心理扭曲和变态。

在生活奢侈方面，商纣王更是无以复加。比如，他把商朝的首都向南扩大到朝歌（今河南淇县），向北扩大到邯郸、沙丘（今河北平乡）。在这片广大的区域内，他下令修建各种豪华宫殿、园林美景。然后，和他的宠妃妲己在一起，终日歌舞；还建造酒池肉林，整天酗酒无度。

与此同时，他还极其贪婪地搜刮和占有民财，粮食装满了巨桥的仓库，珍宝堆满了朝歌的鹿台。对外频繁的战争，对内穷奢极欲，必定带来巨大的财政负担。这些负担，都通过横征暴敛，转嫁到百姓的身上，百姓负担沉重，苦不堪言。面对尖锐的社会矛盾和激烈的民众反抗，商纣王根本不知道收敛。

当然，仅仅是残酷暴虐，还不至于让商王朝六百多年的基业一天之内灭亡，这其中还有一个重要原因，就是商纣王残害忠良，人心尽失。其中最典型的例子就是对比干的迫害。比干，姓子，名干，因他的封地名"比"，所以人称"比干"。比干是商纣王的亲叔叔，官居少师，是商朝最高行政长官。

对于商王子辛来说，这位叔叔可是功不可没。正是这位叔叔的争取，子辛才当上了商王。当时，子辛的父亲帝乙病重期间，将比干等大臣叫到宫里商议由哪个王子继承王位。有人主张立长子微子，比干却力荐次子子辛，理由是微子不是王后所生。最后，帝乙采纳了比干的建议，立子辛为王位继承人。

帝乙死后，子辛即位，他就是商纣王。比干全力辅佐他治理国家。可是，纣王却荒于政事，比干就直言进谏，并带纣王去太庙祭祀祖宗，给他讲历代先王创业之艰辛。纣王虽表面点头称是，但并不真正改过，而且更加荒淫暴虐。为了让纣王改弦更张，比干连续三天进宫向纣王进谏，抨击、指责纣王的各种过错，斥责他的暴政。

纣王恼羞成怒地质问比干："你为什么这样固执？"比干答道："我身为朝廷大臣，无论做什么事，都必须以大义为重！"纣王问："什么是大义？"比干回答："夏桀不行仁政，失了天下，我王也学此无道之君，难道不怕失去天下吗？我今日进谏，正是大义所在！"纣王一听这话勃然大怒，恶狠狠地说："我听说圣人的心有七个窍，不知道是真是假？我今天要打开看看！"于是下令，剖开比干的胸膛，取出比干的心，并且向全国发出告示："少师比干，妖言惑众，赐死，摘其心。"就这样，比干被纣王杀害于朝歌的摘星台。商纣王如此残酷地杀害比干，导致朝廷上下，人心惶惶；朝野内外，众叛亲离。

商王朝虽然极其腐朽和残酷，商纣王也是历史上最暴虐的君王之一，但是，导致商王朝一天之内灭亡还需要外部因素，即强大的竞争对手，它就是西方的周国。这个对手并不是一天之内突然强大起来的。就在商王朝在腐败中日渐衰退，逐步走向灭亡的同时，周国却悄悄地崛起，逐渐地强盛起来。这个过程，至少经历了三代周王。

周文王姬昌的父亲姬历，因为他排行第三，人们都叫他季历。季历励精图治，对周边的戎狄部落发动了一系列的战争，并且取得了辉煌的胜利。周国势力的不断扩张，引起了商王的猜忌。商王文丁也就是商纣王的爷爷，为了遏制周国的势力，以封赏为名，将季历召唤到商朝首都。商王在封季历为西伯的同时，却将季历软禁起来，不久季历被商王杀害。季历死后，姬昌即位，史称西伯昌。西伯昌发誓要报杀父之仇。他在先辈奋斗的基础之上，采取了一系列政策，使得周国迅速强大起来，成为商王朝强劲的竞争对手。那么，西伯昌都采取了哪些治国理政的方法呢？

首先，周国实行的是井田制，这是一种土地国有制度，在田野上劳作的是农奴。农奴虽然依附于封建领主或者庄园主，但他们都是人，具有法律和道德意义上部分的权利，不再是会说话的牲口，因此，农奴比奴隶有更高的生产热情。这种社会制度远远比商朝腐朽的奴隶制更先进。

制度上的优势，使得周王朝具有了强大的竞争力。

其次，周国的贵族非常节俭。比如，周国人也相信鬼神，可是他们祭祀鬼神时最高规格的"太牢"，也只用一牛一羊一猪。这与商王朝贵族动辄使用成百上千牺牲品的奢侈之风，形成鲜明的对比。

第三，尊重人的生命。比如，周国严格禁止用人作牺牲，即使国君去世，也只扎成草人殉葬。正是这种对人的生命的尊重，赢得了周国人民的广泛拥护，巩固了内部的团结。为了与商王朝争夺民心，西伯昌表示愿意献上周国洛河西岸的一块土地，以换取商纣王废除炮烙之刑。商纣王因贪图土地，才废除了炮烙之刑。西伯昌却因此赢得天下百姓的爱戴。

第四，重用有德性和有才能的人。比如，著名的政治家、谋略家姜子牙。他出身虽然低微，却志向远大，知识渊博，满腹韬略。可是，商朝末年，政治黑暗，英雄无用武之地。姜子牙只好在盟津经营餐馆，在朝歌杀牛卖肉。他曾经入朝为官，发现纣王暴虐无道，又愤然离去。他游历各国，体察民情，更加坚定了反纣灭商的决心。终于，他在70多岁时，被西伯昌发现，有了施展才华的机会。在姜子牙的辅佐之下，周国更是如虎添翼。

俗话说"百足之虫，死而不僵"，一个有六百多年基业的商王朝，不可能一天之内灭亡。实际上，周国为了灭亡商朝，做了长期的准备。当周国的势力还无法与商王朝抗衡的时候，西伯昌采取了韬光养晦的策略。比如，他曾经亲自率领诸侯，朝觐商纣王表示忠诚，以蒙蔽商纣王；同时，大兴土木，修建宫殿，装出一副贪图享乐的样子，以欺骗商纣王。目的只有一个，让商纣王放松警惕，确保灭商的准备工作在暗中顺利进行。

可是，周国的力量逐渐增强，还是引起了商纣王的不安。再加上商纣王身边有人提醒说，西伯昌到处行善，收买人心，树立威信，诸侯都向往他，对商王朝不利。商纣王于是找了个借口将西伯昌关押在姜里的大牢里。周国的大臣用宝物和美女行贿商纣王，贪财和好色的商纣王这才下令将西伯昌释放，这就叫放虎归山。当周国在经济、政治等方面占据优势时，西伯昌开始与商朝争天下了。

西伯昌开始以公正者的姿态出现，积极调停各方国之间的争端，以争取诸侯的拥戴。比如，虞国和芮国之间发生纠纷，闹得不可开交，争执不下，双方请西伯昌出面仲裁。经过西伯昌的努力调停，双方言归于好。诸侯得知此事之后，只要有矛盾和纠纷都来找西伯昌调解。西伯昌在化解各方国之间争端的同时，赢得了各方国的信赖和支持。许多方国见周国日渐强大，也纷纷前来依附。在诸侯的拥戴之下，西伯昌开始称"王"，史称周文王。

周文王对那些不愿意依附周国的方国，尤其是商王朝的羽翼，逐一将它们消灭，以形成对商朝首都朝歌的战略包围。比如，周文王首先向西北用兵，打败西戎的混夷，灭了附近几个敌国，国境扩展到今天的甘肃灵台县一带；然后，向西南用兵，相继征服西戎等方国，消除了后顾之忧；接着，东渡黄河，先后灭了黎国（今山西黎县）、邘国（今河南沁阳市）等商王朝的重要属国，打开了进攻朝歌的通路。然后，又向长江、汉水、汝水等三个流域扩张，将这些地方都变成了周国的势力范围。

到了周文王的晚年，周国已处于"三分天下有其二"的有利态势，灭商只不过是一个时间问题了。遗憾的是，没有等到灭商大业的完成，周文王去世了。周文王去世之后，太子姬发继位，他就是后来的周武王。姬发即位之后立刻开始了灭商的行动。首先，武王姬发将周国的首都从丰迁到镐，两个地方虽然都在今陕西长安区，但是，丰在沣水西岸，镐在沣水东岸。首都越过沣水东迁，更利于向中原地区发动进攻。

第二年，武王姬发带着周国大军来到盟津（今河南孟州市西南的孟津）。各地诸侯听说武王姬发到了盟津，自动前来聚集，要求共同讨伐商纣王。但是，武王姬发却认为时机尚未成熟，于是将前来会盟的诸侯打发回去，自己也带兵回到周国。这就令人感到不解了，既然时机不成熟，武王姬发带兵到盟津来干什么，岂不暴露自己的战略意图？其实，武王姬发是在试探自己对诸侯究竟有多大的号召力。当他看到天下有八百多位诸侯响应自己的时候，武王姬发对灭商更有信心了。可以说，万事俱备，只欠东风。

面对周国咄咄逼人的态势，商纣王感到严重威胁，决定对周国用兵。可是，还没等商纣王举兵，东方的夷族造反了。无奈之下，商纣王只好调主力部队进攻东夷，结果造成西线空虚，绝佳的战机出现了。武王姬发抓住战机，立刻统率大军浩浩荡荡向东进发，很快渡过盟津与各路诸侯会师。

等到各路诸侯的人马到齐之后，武王姬发发表了一番演讲，史称《太誓》，内容主要是历数商纣王的种种罪恶。其实就是制造舆论，让自己发动的这场战争具有正义性，以得到天下人的响应。

周国大军进攻的消息传至朝歌，朝廷上下一片惊恐，商纣王仓促部署防御。但是，此时商军主力远在东南地区，无法立即调回。商纣王只好武装大批奴隶，连同守卫国都的商军加在一起，总兵力大约 17 万人。商纣王亲自率领大军开赴牧野（今河南淇县）以南，严阵以待。

武王姬发也率领本部人马和诸侯军队，从盟津出发冒雨东进。从河南荥阳氾水镇渡过黄河之后，兼程北上至百泉（今河南辉县西北），然后向东直奔朝歌而来。灭商大军沿途没遇到抵抗，行进顺利，仅用 6 天时间就抵达了牧野。大军稳住阵脚，两军形成对峙之后，武王姬发又发表了一番讲话，史称《牧誓》，再次指控商纣王的种种罪行，进一步激发将士的战斗意志和士气。

两路大军对阵，商军显然在人数上占据优势。大战爆发之前，武王姬发郑重宣布了作战中的行动要求和军事纪律，并且严格重申军令：不准杀害投降者，以瓦解商军。牧野誓师之后，武王姬发终于下达了向商军发起总攻的命令。

命令一下达，姜子牙立刻率领一部分精锐部队向商军挑战，以牵制迷惑敌人，并打乱其阵脚。当两军一接触，稍有厮杀，商军突然纷纷倒戈。这是怎么回事呢？原来，商军士兵绝大部分是奴隶，他们心向周国，渴望获得解放。因此，两军一交手，商军士兵纷纷掉转矛戈，帮助周军作战。武王姬发乘势率领诸侯联军，猛烈进攻商纣王的指挥中心，商军十几万军队顷刻之间土崩瓦解。商纣王见大势已去，逃回朝歌，登上鹿台，自焚而死。周军乘胜进击，攻占朝歌，商朝灭亡了。从武王姬发下达总攻命令，到商纣王自焚而死，周军占领朝歌，仅仅用了一天的时间，因此，利簋铭文中所谓"夙有商"，的确反映了历史真实。

牧野之战胜利之后，周武王犒赏有功将士。可是，这位名叫"利"的右史，并没有参加战斗，周武王为什么赐给他一大笔钱呢？根据铭文推测，这位右史很有可能会看天象，观测到岁星，也就是木星当头，正是发兵讨商的最好机会。周武王这才下达了对商朝军队的总攻命令。结果，仅一天时间，就将商朝给灭了。由于右史利看天象有功，周武王重赏了他。右史利用周武王赏赐的青铜，铸造成簋，加铸铭文，以资纪念。

正是通过这篇铭文，专家们还解决了一个更大的历史谜团，什么谜团呢？就是周武王征商的具体日期。这是周武王灭商过程中，非常重要的一个环节，历史学家们却曾经为此伤透了脑筋。他们始终不能确定，周武王伐商的牧野之战，究竟发生在哪一年。

《尚书》虽然明确记载了周武王是在甲子这天清晨开始伐商的，却没有写明具体年份。还有一本书叫《逸周书》，也记载了周武王灭商是在甲子日，但是，很多人认为《逸周书》是伪书，所以它的记载反而增加了可疑性。

除此之外，再也没有可靠的文献能够佐证这个重要的日期了。因此，整个学术界对周武王征商的具体日期一直存在着意见分歧。人们也许会感到不解，为什么非要确定这场战争爆发的准确日期呢？因为，这个日期太重要了。比如，商王朝什么时候灭亡，周王朝什么时间开始建立，周朝立国究竟多少年等等，这些都需要知道周武王伐商的准确时间。

为此，两千多年来，学者们根据各自对文献和西周历法的理解，提出不同的观点，最终形成了44种结论。最早是公元前1130年，最晚是公元前1018年，前后居然相差112年，这也太不靠谱了吧？就是因为这些结论都不靠谱，所以观点一直无法统一。直到利簋铭文的发现，才帮助学者们解决了这个争论了几千年的难题。那么，利簋铭文又是怎么解决这个难题的呢？

根据利簋的铭文记载，武王伐纣的时间是甲子日，那天凌晨正好岁星中天，也就是木星当空。天文史学家根据这个线索进行推算，有木星出现的甲子日，只能是公元前1046年1月20日，木星中天的时间是凌晨5：40分。由此可以断定，周武王伐商的准确时间是，公元前1046年1月20日的凌晨。争论了几千年的问题终于有了准确的答案。因此，专家们建议将利簋改称"武王征商簋"。

当武王伐纣的时间弄清楚之后，人们不禁又产生了一个疑问，什么疑问呢？陕西临潼县零口镇南罗村发现的西周时期的地窖，埋藏了151件青铜器，都是西周贵族祭祀用的重要的礼器，这些礼器为什么会集中埋藏在一个地窖里呢？这批青铜礼器的主人究竟发生了什么事情呢？这不禁让人想起四川广汉的三星堆器物坑，埋藏的大量的青铜器。古蜀国遭遇到灭顶之灾之际，为了不让这些国家重器落入敌手，在敌人攻入城池之前，将这些宝物统统埋入地下。

那么，西周时期发生了什么样的灾难，以至于将如此多的国之重器埋入地窖呢？最大的可能就是公元前771年春，西戎大军进攻镐京。据《史记》记载，面对西戎大军的进攻，周幽王下令点燃烽火，可是诸侯却不来救驾，结果镐京陷落，幽王被杀，西周灭亡。那么，西戎为什么突然进攻周朝首都镐京呢？因为，周幽王废了王后申氏和太子宜臼，立宠妃褒姒为后，褒姒所生之子伯盘为太子。太子宜臼逃回申国，太子的外公申侯愤怒了，他联合缯国、西戎攻打镐京。周幽王兵败被杀，西周灭亡了。也许正是在西周灭亡之际，青铜器的主人将这些国宝埋藏在地窖里，以防落入敌手。

那么，镐京受到攻击，天子遇到危险，诸侯为什么不来救驾呢？据《史记》记载，褒姒不爱笑，周幽王点燃烽火，诸侯以为外敌入侵纷纷前来救驾，褒姒见诸侯上当，哈哈大笑。周幽王于是多次点燃烽火，以博妃子一笑，结果使烽火失去报警功能。当西戎真的进攻时，诸侯就不来了。这就是著名的"烽火戏诸侯"的故事。

可是，这个故事明显有三个疑点。疑点一，用烽火报警是修建长城，并且建立烽火台之后的事情，而现在长城的修造历史只能追溯到春秋战国时期；疑点二，烽火报警一般都是由远及近，怎么可能由周幽王亲自点燃呢？疑点三，诸侯分散在各地，怎么可能一见烽火就立刻赶到京畿地区呢？显然，这个故事纯粹是民间传说。根据《清华竹简》的记载，周幽王娶妻于西申国，生太子宜臼，后来又娶褒姒为妃生伯盘。幽王喜欢褒姒，与伯盘一道驱逐了太子宜臼。宜臼逃到西申国，幽王发兵进攻西申国。缯国人带领西戎大军解西申国之围。幽王和伯盘兵败被杀。

虽然《史记》的记载与《清华竹简》内容有很大差异，但有一点是共同的，就是西戎大军杀了周幽王，并且占领了周王朝的京畿地区。不过，周幽王死后周王朝并有没灭亡。申侯在其他诸侯的帮助下，立太子宜臼为天子，史称平王。可是，西戎占据京畿地区之后就不走了，周平王在诸侯们的保护之下，迁都洛邑（今河南洛阳），史称"平王东迁"，中国历史从此进入东周时期，也称春秋战国时期。周王朝的京畿地区先落于西戎之手，后来又成了秦国的地盘，这些青铜国宝就一直埋藏在地窖里。直到两千七百多年之后，才终于重见天日，成为一段历史谜团的见证。

# 参考文献

刘　啸：《北京人头盖骨会埋在秦皇岛吗》，《秦皇岛日报》2012 年 4 月 9 日。

张元真：《"北京人"大事记》，《化石》1990 年 2 期。

庚莉萍、田利平：《北京人化石的发掘及失踪揭秘》，《文史精华》2005 年 3 期。

夏　军：《裴文中与北京人头盖骨化石》，《中国档案》2014 年 5 期。

周　青：《再找北京猿人头盖骨——天津兵营的故事》，《大自然》2009 年 6 期。

杜　勇：《关于历史上是否存在夏朝的问题》，《天津师范大学学报》2006 年 4 期。

胡世强：《九鼎考论》，《宝鸡文理学院学报》2011 年 5 期。

李殿元：《说夏朝开国者名"禹"是个错误》，《文史杂志》2014 年 4 期。

张开焱：《夏铸九鼎与饕餮原型》，《井冈山大学学报》2014 年 2 期。

杨栋、曹书杰：《禹铸九鼎传说谫论》，《中南大学学报》2012 年 6 期。

李维明：《司母戊鼎研究历程初览（上）》，《中国文物报》2015 年 6 月 19 日。

李维明：《司母戊鼎研究历程初览（中）》，《中国文物报》2015 年 7 月 3 日。

李维明：《司母戊鼎研究历程初览（下）》，《中国文物报》2015 年 7 月 31 日。

李维明：《司母戊鼎略说》，《中原文物》2014 年 1 期。

安阳市文物工作队：《安阳市殷代墓葬发掘简报》，《华夏考古》1995 年 1 期。

常玉芝：《是"司母戊鼎"还是"后母戊鼎"——论卜辞中的"司"、"毓"》，《中原
　　文物研究》2013 年 1 期。

殷晓章：《"民国四公子"张伯驹传奇》，《档案天地》2012 年 1 期。

刘思智：《"展子虔作〈游春图〉"释疑》，《艺术教育》2004 年 5 期。

郑　理：《游春图传奇》，《当代》1990 年 3 期。

赵建中、刘国芳：《关于展子虔〈游春图〉年代的再探讨》，《艺术探索》2008 年 1 期。

王晓飞：《文化奇人张伯驹》，《文史精华》2000 年 5 期。

石　耘：《张伯驹与〈游春图〉》，《文史精华》2013 年 10 期。

卞孝萱：《〈兰亭序〉墨迹是怎样从佛寺进入宫廷的》，《东南文化》1998 年 4 期。

殷啸虎：《〈兰亭序〉真迹究竟在哪里》，《文化视野》2016 年 6 期。

王光麟：《〈兰亭序〉真迹之谜》，《炎黄春秋》2003 年 8 期。

王连起：《〈兰亭序〉重要传本简说》，《紫禁城》2011 年 9 期。

高至喜：《湖南宁乡黄材发现商代铜器和遗址》，《考古》1963 年 12 期。

喻立新：《四羊方尊器盖考略》，《长沙大学学报》2015 年 3 期。

梁　勇：《国宝重器四羊方尊身世揭秘》，《文史精华》2012 年 10 期。

文述、黎鑫：《失而复得的四羊方尊》，《中国文化报》2010 年 11 月 3 日。

汪松桂：《试谈湖南晚商青铜器上的"羊"饰》，《江西文物》1991 年 3 期。

孙亚冰：《百年来甲骨文材料统计》，《故宫博物院院刊》2006 年 1 期。

马如森：《关于研究殷墟甲骨文发现的述评》，《殷都学刊》1991 年 2 期。

王宇信：《关于殷墟甲骨文的发现》，《殷都学刊》1984 年 4 期。

郑振香：《甲骨文的发现与殷墟发掘世纪回眸》，《殷都学刊》1999 年 2 期。

范毓周：《甲骨文研究的历史、现状与未来展望》，《史学月刊》1999 年 1 期。

王宇信：《甲骨学研究九十年》，《史学月刊》1989 年 4 期。

李学勤：《建国六十年来甲骨学研究的回顾与展望》，《殷都学刊》2010 年 1 期。

朱凤瀚：《近百年来的殷墟甲骨文研究》，《历史研究》1997 年 1 期。

陈炜湛、谭步云：《商承祚先生与甲骨学、简帛学》，《中山大学学报》2009 年 6 期。

王国贞：《王襄与殷墟甲骨》，《中国文化遗产》2005 年 2 期。

董建中：《〈五牛图〉流入清宫的确切日期》，《故宫博物院院刊》2006 年 2 期。

舒　哲：《大书画家宰相韩滉》，《文史天地》2007 年 8 期。

蔡星仪：《两卷〈五牛图〉考辨》，《中国书画》2007 年 9 期。

伍弱文：《名画〈五牛图〉潜藏的时局密码》，《文史春秋》2014 年 1 期。

窦忠如：《周恩来亲自下令买回的稀世名画》，《文史博览》2012 年 2 期。

霍　巍：《广汉三星堆青铜文化与古代西亚文明》，《四川文物》1989 年 S1 期。

四川省文物管理委员会、四川省文物考古研究所、广汉市文化局、文管所：《广汉三
　　星堆遗址二号祭祀坑发掘简报》，《文物》1989 年 5 期。

沈仲常：《三星堆二号祭祀坑青铜立人像初记》，《文物》1987 年 10 期。

崔云凤：《三星堆青铜大立人像鉴赏》，《史前研究》2006 年 0 期。

王仁湘：《三星堆青铜立人冠式的解读与复原——兼说古蜀人的眼睛崇拜》，《四川文

物》2004 年 4 期。

钱玉趾：《三星堆青铜立人像考》，《四川文物》1992 年 S1 期。

缪永舒：《三星堆青铜立人像文化意识与艺术特征》，《四川文物》1993 年 4 期。

范小平：《三星堆与商周青铜人像造型艺术研究》，《四川文物》2001 年 2 期。

彭元江：《试解三星堆青铜立人环管状手之谜》，《文史杂志》2005 年 5 期。

流泉、王世建、黄沙：《"三希"墨宝流落记》，《文史精华》2001 年 1 期。

万　依：《〈三希堂法帖〉杂谈》，《故宫博物院院刊》1980 年 2 期。

温　存：《历史遗珍存一处 三希堂里见真容——品读"三希"珍宝》，《中国书法》
　　　2014 年 20 期。

一　舸：《"三希宝帖"的沉浮》，《老年教育（书画艺术）》2008 年 6 期。

一　舸：《国宝"三希宝帖"的神秘故事》，《都市文化报》2007 年 12 月 6 日。

江　南：《稀世国宝"三希堂"书帖聚散两依依》，《档案天地》2010 年 6 期。

田书和：《稀世珍宝"三希堂"书帖离散始末》，《文史春秋》2009 年 4 期。

佚　名：《中国书法名帖"三希宝帖"》，《文史月刊》2011 年 12 期。

弘　毅：《（传）阎立本〈历代帝王图〉研究》，《中国书画》2014 年 6 期。

陈佩秋：《论阎立本〈步辇图〉与〈历代帝王图〉》，《收藏家》2003 年 4 期。

成都市文物考古研究所：《成都金沙遗址 I 区"梅苑"地点发掘一期简报》，《文物》
　　　2004 年 4 期。

朱章义、张擎、王方：《成都金沙遗址的发现、发掘与意义》，《四川文物》2002 年 2 期。

王　方：《金沙遗址出土青铜器的初步研究》，《四川文物》2006 年 6 期。

江章华：《金沙遗址的初步分析》，《文物》2010 年 2 期。

施劲松：《金沙遗址祭祀区出土遗物研究》，《考古学报》2011 年 2 期。

彭元江：《对金沙"太阳神鸟"的几点蠡测》，《文史杂志》2008 年 6 期。

钱玉趾：《金沙遗址太阳神鸟及金带的用途》，《文史杂志》2007 年 5 期。

黄剑华：《金沙遗址出土的金面具》，《上海文博论丛》2006 年 1 期。

安志敏：《金版与金饼——楚、汉金币及其有关问题》，《考古学报》1973 年 2 期。

仲威、沈传凤：《〈淳化阁帖〉概说》，《上海文博论丛》2003 年 3 期。

潘良桢：《〈淳化阁帖〉与帖学》，《上海文博论丛》2003 年 3 期。

吴　敢、陈根民：《淳化阁帖传世最善本考》，《收藏家》2004 年 1 期。

陶喻之：《淳化阁帖最善本的海上大鉴藏家们》，《收藏家》2003 年 12 期。

富田淳：《关于日本现存的〈淳化阁帖〉》,《上海文博论丛》2003 年 3 期。

王　祎：《清宫旧藏〈淳化阁帖〉考鉴》,《中国书法》2013 年 7 期。

金　丹：《阮元与〈淳化阁帖〉》,《上海文博论丛》2003 年 3 期。

郑　重：《上海博物馆 450 万美金购藏〈淳化阁帖〉》,《文物天地》2003 年 11 期。

刘　诗：《王著与〈淳化秘阁法帖〉》,《四川文物》1993 年 3 期。

李维琨：《王著与〈阁帖〉——艺术史一则案例初探》,《上海文博论丛》2003 年 3 期。

成海明：《再谈王著主持〈淳化阁帖〉之原委》,《文史杂志》2011 年 1 期。

陶喻之：《浑源彝器还椟秘闻》,《文物世界》2002 年 4 期。

陶喻之：《牺尊还椟备忘录》,《档案与史学》1998 年 3 期。

陶喻之：《牺尊还椟备忘录》(续),《档案与史学》1998 年 4 期。

李夏廷：《浑源彝器研究》,《文物》1992 年 10 期。

山西省考古研究所：《山西浑源县李峪村东周墓》,《考古》1983 年 8 期。

吴在庆：《"今日不关妃妾事，始知辜负马嵬人"——谈马嵬之变中的杨贵妃与后人的题咏》,《东南大学学报》2003 年 5 期。

缪　哲：《〈虢国夫人游春图〉旁证》,《清华大学学报》2006 年 5 期。

陈育丞：《关于虢国夫人游春图中主体人物的商榷》,《文物》1963 年 4 期。

朱　萍：《试析〈虢国夫人游春图〉中的主体人物》,《美术大观》2011 年 2 期。

郑红雨：《宋摹本〈虢国夫人游春图〉主体人物再辨析》,《美术大观》2015 年 4 期。

葛姗姗：《谈谈〈虢国夫人游春图〉》,《文史杂志》2013 年 1 期。

谢元鲁：《再论唐玄宗杨贵妃与安史之乱的关系》,《社会科学研究》2005 年 2 期。

杨春晓：《米芾的临摹与作伪》,《中国书画》2004 年 8 期。

孙　机：《从米芾〈蜀素帖〉说起》,《中国历史文物》2008 年 5 期。

杨春晓：《米芾研究综述》,《书画艺术》2005 年 3 期。

杨春晓：《米芾与书画鉴定》,《美术研究》2002 年 4 期。

吴克敬：《佯狂作颠绝俗流——米芾书法故事》,《紫禁城》2010 年 4 期。

徐义华：《武丁治国与傅说其人》,《殷都学刊》2010 年 3 期。

王　辉：《傅说之名再考辨——兼论"鸢"字及其他》,《文史哲》2016 年 4 期。

张素凤、卜师霞：《也谈"妇好墓"》,《中原文物》2009 年 2 月。

董源格：《"妇好"鸮尊》,《东方艺术》2010 年 S1 期。

王　政：《殷墟文化中的鸮鸟辟邪观念及在后世的变化》,《华夏文化》2009 年 3 期。

史苏苑：《从三大战役看杰出军事家李世民》，《人文杂志》1982 年 3 期。

天福、庞联昌：《民国初年昭陵六骏的离散》，《大众考古》2014 年 8 期。

李举纲、马骥：《浅说昭陵六骏原石拓本》，《收藏家》2006 年 8 期。

葛承雍：《试破唐"昭陵六骏"来源之谜》，《寻根》2000 年 2 期。

许道勋：《唐太宗的军事谋略与作战艺术》，《军事历史研究》1987 年 1 期。

刘林西：《唐昭陵六骏之"拳毛䯄"的修复及思考》，《文博》2014 年 1 期。

王世平：《昭陵六骏被盗经过调查》，《四川文物》2008 年 5 期。

裴建平：《昭陵六骏被盗再考》，《文博》2000 年 3 期。

周跃兵：《〈韩熙载夜宴图〉版本考辨》，《美与时代（下）》2015 年 6 期。

张守涛：《〈韩熙载夜宴图〉与画家顾闳中》，《统一论坛》2003 年 6 期。

彭　飞：《顾闳中〈韩熙载夜宴图〉小考》，《新美术》2013 年 7 期。

黄盛章：《铜器铭文宜、虞、矢的地望及其与吴国的关系》，《考古学报》1983 年 3 期。

田仁孝、刘栋、张天恩：《西周强氏遗存几个问题的探讨》，《文博》1994 年 5 期。

杨亚长：《天国与散国族性问题之辩说》，《中原文物》2007 年 5 期。

卢连成、尹盛平：《古矢国遗址、墓地调查记》，《文物》1982 年 2 期。

胡进驻：《矢国、虞国与吴国史迹略考》，《华夏考古》2003 年 3 期。

许洪国：《〈散氏盘〉考》，《中国书画》2013 年 8 期。

张懋镕：《晚清"四大国宝"》，《收藏》2010 年 6 期。

赵　诚：《利簋铭文补释》，《历史语言学研究》（第七辑），商务印书馆，2014 年。

罗　琨：《利簋"岁鼎"析疑》，《考古》2006 年 9 期。

钟凤年：《关于利簋铭文考释的讨论》，《文物》1978 年 6 期。

黄怀信：《利簋铭文再认识》，《历史研究》1998 年 6 期。

于省吾：《利簋铭文考释》，《文物》1977 年。

于省吾：《〈关于利簋铭文的释读〉一文的几点意见》，《中山大学学报》1978 年 5 期。

张永山：《利簋"岁鼎克闻"补证》，《清华大学学报》2001 年 4 期。